붓다의 호흡과 명상 Ⅰ
《불설대안반수의경 卷上》《대념처경》 풀이

수행의 시대 5

붓다의 호흡과 명상 I

《불설대안반수의경 卷上》《대념처경》 풀이

정태혁 번역·해설

정신세계사

정태혁은 1922년 경기도 파주에서 태어나 동국대학교 불교학과, 도쿄(東京)대학 대학원 문학부 석사과정, 오타니(大谷) 대학 대학원 박사과정을 수료하였고 철학박사 학위를 받았다. 동국대학교 인도철학과 교수로 있다가 1987년에 정년퇴직하여 현재 동국대학교의 명예교수로서 태고종립 동방불교대학 학장으로 있으며, 한국정토학회 회장, 한국인도철학회 회장으로 있다. 1987년 국민훈장 모란장을 받았다. 저서로는 《명상의 세계》《인도철학》《인도종교철학사》《불교와 기독교》《불교, 기독교, 공산주의》《정통 密敎》《密敎의 세계》《인도철학과 불교의 실천사상》외에 기타 다수의 저서가 있다.

붓다의 호흡과 명상 I

정태혁 번역·해설한 것을 정신세계사 정주득이 1998년 10월 23일 고쳐 펴내다(제2판). 제1판은 1991년 1월 24일 펴내다. 이혜진이 내교와 교정을, 강무성·송희정이 책꾸밈을 맡다. 정신세계사의 등록일자는 1978년 4월 25일(제1-100호), 주소는 03785 서울시 서대문구 연희로2길 76 한빛빌딩 A동 2층, 전화는 02)733-3134(대표전화), 팩스는 02)733-3144, 홈페이지는 www.mindbook.co.kr, 인터넷 카페는 cafe.naver.com/mindbooky이다.

2020년 4월 7일 박은 책(제2판 제11쇄)

ISBN 978-89-357-0031-8 03220
ISBN 978-89-357-0030-1 (세트)

머리말

내가 요가를 연구하기 시작한 것은 1961년 일본 도쿄에서였다. 인도의 모든 종교와 철학은 요가를 통해서 체계화되었기 때문에 인도철학을 전공하는 내게는 요가 연구가 필수적일 수밖에 없었다. 나는 도쿄대학 대학원에 다니면서 당시 도쿄에서 요가를 보급시키고 있던 오키沖 씨의 도장에 다녔다. 그 뒤 쿄토로 가서 공부할 때에는 사호다佐保田 교수와 같이 요가를 연구하였다. 그 이후 귀국하여 우리 나라에 요가를 소개하면서 요가 연구를 계속하고 있다. 내가 비교적 건강한 것도 요가 덕택으로 여겨진다.

요가나 단전호흡은 특수한 수행법으로서, 정신과 육체를 단련하는 데 있어서 다른 어떤 방법보다 효과가 있는 동양의 지혜이다. 몸의 모든 부위를 건강하게 유지하고, 정신의 절대 안정을 기하는 데 있어서 요가를 따를 방법은 없을 것이며, 단전호흡은 몸에 기氣를 집중시키는 데 큰 도움이 된다. 그러므로 옛부터 요가나 단전호흡이 불로장생의 비법으로 전수되어 온 것이다.

그러나 죽지 않는 사람은 없다. 사람이 죽을 때가 되어 죽는 것은 당연하다. 죽지 않겠다는 생각은 망상에 불과하다. 죽지 않고 영원히 살고자 하는 것은 인간의 근본 욕구임에 틀림없지만 죽지 않는 방법은 없다. 따라서 죽지 않는 것보다는 지금 이 순간을 어떻게 올바르게 사느냐가 더 중요하다. 죽지 않기 위해서 정신이나 육체를 단련하는 것은 부질없는 짓이다. 하지만 부질없는 소망을 이루기 위해서 노력하는 것이 인간이며, 그 과정에서 정신의 안정과 육체의 건강을 얻을 수는 있다. 목적이 문제가 아니라 과정이 문제인 것이다. 요가는 죽지 않고 영구히 살 수 있는 길을 탐구하다가 얻어진 비밀스러운 건강법으로서 죽음을 초월할 수 있는 정신세계를 개척하였다. 육체의 완전한 건강과 정신의 절대안정을 추구하기란 결코 쉬운 일이 아니므로 이 방법은 비밀스러운 성격을 갖게 되었으며 또한 많은 인내와 노력을 필요로 하는 수행법으로 여겨지게 된 것이다.

    요가를 통해 건강과 절대 안온한 정신세계를 유지하면서도 나에게는 항상 하나의 문제가 있었다. 그것은 요가의 호흡법과 명상법에 대한 것이었다. 요가의 호흡법은 숨을 들이마시고 한참 동안 참았다가 길게 내뿜는 방식을 취하고 있다. 그렇게 하면 온몸에 우주의 생명력을 충만히 채워 두게 되어, 정신과 육체가 우주의 생명력과 더불어 영원하게 된다는 것이다. 요가 호흡법의 핵심은 숨을 멈추어 닫아 두는 '쿰바카'에 있다. 또한 요가 호흡은 반드시 결가부좌를 한 곧은 자세에서 이루어져야 한다. 그렇게 하지 않으면 '쿰바카'가 제대로 이루어지지 않는다. 바로 여기에 문제가 있다. 즉 길을 걷거나 누워 있거나 남과 이야기를 하거나 할 때에는 어떻게 해야 하는지의 문제이다. 숨을 멈추는 호흡법이나 결가부좌를 하고 앉는 수행을 일상생활 속에서 지속적으로 영위한다는 것은 지난한 일이다. 따라서 나는 불교의 '아나파나사티 $ānāpānāsati$'라는 호흡법에 주목하게 된 것이다.

    들어오고 나가는 숨이 자연스럽고 순조롭게 이루어지는 사람은 건강한 사람이다. 숨이 들어오고 나가는 것은 살아 있는 생명 현상으로서, 인간의 삶이 여기에 달려 있다. 불교적 세계관에서는 숨이 들어오는 순간이 삶이요, 나가는 순간이 죽음이다. 인간은 이와 같이 삶과 죽음을 반복하면서 살아간다. 삶 속에 죽음이 있고 죽음 속에 삶이 있으므로 숨의 들어오고 나감은 바로 삶과 죽음 그 자체라 하겠다. 이렇게 볼 때, 살아 움직이는 현재를 직시해야 한다. 다시 말해서 지금 이 순간의 삶을 올바르고 완전하게 하지 않으면 안 된다. 이것이 삶과 죽음을 초월하면서 현재에 사는 것이 된다.

올바르고 완전한 삶은 호흡 속에 있다. 호흡이 바르고 완전하면 그 삶은 건강하고 안온하며 즐겁게 된다. 길을 걷거나 누워 있거나 일을 하든, 즐겁고 건강하게 살기 위해서는 붓다가 직접 설하신 '아나파나 사티'를 닦아야 한다. 그래서 이 방법을 가르친 《불설대안반수의경佛說大安般守意經》을 번역·해설한 것이다. 이를 실천함으로써 우리의 삶이 즐겁고 완전해지는 현법낙주現法樂住가 될 것이라고 믿는다.

요가의 명상법은 또한 모든 상념을 정지시키고 무념무상의 세계에 도달해서 생명의 깊은 비밀 속에 잠기는 것을 목표로 하고 있다. 그 경지는 정신의 절대적인 자유와 무한한 능력을 간직할 수 있는 경지이다. 그러나 우리는 현실 속에서 모든 사물들을 있는 그대로 보고, 있는 그대로 살리는 지혜로운 삶을 이루어야 한다. 나는 요가가 이러한 세계까지를 보여줄 수 없다는 것을 깨닫고, 눈을 돌려 그러한 차원으로 더 나아간 불교에서 설해지는 명상법에 주목하게 된 것이다. 요가의 명상이 고요함에서 그쳤다면 불교의 명상은 고요함 속에 움직임이 있고, 움직임 속에 고요함이 있으며, 어디에도 걸리지 않고 사물을 있는 그대로 관찰하는 세계까지를 포함한다. 《대념처경大念處經》은 그런 세계를 보여주고 있다.

 요가의 명상으로부터 불교의 명상으로 나오는 것은 지止에서 관觀으로 나오는 것이요, 요가의 명상과 불교의 명상을 함께 닦는 것은 지관쌍수止觀雙修가 되며, 지혜의 문과 방편의 문을 동시에 가지는 것이 될 것이다. 《대념처경》의 관법觀法은 관 속에 지가 있고 지 속에 관이 있는, 따라서 지와 관이 둘이 아닌 가운데 궁극의 지혜로 가는 관법이다.

 《대념처경》은 명상의 구체적인 방법을 가르치고 있지는 않으나, 깨달음의 세계로 가는 붓다의 명상법을 권한다. 흔히 화두話頭에 매달려서 공空의 세계에 침잠하지 못하거나 공의 진眞에 끌려서 속俗을 보지 못하며, 진과 속이 둘이 아님을 모르는 이가 많다. 견성성불見性成佛에 있어서 보는 것과 보여질 세계의 진실을 보아 이것이 참된 이것으로 되고 저것이 참된 저것으로 되면, 이것과 저것은 다르지 않게 되어 성불이 이루어진다. 이것이 올바른 선禪의 수행이다.

 붓다가 설하신 이 호흡법과 명상법이 온갖 사회악이 난무하고 불안과 혼란을 거듭하고 있는 현대 사회에서 건강과 평온한 삶을 누릴 수 있는 유일한 방법임을 믿어 의심치 않는다. 따라서 몇몇 개인이 누리기보다는 현대 사회의 모든 사람들에게 널리 알려져야 한다고 생각하여 이를 소개하는 바이다. 이는 붓다가 품었던 본래 목적이기도 하다.

 불교의 명상은 흔히 말하는 명상과는 다르다. 관觀이나 선禪은 일반적으로 말하는 명상에서 더 깊이 들어가 사물의 실상을 파악하고 진실 그대로의 세계에 도달하는 궁극의 방법이라 할 수 있다. 그러나 이런 것들 모두가 넓은 뜻에서 명상이라 불리고 있으므로 명상이라는 말을 그대로 사용해도 무방할 듯하다. 명상이 잘 이루어지면 결국엔 관이나 선의 세계에 도달할 것이기 때문이다.

 불교 경전에는 수많은 명상법이 소개되어 있다. 따라서 소승이나 대승에서 행해지는 명상 중에는 인도적인 것도 있고 중국적인 것도 있으며 한국에서 발달한 것도 있다. 그러나 이들은 모두 《대념처경》의 명상으로부터 시작되며, 《대념처경》의 세계에서 그친다. 명상 수행을 하고 있는 분이나 새로 명상을 닦고 싶어하는 모든 이들이, 가장 기본이 되며 가장 확실한 명상법을 여기서 배우게 될 것임을 확신하는 바이다.

바른 길은 바른 목표로 통한다. 바른 목표로 통하는 길은 즐겁고 평안하며 또한 만인의 것이다. 붓다는 이렇게 말씀하셨다. "그대들이여, 그대들을 깨끗이 하고 근심을 없애고 괴로움을 없애며, 올바른 법을 얻게 하기 위해, 열반에 이를 수 있도록 하기 위해 그 유일한 법을 여기 보여 주노라."

마지막으로, 붓다의 호흡법과 명상법을 널리 알리기 위해 이 책을 펴내는 정신세계사 여러분께 감사의 뜻을 표한다.

1990년 12월
香雲 정태혁 씀

차 례

머리말　　　　　　　　　　　　　　　　　　5

제1부　　　　　　　　　　　　　　　　　　19
《安般守意經 卷上》의 호흡

〈佛說大安般守意經〉해제　　　　　　　　21

1　　　　안반수의의 근본원리

　　1-1. 안반수의 창안 동기　　　　　　　23
　　1-2. 자재와 자비　　　　　　　　　　25
　　1-3. 자연의 도리로서의 들숨과 날숨　　28
　　1-4. 生과 滅의 깨달음　　　　　　　　30
　　1-5. 수식과 정신집중　　　　　　　　32
　　1-6. 합리적인 호흡　　　　　　　　　34
　　1-7. 마음을 진정시키는 호흡　　　　　37
　　1-8. 무위의 도에 이르는 길　　　　　　40
　　1-9. 空과 定　　　　　　　　　　　　42
　　1-10. 인연법으로서의 호흡　　　　　　44
　　1-11. 생명으로서의 호흡　　　　　　　46
　　1-12. 의식의 집중과 무의식의 호흡　　51
　　1-13. 호흡과 色·受·想·行·識　　　　52

1 - 14. 안반수의의 열 가지 내용	55	
1 - 15. 인연을 살리는 수의	58	
1 - 16. 세 가지 정신집중	60	
1 - 17. 네 가지 즐거움	62	

2 안반수의의 실천원리

2 - 1. 실천을 통해서 얻어지는 진리	67	
2 - 2. 마음을 억제하는 여섯 가지 방법	69	
2 - 3. 농사와 같은 호흡	71	
2 - 4. 안팎을 모두 끊는 것	74	
2 - 5. 오온의 청정함	78	
2 - 6. 하나의 길인 여섯 가지 문	82	
2 - 7. 여덟 가지 바른 길	84	
2 - 8. 정신집중의 근본인 여섯 가지 문	87	
2 - 9. 자기를 살리는 길	89	
2 - 10. 악의 소멸	92	
2 - 11. 수식의 세 가지 조건	94	
2 - 12. 어지러움의 원인을 없애는 수식	96	

3 안반수의의 방법

3 - 1. 들숨과 날숨을 다섯씩 열까지 센다	99	
3 - 2. 마음은 수식의 스승이다	102	

3 - 3. 수식은 無常·苦·空의 실천이다　　　105
3 - 4. 인연법에 따른다　　　106
3 - 5. 수식에는 세 가지 조건이 있다　　　109
3 - 6. 들숨은 짧게, 날숨은 길게 하라　　　111
3 - 7. 호흡을 통해 인연법을 발견한다　　　113
3 - 8. 네 단계와 열여섯 가지 방법이 있다　　　116
3 - 9. 열은 중도의 수이다　　　119
3 - 10. 삶과 죽음의 문제가 호흡에 있다　　　120
3 - 11. 도에 드는 경지에 이른다　　　124

4 　수식과 상수

4 - 1. 수식은 초선이다　　　127
4 - 2. 상수는 제2의 선이다　　　131
4 - 3. 몸과 마음을 통해서 몸과 마음을 떠난다　　　133
4 - 4. 숨을 통해서 숨을 떠난다　　　135
4 - 5. 나가는 숨을 헤아리면 안정을 얻는다　　　139
4 - 6. 수식은 즐거운 것이다　　　141
4 - 7. 열은 완전한 수이다　　　143
4 - 8. 열여섯 가지를 이루는 방법은 무엇인가　　　146
4 - 9. 숨을 통해서 진리를 깨닫는다　　　149
4 - 10. 수식에 앉음과 움직임이 있을 수 있다　　　151
4 - 11. 수에는 법이 있다　　　153

4 – 12.	세 가지 좌법은 도에 따른다	154
4 – 13.	잘못된 호흡과 올바른 호흡이 있다	158
4 – 14.	수식의 올바른 조건은 무엇인가	160
4 – 15.	진리는 코 앞에 있다	162
4 – 16.	수식으로 얻는 즐거움도 버려야 한다	165
4 – 17.	상수의 바탕은 수식이다	167
4 – 18.	흩어지지 않는 마음이 이어져야 한다	169
4 – 19.	마음으로 숨을 좌우한다	171
4 – 20.	마음이 사람을 부린다	173
4 – 21.	세 가지 독을 제거해야 한다	175
4 – 22.	올바른 호흡의 모습은 무집착이다	178
4 – 23.	숨과 마음이 서로 따른다	180

5 止와 觀

5 – 1.	마음이 코 끝에 고요히 머문다	183
5 – 2.	止에는 네 가지가 있다	185
5 – 3.	고요한 그침은 있으면서도 없는 것이다	188
5 – 4.	올바른 觀이란 조화의 극치이다	189
5 – 5.	사물의 인연법을 관하면 즐거움이 있다	190
5 – 6.	날숨과 들숨을 나름대로 잘 살려야 한다	193
5 – 7.	호흡은 중도이다	195

6 還과 淨

- 6-1. 악을 버리고 자신으로 돌아온다 … 197
- 6-2. 오음을 살리는 것이 還이다 … 199
- 6-3. 걸림 없는 세계로 간다 … 200
- 6-4. 마음을 바로잡아야 한다 … 201
- 6-5. 나는 지금의 숨에 있다 … 204
- 6-6. 복을 짓는 삶을 살아야 한다 … 206
- 6-7. 생사 속에 생사가 없다 … 207
- 6-8. 아라한의 마음이 된다 … 209
- 6-9. 중도를 얻는다 … 211
- 6-10. 깨끗함은 좋은 인연이다 … 212
- 6-11. 호흡은 몸과 마음의 약이다 … 214
- 6-12. 호흡은 貪·瞋·癡를 없애는 약이다 … 215
- 6-13. 淨은 몸과 마음의 깨끗함이다 … 217
- 6-14. 淨은 숨과 마음이 끊어진 세계이다 … 219

7 안반수의의 위대한 공덕

- 7-1. 사물의 근본을 안다 … 223
- 7-2. 마음에 집착이 없어진다 … 225
- 7-3. 고락을 있는 그대로 받아들인다 … 228
- 7-4. 마음이 마음을 본다 … 230

7-5. 그릇됨을 없앤다		231
7-6. 청정하고 고요함을 얻는다		232
7-7. 죄의 업력을 없앤다		234
7-8. 나와 남의 대립이 없어진다		235
7-9. 사물의 진실을 본다		237

제2부 《大念處經》의 명상

241

〈大念處經〉 해제 ... 243

1 설법의 네 가지 목적 ... 247

2 몸에 대한 관찰

2-1. 숨에 대한 관찰	251
2-2. 몸의 동작에 대한 관찰	255
2-3. 모든 생활에 대한 관찰	257
2-4. 몸의 안과 밖에 대한 관찰	260
2-5. 있는 그대로에 대한 관찰	263
2-6. 죽으면 썩을 몸에 대한 관찰	266
2-7. 썩으면 버려질 몸에 대한 관찰	268
2-8. 해골과 뼈에 대한 관찰	271

	2-9. 부서진 뼈를 통한 법의 관찰	273
3	감수작용에 대한 관찰	275
	─ 느끼는 대로 받아들여 하나가 된다	
4	마음에 대한 관찰	279
	─ 마음을 보고 마음에 머문다	
5	법에 대한 관찰	
	5-1. 다섯 가지 장애물에 대한 관찰	283
	5-2. 다섯 가지 요소에 대한 관찰	286
	5-3. 열두 가지 대상에 대한 관찰	288
	5-4. 일곱 가지 깨달음에 대한 관찰	291
	5-5. 네 가지 진리에 대한 관찰	
	· 뜻대로 안 되는 괴로움	297
	· 고의 원인인 애욕의 진실	301
	· 고가 사라진 상태	307
	· 여덟 가지 올바른 길	314
	· 두 가지 공덕	317
	인용 경전 목적	323

제 1 부

《安般守意經 卷上》의 호흡

《佛說大安般守意經》 해제

　제1편에 실은《불설대안반수의경佛說大安般守意經》은《안반수의경》《대안반경》《안반경》《수의경》 등으로 불리는 상하 두 권으로 된 경전이다.

　이 경전은 후한後漢 때 안세고安世高가 번역하여 소개했는데,《대장경》(《신수장新修藏》, 15권, P.163, No.602.)에 실려 있을 뿐만 아니라 수많은 불제자들의 저술에서 언급되어 왔다. 앞에 붙어 있는 강강康의 승회僧會의 서문은 이 경전이 얼마나 소중한 수행법으로 받아들여졌는가를 짐작하게 해준다. 또한 매우 복잡한 내용을 담고 있는데, 용어에 그 내용을 포함시켜 해석하고 있기 때문이다. 그러나 전체적으로는 매우 잘 정리되어 있다. 내용은 호흡에 정신을 집중하는 방법을 통해서 안정과 나아가 깨달음에 이르도록 하기 위한 수행법이다. 원어로는 '아나파나사티 *ānāpānāsati*'라고 하며, 한문 번역은 '안반수의安般守意'라고 통칭했다.

　이 책에서는 '안반수의'로 통일하여 사용하겠지만 원어를 좇아 이 수행법의 의미를 밝히자면, 한 마디로 호흡에 의식을 집중하는 수행법이라 할 수 있다. 즉 '아나*āna*'는 들숨이고 '아파나*apāna*'는 날숨이며

'사티 sati'는 의식의 집중을 말한다.

이 방법은 붓다가 가르친 오정심관五停心觀 중의 하나로서 흔히 수식관數息觀이라고 알려져 있다. 그런데 이 수식관은 옛부터 불교 수행자의 전용물로만 알려져 있었을 뿐만 아니라 방법 또한 올바르게 전수되지 못했고, 더구나 소승의 수행법이라고 하여 낮춰 생각하는 사람도 있었다. 그러나 이 호흡법은 올바른 이해와 실천을 통해서 모든 사람들에게 널리 보급되어야 할 소중한 가르침이다. 오늘날 정신의 안정과 건강을 잃고 방황하는 모든 사람들은 이 방법을 익힘으로써 건강과 안정을 얻을 수 있을 것이다.

이 경전의 상권에 따르면 안반수의법에는 여섯 단계의 진전이 있다고 한다. 들숨과 날숨의 수를 헤아리는 수數, 호흡에 의식이 따라 하나가 되는 상수相隨, 마음이 호흡을 의식하지 않고 고요히 안정되는 지止, 사물을 관찰하게 되는 정신집중 상태인 관觀, 다시 고요한 자기 주체로 돌아오는 환還, 어떤 것에도 집착하지 않는 청정한 세계인 정淨이다.

하권에서는 이러한 여러 단계를 내용적으로 분류한다. 수를 헤아리는 수식의 단계에서는 네 가지 마음의 힘[四意止]을 얻고, 상수의 단계에서는 또 다른 네 가지 마음의 힘으로써 악을 없애며[四意斷], 지의 단계에서는 네 가지 신통력, 즉 초능력[四神通]을 얻고, 관의 단계에서는 다섯 가지 정신력[五力]을 얻으며, 환의 단계에서는 일곱 가지 깨달음[七覺意]을 얻고, 정의 단계에서는 여덟 가지 올바른 길[八正道]을 얻게 된다고 하여 이 호흡수련의 공덕을 자세히 설명하고 있다.

1. 안반수의의 근본원리

1-1. 안반수의의 창안 동기

佛在越祇國舍羈庚國. 亦說一名遮匿迦羅國. 時佛坐行安般守意九十日. 佛復獨坐九十日者. 思惟校計. 欲度脫十方人及蜎飛蠕動之類.

부처님께서는 월지국의 사기유국에 머무셨다. 일명 차닉가라국이라고도 한다. 이때 부처님께서는 90일 동안 앉아서 안반수의를 행하셨다. 부처님께서는 다시 90일을 홀로 앉아 생각을 가다듬어, 온 세상의 모든 인간과 날아다니는 새와 꿈틀대는 동물들까지 구제하고자 하셨다.

해설 월지국은 인도 동북부인 실크로드의 서쪽에 있던 큰 나라이다. 차닉가라국이라고도 불렸던 사기유국은 월지국에 속해 있던 작은 나라로, 여기에서 붓다가 결가부좌하고 앉아 90일 동안 안반수의를 행했던 것이다. 안安은 범어의 '아나 *āna*', 반般은 '아파나 *apāna*'라는 말을 발음 그대로 옮긴 것으로서, 안반의 원어는 '아나파나 ānāpāna'이다. '아나'는 들숨[入息], '아파나'는 날숨[出息]이다. 그러므로 안반은 숨이 들어오고 나가는 호흡을 말한다. 수의守意는 마음을 한 곳에 집중한다는 범어 '사티 sati'를 옮긴 말이다. 그러므로 마음을 집중하여 흐트러지지 않게 하는 것이다.

붓다는 다시 90일을 앉아서 온 세상의 모든 인간들과 날고 꿈틀대는 새와 동물들까지도 모두 구제하고자 하였다. 원문의 도탈度脫은 깨닫게 하여 구제한다는 뜻이다. 요컨대 붓다는 호흡에 정신을 집중하는 안반수의를 닦고서 이를 전하여 모든 인간들과 동물들로 하여금 깨달음을 얻도록 하였다는 것이다.

붓다가 6년 고행 끝에 고행을 포기하였다는 것은 잘 알려진 사실이다. 고행의 괴로움에 굴복한 것이 아니라 고행이 깨달음을 얻는 데에는 전혀 이롭지 않다는 것을 알아차렸기 때문이다.

붓다는 고행을 하면서 단식, 숨을 참는 호흡 훈련 등 몸을 괴롭히는 온갖 수행을 참고 견뎌냈다. 그러나 그 고행이 특수한 능력을 얻기 위해서는 가치가 있으나, 모든 일반 생활인이나 나아가서는 새나 동물들과 같은 일체 중생까지도 행할 수 있는 보편성을 지닌 올바른 수행이 아니라는 것을 알게 된 것이다. 붓다는 먼저 우리가 살아가는 데에 필수적인 호흡의 중요성을 깨달은 것이다.

당시의 고행자들은 숨을 오래 참는 호흡법을 닦았다. 이 호흡법은 우주의 생명력인 '프라나 prāṇa'라는 기운을 될 수 있는 한 체내에 많이 흡수하여 저장해 두는 것이 주목적으로, 불로장생하려거나 특수한 능력을 얻고자 하는 사람들에게나 필요한 수련이다.

붓다의 목적은 이런 능력을 얻기 위함이 아니었다. 붓다는 생로병사生老病死의 인생고를 해결하기 위해서였다. 그리하여 마침내 고행을 버리고 삶 속에서 호흡으로 인간적인 고뇌를 해결하는 길을 발견하게 된 것이다. 또한 생리적인 욕구를 거역하는 극기나 고행이 아닌 즐거운 수행을 창안하였다. 삶 속에서 삶과 죽음의 모순으로부터 벗어나는 방법을 보인 것이다.

숨이 들어오고 나가는 것은 지극히 자연스러운 생리현상이다. 인간만이 아니라 동식물들도 호흡을 떠나서는 살 수 없다. 이렇듯 가장 자연스럽고 합리적으로 호흡하는 것은 육체나 정신을 위해서 더없이 중요한 일이다. 그렇다고 붓다의 호흡법이 생리현상으로서의 들숨, 날숨을 그대로 자연에 맡겨 두고 방치하는 것은 아니다. 그 호흡에 정신을 집중해야 한다. 여기에 안반수의법의 특징이 있으며, 그것을 통해 고행을 떠나서 즐겁게 깨달음으로 가는 길이 열리게 되는 것이다.

그러면 왜 하필이면 90일 동안인가? 90일은 석달로 붓다는 여름에 비가 계속 오는 기간인 하안거夏安居엔 마을로 나가지 않고 한 곳에 앉아 수행과 설법을 하였다. 이때 안반수의법을 행한 것이다.

안반수의법을 흔히 수식법數息法이라고도 하나, 수식법은 안반수의의 본래 뜻을 다 포함하고 있는 용어는 아니다. 따라서 옛부터 수식법이라고 부르던 방법과 내용상 다를 바는 없을지라도 안반수의법이라고 부르는 것이 더 합당하다고 생각된다. 안반수의법은 수를 세면서 호흡을 고르는 것만이 아니기 때문이다. 이에 대해서는 앞으로 더욱 상세히 설명할 것이다.

1-2. 자재와 자비

復言. 我行安般守意九十日者. 安般守意得自在慈念意. 還行安般守意已. 復收意行念也.

또 이렇게 말씀하셨다. "나는 안반수의를 90일 행하였으니 안반수의로 자재와 자비의 마음을 얻었다. (그 뒤에) 안반수의를 행하면서 다시 그 마음을 거두어 (이렇게) 생각을 행한다."

해설 숨이 들어오고 나가는 것에 마음을 집중함으로써 드디어 자재를 얻을 수 있음을 보이고, 다시 스스로 자비심이 솟아나는 것을 느낄 수 있다고 말한다.

자재自在란 주관과 객관이 하나가 되어 서로 대립하지 않으므로 어디에도 걸리지 않는 자유로움이다. 주관이 객관에 끌리면 객관적인 어떤 대상의 노예가 되어 자재를 잃게 된다. 주관과 객관이 하나가 되면 대립이 없어지므로 객관이 주관의 세계로 들어와 나의 것이 된다. 이러한 세계가 자재의 세계이다. 주와 객이 없는 이 세계에서는 너와 내가 대립하지 않기 때문에 자비심이 솟아난다.

심리학자들은 실험을 통해 무의식의 세계에 이르면 주관과 객관의 대립이 없어지고 자비심이 솟아난다는 것을 확인했다고 한다. 무의식의 세계가 심화된 심층의식의 상태에서는 생명의 절대적 가치와 만족, 환희를 느끼며, 일체의 존재에 대한 관념이 바뀌고 따라서 애정을 갖게 되어 세계가 광명으로 바뀐다고 한다.

여기서의 자비심이란 일체 중생이 나와 한 몸인 그런 사랑이며, 우주 생명에 대한 공감이다. 이렇게 되면 그 환희 속에 잠겨 삶의 존엄성을 공감하면서 숨의 들어오고 나감에 따라 삶의 가치가 새롭게 나타난다. 이것이 바로 깨달음의 세계이다. 깨달음의 세계는 일상적 가치의 세계인 현실을 떠나서 존재하는 것이 아니라, 절대 가치가 현실과 함께 공존하는 세계이다. 또한 대립을 떠난 궁극의 세계이기도 하다. 주와 객의 대립이 끊어진 이러한 자재의 세계에서는 우리의 깊은 마음속에 일체감이 생겨나므로 자비심이 솟게 된다는 것이다. 안반수의는 이처럼 주객통일을 이루게 하여 해탈로 나아가게 하는 방편도方便道이다. 안반수의를 통해 얻은 자비심은 모든 인간의 마음속에 간직되어 있는 근본 마음이며, 나 이외의 모든 것을 이롭게 하고자 하는 이타심利他心이다. 붓다는 이와 같은 궁극의 세계가 호흡이라는 생명 현상 속에 있음을 가르쳐 준다.

인간은 항상 대상에 이끌려 거기에 매여 살기 때문에 자재를 잃는다. 우리의 삶은 감각기관에 의한 속박만이 아니라 관념의 노예가 되고 있다. 그러나 인간에게는 이러한 속박에서 벗어나고자 하는 욕망과, 생명의 자유에 대한 근본적인 욕구 또한 존재한다. 어디에도 속박되지 않는 자연 그대로의 자유로운 생명 현상에 따라 살고자 하는 것은 인간의 근본적인 욕구이다. 그러므로 이것이 충족되었을 때의 즐거움을 누리고자 하는 욕구도 자연스러운 것이다.

자연스럽게 호흡하면 인간 본연의 모습으로 돌아오게 된다. 붓다의 가르침은 어떤 특별한 것이 아니라 인간이 본래 지니고 있는 진리 그대로의 모습, 곧 자연 그대로 돌아가라는 것이다. '있는 그대로의 모습'이 바로 참된 진리이다.

호흡이 들어오고 나가는 것은 살아 있는 생명이 지니고 있는 자연 그대로의 법이 나타나는 것이다. 붓다의 명상은 호흡과 하나가 되게 한다. 인간이 있어야 할 자연 그대로의 상태란 자재의 세계이다. 붓다가 90일 동안 이러한 호흡법을 행해 처음으로 자연 그대로의 상태로 돌아갔을 때의 걸림 없는 자재, 즉 생로병사의 인간적인 갈등에서 벗어날 수 있었다. 그 다음에 맛본 것이 자비심이다. 자연 그대로의 모습으로 돌아간 붓다의 마음에 비춰진 일체의 존재는 모두 자기 자신과 불가분의 관계에 있었다. 숲속에서 뛰노는 동물, 꽃을 찾아 날아드는 나비와 벌, 하늘을 나는 새의 무리들이 모두 자신과 다름없었다. 붓다에게는 암수 짝을 지어 무리짓고 새끼를 거느린 채 만족스럽게 잠든 동물들과, 나비나 벌에게 꿀을 베푸는 곱게 핀 꽃, 생물들을 키우는 따사로운 태양빛, 어둠으로부터 악한 것을 멀리 쫓아 생명을 지켜 주는 달빛 등 모든 자연의 섭리가 마치 어머니가 사랑스러운 자식을 안아주듯이 느껴졌다. 우주의 모든 것이 서로 관련되어 있으며 자비심을 주고받는 것처럼 느껴졌다. 붓다는 법 그대로인 일체 중생의 참모습을 본 것이다. 한 마디로 '숨이 들어오고 나가는 단순한 사실' 속에서 우주의 참모습을 발견한 것이다.

숨이 들어올 때 산소를 흡수하여 세포 속에 산소를 공급하는 것은, 생명을 창조하는 자재의 현상이며 자비 그 자체이다. 우리의 생명은 숨을 들이마심으로써 우주의 생명력을 활기차게 발동시키고, 숨을 내뿜어서 세포의 생명력을 유지한다. 즉 이는 생과 사의 되풀이인 동시에 생사를 떠나며, 생명을 키우는 자비이다.

1-3. 자연의 도리로서의 들숨과 날숨

安爲身. 般爲息. 守意爲道. 守者爲禁亦謂不犯戒. 禁者亦爲護. 護者遍護一切無所犯. 意者息意亦爲道也.

안安은 몸이 되고 반般은 휴식이 되며 수의守意는 도가 된다. (왜냐하면) 수의는 계를 범하지 않도록 하는 것이고, 금禁은 또한 보호하는 것이다. 보호한다는 것은 일체의 것이 잘못되지 않도록 두루 지키는 것이다. 마음이란 의식이 쉬고 있는 것이니, (이때에) 또한 도가 된다.

해설 숨을 들이마시면 배가 불러 오고 산소가 들어와서 세포를 활기차게 해준다. 그러므로 숨이 들어오는 것을 생명의 창조라고 할 수 있다. 또한 숨을 내보내는 것은 그러한 작용을 일단 쉬는, 새로움을 위한 휴식이다. 들숨이 생生이라면 날숨은 멸滅이다. 멸이란 없어지는 것이 아니라 다음의 생을 위해서 쉬는 것이다. 그러므로 생과 멸은 서로 관련되어 있다. 멸을 통해 생이 있고, 생은 멸에 의해서 다시 나타난다. 생과 멸은 대립되는 것이 아니라 서로 떨어질 수 없는 관계를 가진 하나이다. 그러므로 둘이 아니다.

호흡을 살펴보더라도 숨이 들어와서 극치에 이르면 자연히 나가게 마련이다. 들어오는 것과 나가는 것이 다르지 않다는 말이다. 즉 입출일여入出一如이다. 그런데 숨이 들어오고 나가는 것에 정신을 집중하지 않으면 들숨과 날숨에 혼란이 오기 쉽다. 무의식 상태에서 호흡을 하게 되면 들어오도록 되어 있는 숨이 잘못되는 경우가 많다. 가령 어떤 일 때문에 놀랐을 때에는 숨이 들어오지 못하고 나가는 숨도 제대로 나가지 못하게 된다. 그러므로 크게 놀랐을 때는 신경이 마비되어 얼굴이 창백해지거나 의식을 잃고 쓰러지기도 한다. 그러나 들숨과 날숨에 정신을 집중하면 호흡은 있는 그대로, 정상적으로 이루어진다. 따라서 정상적인 호흡은 자연의 도리요, 있는 그대로의 진리에 어긋나지 않는 것이다.

의식이 한 곳에 집중되어 주관과 객관이 하나가 되면 우리는 의식의 심층에 자리잡고 있는 본래의 마음으로 되돌아갈 수 있게 된다. 이 심층의식이 우리의 본래 마음이다. 우리가 어떤 대상에 이끌려 구속받을 때는 의식이 집중되지 못하고 밖으로 달리며 쉴 줄을 모른다. 의식이 밖으로 달려나가지 않고 자신의 심층 속에서 쉬고 있을 때에 비로소 본래의 모습으로 존재하게 된다. 이처럼 정신집중을 통해 의식이 자기 자신 그대로 안정되어 쉬고 있는 상태에서는 주관은 주관대로, 객관은 객관대로 제모습을 갖추게 되고, 또한 제각각 움직이지 않게 된다.

들어오고 나가는 숨에 정신을 집중하면 그 숨은 길고 충분하게 들어오고 또한 길고 충분하게 나간다. 생명의 창조와 휴식을 끊임없이 되풀이하면서 자연의 도리를 그대로 행하는 것이다. 이렇게 들숨과 날숨이 제대로 이루어지는 것, 곧 안반수의는 우주의 진리 자체이며 살아 있는 생명의 모습이다.

1-4. 生과 滅의 깨달음

安爲生. 般爲滅. 意爲因緣. 守者爲道也.

안安은 생生이고 반般은 멸滅이며, 마음은 인연이, 수守는 도가 된다.

해설 들숨은 산소를 공급하여 세포에 활기를 줌으로써 정신을 맑게 한다. 즉 밖으로부터 생명력을 가져와 우리를 살아 움직이게 한다. 날숨은 들어오던 숨이 그치고 나가는 것이므로 생의 극치에 이르러 멸하는 현상이다. 생명은 생과 멸의 되풀이다. 생만이 영원히 계속될 수는 없다. 생의 극치에서 멸이 있고, 멸의 극치에서 생이 있어야 한다. 따라서 생과 멸은 상호 부정이 아닌 상호 의존 관계에 있다.

들숨과 날숨은 무의식 속에서 행해지며, 그 무의식은 우리의 깊은 마음속에서 이루어지고 있다. 생명을 유지하고자 하는 마음이 없으면 숨의 들어오고 나감도 있을 수 없다. 숨을 쉬는 것은 끊임없이 생명을 유지하고자 하는 마음 때문이다. 곧 마음이 인연이 되어 들숨과 날숨이 있게 된다. 이러한 마음을 잘 지키는 것이 곧 자연의 도리이다. 자연의 도리는 멀리 있는 것이 아니라 바로 우리의 코 앞에서 이루어지는 호흡에 있다.

깨달음이란 들숨과 날숨이 생명의 탄생과 소멸이라는 엄숙한 사실과 나의 본성이 생과 사 속에 있고, 호흡에 있다는 것을 아는 것이다. 나의 참모습은 나의 참된 삶을 떠나서는 있을 수 없고, 나의 참된 삶은 올바른 호흡을 떠나서는 있을 수 없다.

호흡은 육체적인 생리현상인 동시에 정신적인 현상이라고 했다. 올바른 호흡은 올바른 생리현상과 정신 상태에서만 이루어질 수 있기 때문이다. 마음이 안정되지 않으면 호흡도 바르게 되지 않는다. 몸과 마음이 하나가 되고, 숨의 들어오고 나감이 하나가 되면 무의식 중에 호흡에 정신을 집중하게 된다. 이런 호흡이 가장 바람직하다. 들숨과 날숨에 정신을 집중하여 그것이 한결같이 지속되면 드디어 호흡과 마음이 하나가 되고, 나아가서는 무의식 중에도 올바른 호흡이 이루어진다.

붓다는 호흡을 통해 우주의 진리를 알았고, 우주의 뜻이 바로 나의 뜻과 다르지 않다는 사실을 알았다. 나의 삶은 일체 중생의 삶 그대로이다. 하늘을 나는 새, 물속에서 노니는 고기, 땅 위를 기어다니는 미물에 이르기까지 숨을 쉬지 않는 것은 없다. 모든 생명은 호흡을 통해서 탄생하고 소멸한다.

정신과 육체가 하나가 되어야 비로소 생명이 탄생하고 유지될 수 있다. 우리의 삶은 정신과 육체의 결합으로 이루어진다. 삶은 육체적인 들숨과 날숨만으로 이루어질 수 없으며, 반드시 정신이 작용하고 있다는 사실을 알아야 한다. 오히려 정신이 근본이 되어 육체적인 생리현상인 들숨과 날숨이 있게 된다고 해야 할 것이다.

모든 존재가 인연에 의해 생기고 사라진다는 진리를 깨달은 붓다는,

우리의 마음이 인연이 되어 삶의 생과 멸인 들숨과 날숨이 있다는 것도 알게 되었다. 낮이 있으면 밤이 있고 나가면 반드시 들어온다. 만나면 반드시 헤어지고 태어나면 반드시 죽는다. 지극히 평범한 이 사실 속에 진리가 있다. 이는 우주의 뜻이 그대로 나타난 것이며, 그 뜻을 지키는 것이 곧 밤이 되고 낮이 되는 것이요, 가면 오게 하고 만나면 헤어지게 하는 것이다. 들숨과 날숨은 나의 마음이 인연이 되어 그 도리를 지키는 것에 지나지 않는다.

올바른 호흡이야말로 깨달음으로 가는 길인 동시에 곧 도道이다. 깨달음으로 가는 길은 바로 내 속에 있다. 내 마음속에 있으며 들어오고 나가는 숨 속에 있다.

《잡아함경雜阿含經》 제29권 10에서 붓다는 이렇게 설법하고 있다.

"제자들이여, 들숨과 날숨을 생각하는 것을 잘 익혀야 한다. 그러면 몸이 피로하지 않게 되고, 눈이 아프지 않으며, 법을 관觀하여 즐거움에 머물 수 있고, 애착에 물들지 않게 되리라. 이와 같이 들숨과 날숨을 닦으면 좋은 결실과 큰 복리를 얻으리라. 그리하여 깊은 선정禪定에 들면 드디어 자비심을 얻고 미혹을 떠나 깨달음에 들어갈 것이다."

1–5. 수식과 정신집중

安爲數. 般爲相隨. 守意爲止也.

안安은 수를 헤아리고, 반般은 서로 따르며, 수의는 그침이 된다.

해설 이 세상 만물이 지닌 존재의 비밀은 아직 신비에 싸여 있다.

보잘것없는 미물에서부터 인간과 우주 전체에 이르기까지, 지금까지 과학, 철학, 종교는 그 신비로운 비밀을 풀기 위해 애써 왔으나 아직까지는 완전히 밝혀내지 못했다. 인간을 비롯한 여러 생명체를 형성하고 있는 세포나, 일반적으로 말하는 물질의 최소 단위인 분자의 비밀도 완벽하게는 알지 못한다. 인간의 정신작용이 가진 비밀은 더욱 신비에 싸여 있다. 단지 인간의 생명이 물질과 정신의 조화로 인해 유지되고 있다는 사실만이 알려져 있을 뿐이다.

불교에서는 이를 색色·수受·상想·행行·식識으로 나누어 설명한다. 사람이 다섯 가지로 구성되어 있다는 뜻이다. 색은 물질적 요소이고, 수, 상, 행, 식은 정신적인 요소이다. 인간의 생명을 유지하기 위해서는 이 다섯 가지가 조화롭게 이루어져야 하며, 그 상태가 곧 공空의 세계이다. 우리의 삶은 호흡이라는 물질적인 육체의 움직임과 정신적인 의식의 조화에 의해서 이루어진다. 불안하거나 공포에 싸여 있을 때는 육체의 작용이 원만하게 이루어지지 않으므로 호흡이 거칠어지고 행동이 자재自在에서 벗어난다. 그러나 정신이 안정되고 평온한 상태에 있으면 호흡이 고르게 되고 행동도 뜻대로 이루어진다.

우리는 들숨에 의해 활력을 얻고 날숨에 의한 신진대사로 노폐물이 몸 밖으로 배출된다. 숨이 들어오는 것은 살아 있는 것이요, 숨이 나가는 것은 삶의 극치에서 다른 차원인 죽음으로 옮겨지고 있는 것이다. 이러한 생과 멸의 연속이 우주의 모습이고 우리의 삶이며, 곧 공空이다. 공이란 생하고 멸하면서 생이나 멸에 떨어지지 않는 세계이므로 생도 아니고 멸도 아닌 생과 멸 그 자체이다. 숨이 들어오기만 하고 나가지 않거나, 나가지 않고 들어오기만 한다면 생명은 유지될 수 없다. 생명이 잘 유지되지 못하면 공을 떠나 있는 것이요, 진리와 멀리 떨어져 있는 것이다. 공의 진리를 잘 실천하려면 숨을 올바르게 들어오게 하고 나가게 하는 것부터 시작하지 않으면 안 된다. 붓다는 그 도리대로 호흡을 행하였으므로 호흡이 바로 삶 자체이고 공의 실천인 상태에 이를 수 있었던 것이다.

숨을 바르게 하기 위해서 수를 세는 것은 정신을 숨에 집중하여 조화를 이루기 위한 방편이다. 숨이 들어올 때 그 숨의 수를 세면서 정신을 집중하고, 나갈 때 나가는 숨의 수를 세면서 정신을 집중하여 서로 따르게 하면 숨은 올바르게 이루어진다. 이렇게 되면 숨의 들어오고 나감이 그친 듯한 상태가 되어 지극히 고요한 가운데 자연스럽게 숨이 들어왔다 나가는 경지에 도달한다.

1-6. 합리적인 호흡

安爲念道. 般爲解結. 守意爲不墮罪也. 安爲避罪. 般爲不入罪. 守意爲道也.

안安은 도를 생각하고, 반般은 맺힘을 풀며, 수의는 죄에 떨어지지 않는다. (따라서) 안安은 죄를 피하고, 반般은 죄에 들어가지 않으며, 수의는 도가 된다.

해설 인간과 동·식물을 막론하여 살아 있는 모든 생물은 숨을 쉬지 않으면 살 수가 없다. 따라서 올바른 호흡을 익히는 행위는 올바른 삶과 직결된다. 그러나 요가를 수행하는 고행자들은 호흡을 닫고 숨이 들어오지 못하게 할 뿐만 아니라 들어온 숨까지 나가지 못하게 하여 오래도록 참는 수행을 한다. 붓다 역시 이러한 고행을 체험하였다. 그러나 그는 숨의 들어오고 나가는 중요한 뜻을 깨달았기 때문에 호흡을 닫고 자연의 도리에 역행하는 지식법止息法인 쿰바카Kumbhaka를 포기하고 자연스럽고 올바른 호흡법을 권장하게 되었다. 숨이 들어오는 안安을 모든 생물이 생명을 유지하고 종족을 보존하기 위한 자연의 도리로 본 것이다. 숨을 오래 참고 있으면 체내의 독소가 밖으로 나가지 못해 죽게 된다. 그러므로 들어온 숨이 극치에 달하면 체내의 독소를 내보내기 위해 숨을 길게 내뿜어 주어야 한다. 맺힌 것을 푼다는 말은 이처럼 몸 안의 나쁜 것을 풀어서 없앤다는 뜻이다.

요가 수행자들이 우주의 생명력인 프라나를 많이 들어오게 하여 그것을 될 수 있는 한 오래 머물게 하는 것이 좋다고 주장한 데에 반해, 붓다는 될 수 있는 한 숨을 길게 내보내는 것이 좋다고 보았다. 또한 숨을 자연스럽게 들어오게 하고 길게 내뿜을 때에도 마음을 집중하지 않으면 호흡이 잘 이루어지지 않는다는 점을 덧붙여 강조했다. 수의, 곧 정신집중은 호흡이 잘못되지 않게 하는 고삐인 셈이다. 실제로 의식을 집중했을 때의 호흡과 무의식적으로 행하는 호흡의 효과는 큰 차이가 있다. 붓다가 창안한 호흡법은 자연스러우면서도 정신이 집중된 호흡이므로 이런 호흡법을 익히면 의식적으로 생각하지 않는 무의식 상태에서도 호흡이 길고 깊으며 자연스럽게 이루어진다.

이같은 호흡법은 인간이 생명의 도리를 올바르게 깨닫고 생명을 잘 유지하기 위해 진리를 실천하는 길이다. 이를 거스르고 숨이 제대로 들어오지 못하게 하거나 나가는 숨을 제대로 못 나가게 하면 몸에 질병이 생기고 정신 착란이 발생하게 된다. 붓다는 이런 점을 통찰했기 때문에 마음의 불안이나 어떤 걸림을 풀기 위해서 숨을 길게 내뿜는 호흡을 하라고 권한 것이다. 마음에 맺힌 응어리는 마음으로 풀 수 있다. 붓다는 마음이 몸을 떠나서 따로 있는 것이 아니고 특히 호흡을 떠나서는 있을 수 없다는 사실에 주목했다.

실제로 이런 일은 얼마든지 경험할 수 있는 흔한 일이다. 화가 났을 때 후우! 하고 숨을 길게 내뿜으면 마음이 가라앉는다. 초조할 때도 숨을 길게 내뿜으면 괜찮아진다. 담배를 피우는 사람들이 화가 나거나 고민에 빠져 있을 때 담배 연기를 길게 내뿜곤 하는 것을 자주 볼 수 있다. 이는 아주 자연스러운 현상이다. 그러므로 평소에 숨을 길게 내뿜는 호흡법을 익혀 무의식적으로 이루어질 수 있게 하면 언제 어디서나 고요한 마음가짐과 올바른 몸가짐을 유지할 수 있게 된다.

붓다가 창안한 안반수의법은 생리학적 측면에서 합리적일 뿐만 아니라 심리학적인 면에서 볼 때에도, 인간을 최고의 정신 상태로 인도하는 호흡법이다.

《잡아함경》제26권 〈오법경五法經〉에서 붓다는 안반념법安般念法을 통해 죄에 떨어지지 않을 수 있음을 설법하고 있다.

"나는 이와 같이 들었다. 한때 부처님께서 사위국의 기수급고독원에 머무셨다. 이때 부처님이 여러 비구에게 이렇게 말씀하셨다. '다섯 가지 법이 있어 이로움이 많으리니 안나반나념安那般那念(안반수의)으로 닦으라. 다섯 가지 법은 무엇인가. 깨끗한 계戒인 바라제목차波羅提木叉pratimokṣa의 율의律儀에 머물러서 잘 갖추어 행하고, 작은 죄라도 능히 두려워하여 계행을 잘 간직한다. 이것이 첫번째 법이다. 이로움이 많으리니 안나반나념으로써 수습하라. 또한 다음으로 비구가 행해야 할 도는 욕심과 일을 적게 하고 애쓰는 것이 적절하다. 이를 두번째 법이라 한다. 이로움이 많으리니 안나반나념으로써 수습하라. 또한 다음으로 비구는 먹고 마심에 있어서 양을 알고, 많고 적음의 중간을 취하나니 먹고 마시는 데 있어서 욕심을 일으키지 않고 부지런히 정진하여 마음을 한결같이 가진다. 이를 세번째 법이라고 한다. 이로움이 많으리니 안나반나념으로써 수습하라. 또한 다음에 비구는 초저녁이나 밤늦게까지 잠을 자지 않고 부지런히 정진하여 사유를 골똘히 하나니 이를 네번째 법이라 한다. 이로움이 많으리니 안나반나념으로써 닦으라. 또한 다음에 비구는 한가하고 안온한 숲속에서 모든 시끄러움과 어지러움을 떠난다. 이를 다섯째 법이라 한다. 이로움이 많으리니 안나반나념으로써 수습하라.'

이렇게 설법하시니 모든 비구가 부처님의 말씀을 듣고 기쁘게 여겨 받들어 행하였다."

이처럼 붓다는 죄를 짓지 않기 위해서는 호흡에 정신을 집중하여 계를 지키라고 가르치고 있다. 도덕적인 계율을 잘 지키고, 욕심을 적게 가지고, 음식에 지나침과 부족함이 없게 하고, 잠자는 것을 탐내지 말며, 한가한 곳에서 숨의 들어오고 나감을 생각하여 한결같이 수행하는 다섯 가지 법은 비구와 같은 수행자뿐 아니라 다른 모든 일반인에게도 이로운 가르침이다. 특히 우리가 죄를 짓는 것은 지나친 욕심 때문인데, 호흡과 정신통일로 지나친 욕심까지도 조절할 수 있다고 했다.

1-7. 마음을 진정시키는 호흡

安爲定. 般爲莫使動搖. 守意莫亂意也.

안安은 (마음이) 정定이 되고, 반般은 동요하지 않으며, 수의는 마음이 흩어지지 않는 것이다.

해설 호흡에 있어서 들숨과 날숨을 그냥 내버려두는 것이 아니라 들숨이 길든 짧든, 그 숨에 정신을 집중하면 마음과 몸이 안정된다. 몸이나 마음이 안정되지 않아 가만히 있지 못하거나, 마음이 적정 순일하지 않고 불안하고 초조하거나 또는 혼탁하여 동요하는 것은 호흡에 정신이 집중되지 않았기 때문이다. 특히 정신을 들숨에 집중하여 생각이 한결같이 따르면 마음은 고요한 적정의 세계에 안주한다. 정定이란 마음이 고요하여 더없이 순일한 경지에 이른 상태이다. 이러한 경지를 삼매三昧 samādhi나 등지等至라고 하며 정定이라고도 한다.

정에 들면 어떤 사물을 대하더라도 그 사물의 진상을 뚜렷하게 볼 수 있게 된다. 또한 대상으로부터 받아들여 느끼고 생각하는 것이 진실 그대로 분명하게 인식되어 적정함과 순일함을 잃지 않게 된다. 이러한 경지는 들숨에서 비롯된다. 만일 숨이 들어오지 못한다면 마음이 착란을 일으켜 사물의 진상을 있는 그대로 볼 수 없게 될 뿐만 아니라, 나아가 광란을 일으켜 고통을 가져온다.

숨을 내보낼 때도 마찬가지이다. 이미 앞에서도 말했듯이 마음의 안정을 얻기 위해서는 숨을 길게 내보내거나 짧게 내보내면서 정신을 집중할 필요가 있다.

고행자들의 호흡수련이 건강이나 불사를 성취하기 위한 특수한 방법으로써 개척된 반면에, 붓다의 호흡법은 자연 그대로의 호흡을 명상함으로써 해탈에 이른다. 주어진 모든 법을 버리지 않고 있는 그대로 보다 높은 차원으로 승화시키는 것이다.

《잡아함경》 제26권 〈안나반나념경〉에서 붓다는 이렇게 설법하고 있다.

"마땅히 안나반나(안반)의 염念(수의)을 닦으라. 비구가 안나반나의 염을 많이 닦으면 몸과 마음이 평안해진다. 그리하여 깨달음에 있어서

나 보고 느낌에 있어서 고요하고 순일한 가운데 분명한 생각이 일어나 닦고 익힘에 만족하게 될 것이다."

　호흡이 고르면 몸과 마음이 안정된다. 호흡을 고르게 하기 위해서는 호흡과 생각을 같이 맞추어야 한다. 우리는 호흡에 정신을 집중하여 의식적으로 그것을 조절할 수 있다는 사실을 알아야 한다. 의식을 통해서 잘못된 호흡을 올바르게 바꾸는 것이다.
　일상 생활에서 우리의 몸과 마음은 대개 따로 떨어져 움직이는 경우가 많다. 호흡하는 동안 마음이 제멋대로 달려 나가기도 하고, 다른 생각에 잠기기도 하는 것이다. 이럴 경우 호흡이 올바르게 이루어지기는 어렵다. 예컨대 마음이 어떤 일에 집착하여 골몰해 있을 때에는 들숨이 주가 된다. 따라서 나가는 숨이 줄어들게 되어 체내의 나쁜 독소가 그만큼 덜 배출된다. 탐욕에 끌려 있다든지, 마음속에 진노의 불길이 타오르고 있다든지, 슬픔이나 후회, 의심, 자포자기 등에 빠져 있으면 호흡도 고르지 않게 된다.
　나가는 숨을 의식적으로 길게 내뿜는 것을 되풀이하는 동안에 호흡은 새로운 모습으로 바뀌고, 이에 따라 마음도 순일한 적멸寂滅 상태로 가게 된다. 이처럼 의식하지 않더라도 무의식 중에 올바른 호흡이 이루어지면 마음은 절대 안정의 상태에 머물게 된다. 이제까지의 산란한 마음은 진정되고 고요한 마음이 찾아 온다. 현대인들은 복잡한 사회생활 때문에 정신적인 안정을 찾기가 어렵고 불안이나 근심 속에서 살아가기 쉽다. 이런 생활을 바로잡기는 쉽지 않다. 밤에 잠을 이루지 못해 진정제나 수면제에 의존하는 사람이 얼마나 많은가.
　몸이 좀 불편하면 우리는 흔히 약에 의존하려고 하나 이는 매우 잘못된 습관이다. 인간은 자신의 몸을 스스로 조절할 수 있는 능력을 갖추고 있다. 질병에 대한 저항력도 가지고 있으며 생명을 재생시키는 힘도 갖추고 있다. 이런 힘들은 우리가 생각하는 것 이상으로 강력하므로 잘 활용해야 한다. 혼탁하거나 산란한 마음, 불안과 초조, 비통함이나 분노 등은 모두 우리의 마음속에서 비롯된 것임에도 불구하고, 인간은 그 마음도 좌우할 수 있는 능력을 가지고 있다. 내 마음은 내 마음대로 조절할 수 있다. 누구나 이 평범한 사실을 깨달을 수는 있지만 실상은 마음대로 되지 않는다는 데에 인간의 한계가 있다. 붓다는 평범하지만 깨닫기 어려운 것을 만인이 깨달을 수 있도록 가르친다.

1-8. 무위의 도에 이르는 길

安般守意名爲御意至得無爲也.

안반수의란 마음을 제어하여 무위의 경지를 얻는 것이다.

해설 의식적으로 호흡을 조절하여 그릇된 호흡 습관을 고치면 드디어 의식을 집중하지 않아도 무의식 속에서 올바른 호흡이 이루어지게 된다. 우리의 몸과 마음을 자신의 뜻대로 제어할 수 있는지 없는지는 습관들이기 나름이다. 습관을 제2의 천성이라고 하는 것도 이런 이유에서이다. 불교에서 말하는 계戒는 도덕적인 규범을 뜻하기도 하지만 좋은 습관을 익힌다는 의미도 된다. 누구나 어떤 것이 좋고 나쁜지를 잘 알고 있으면서도 나쁜 것을 멀리하지 못하는 까닭은, 그에 따르는 보이지 않는 힘이 소멸되지 않기 때문이다. 이 힘을 업력業力이라고 하는데, 즉 쌓이고 쌓인 훈습력薰習力을 말한다. 무서운 이 훈습력은 꾸준한 노력을 통해서만 떼어버릴 수가 있다. 마음으로 지은 업력 뿐만 아니라 몸에 배인 습성도 끊임없는 의식적 노력을 통해 바로잡을 수 있다. 예컨대 보통 여자는 흉식호흡을, 남자는 복식호흡을 한다. 그러나 남자가 복식호흡을 잘 익히지도 않고 그냥 하게 되면 복식도 흉식도 아닌 무질서한 호흡이 되어 여러 질병에 걸리기 쉽다. 여자가 복식호흡을 익히면 여러 가지 이득을 볼 수 있다. 흔히 복식호흡을 행하는 남자도 훈련을 통해 제대로 익히지 않으면 안 되며, 여자 역시 여러 질병을 이기는 데에 유익한 복식호흡을 훈련하지 않으면 안 된다. 흔히 복식호흡으로 위장병 등이 치유되는 경우를 볼 수 있듯이, 사람은 의식적으로 노력하면 무엇이든지 할 수 있다. 신체조직은 바꿀 수 없으나 그 기능은 바꿀 수 있다. 호흡 훈련을 통해서 신체는 물론 정신까지도 바꿀 수 있는 것이다.

붓다가 가르친 안반수의법 역시 습관이 된 나쁜 호흡을 의식적으로 바로잡으려는 훈련이다. 숨이 나갈 때 충분히 나가고 들어올 때 충분히 들어오면 그 호흡은 완전하다. 그러나 습관을 잘못 들이면 제대로 이루어지지 않는다. 그러므로 잘못된 호흡을 바로잡기 위한 호흡 훈련이 필요하다. 숨을 들이마시고 내뿜는 것은 자율신경의 작용으로, 자율신경은 정신의 지배를 받으므로 정신집중을 통해 의식적인 노력을 기울이면 정상적으로 작동하게 되어 호흡도 자연히 조절된다.

마음을 제어한다는 말은 우리의 마음이 제멋대로 달리지 않게 하고 한 곳으로 몰아간다는 의미이다. 마치 말을 타는 이가 고삐를 늦추거나 조이면서 말을 원하는 방향으로 몰아가는 것과 같다. 마음의 제어야말로 마음 수행의 요체이다. 따라서 불교의 수행은 심조복心調伏이다. 마음을 잘 다스려서 내가 마음대로 조절할 수 있도록 하는 수행이라는 뜻이다. 불교는 마음 공부에서 그친다. 자신의 마음을 임의로 조절할 수만 있다면 생사의 초월이 바로 거기에 있음을, 또한 열반의 세계도 거기에 있음을 알게 될 것이다.

몸과 마음이 나누어지거나 항상 같이 있는 것이 아닌, 둘이면서도 둘이 아닌 상태에 이르러서야 비로소 자재를 얻었다고 할 수 있다. 이러한 상태가 이른바 무위無爲이다. 무위는 하면서도 하지 않는 것이다. 이에 이르면 심신이 안온한 상태가 되어 도道를 얻게 된다.

1-9. 空과 定

安爲有. 般爲無. 意念有不得道. 意念無不得道. 亦不念有亦不念無. 是應空定意隨道行. 有者謂萬物. 無者謂疑. 亦爲空也.

안安은 있음이요 반般은 없음이다. 마음이 있는 것만을 생각하면 도를 얻지 못하고, 마음이 없는 것만을 생각해도 도를 얻지 못한다. 있는 것만을 생각하지도 않고, 없는 것만을 생각하지도 않으면 이것이야말로 공과 정의 마음이므로 도를 따르는 것이다. 있다는 것은 만물을 일컫고, 없다는 것은 의혹을 일컬으니 역시 공이 된다.

해설 우리는 흔히 숨을 들이마시면 공기 중에 있는 산소가 코를 통해 폐 속으로 들어와 폐에 있는 피를 깨끗이 만들어 온몸으로 돌게 한다고 생각한다. 또한 숨을 내뿜을 때에는 폐로 돌아온 핏속의 노폐물을 밖으로 내보내 우리 몸속을 깨끗이 정화한다고 생각한다. 따라서 들숨은 몸에 유익한 기운을 공급하고, 날숨은 체내의 나쁜 기운을 배출한다고 생각할 수 있다. 그래서 우리는 좋은 것이든 나쁜 것이든 어떤 실재하는 존재나 무, 즉 있는 것과 없는 것의 고정관념 속에서 호흡을 행하게 된다. '있다'거나 '없다'는 생각이 고정관념으로 굳어지면, 그 관념에 집착하게 되어 호흡의 들어오고 나감이 순리를 잃게 된다. 있는 것만을 생각하여 숨을 들이마시거나 없는 것만을 생각하여 숨을 내보내면 호흡의 조화가 깨지기 때문이다. 호흡은 들어오고 나가는 데 그 조화가 있다. 들어오기만 하거나 나가기만 해서는 안 된다. 들어오면 나가고, 나가면 들어와야 호흡이 순조롭게 이루어져 건강이 유지되고 마음의 안정도 얻을 수 있다.

인간은 항상 '있다'거나 '없다'는 상대적 가치관에 끌려 어느 한쪽에 치우쳐 집착하기 쉽다. 그러나 어느 한 극단에 끌리면 도리에 어긋나며 진리에 역행하게 된다. 불교에서는 어느 한쪽 극단에 끌리지 않는 삶의 길인 중도中道를 가르친다. 이것이 공空이요 정定이다. 일상적인 호흡에서 들숨을 통해 산소를 들이마신다고 생각하면 '있다'는 고정관념에 끌리고, 날숨을 통해 탄산가스 등의 나쁜 요소를 배출한다고 생각하면 '없다'는 고정관념에 끌리게 되므로, 그것은 중도나 공이 아니다. 올바른 호흡을 하기 위해서는 공이나 정에서 떠나지 않아야 한다. 그러므로 산소를 흡입한다거나 탄산가스를 뱉는다는 생각도 하지 말고 무심無心 속에서 오직 들어오고 나가는 숨에만 정신을 집중해야 한다.

'있다'는 것은 무엇인가? 그것은 존재한다는 개념이지만 사실상 이 세상에 실체로서 존재하는 것은 아무것도 없다. 만물도 현실적으로 존재하고 있는 것 같지만 실체가 없다. 실체가 아님에도 불구하고 존재한다고 생각하는 것은 집착일 뿐이다. 이 집착 때문에 대상이 없어졌을 때 고민이 생기는 것이다.

'있다'는 것도 없고 '없다'는 것도 없다. 따라서 만물도 만물이 아니므로 없어졌다고 해서 의혹에 빠질 필요도 없다. 만물이 있다는 고정관념이나 없어진 데 대한 의혹의 고정관념은 수의, 즉 정신집중을 통해서 없앨 수 있다. 정신집중은 긍정인 유有나 부정인 무無에 대한 고정관념과, 들어오고 나가는 것에 대한 집착을 없애 준다. 만물에 대한 긍정은 집착을 일으키며 부정은 자포자기와 허무에 빠지게 한다. '있다'는 데에도, '없다'는 데에도 치우치지 않고 공과 정에 순응하며 사는 것이 올바른 삶이다. 호흡 역시 삶이라는 생명 현상의 하나이니, 올바르게 이루어지려면 공과 정의 상태에 있어야 함이 당연하다.

1 – 10. 인연법으로서의 호흡

安爲本因緣. 般爲無處所. 道人知本無所從來. 亦知滅無處所. 是爲守意也.

안安은 인연의 근본이며, 반般은 있을 바가 없는 것이다. 도인은 좇아오는 바가 없는 근본을 알고, 또한 있을 바가 없는 멸을 안다. 이것이 수의이다.

해설 모든 것은 인연에 의해서 이루어진다. 인연법은 원인이 있으면 반드시 결과가 있다. 이 세상에 원인이 없는 결과는 없다. 원인과 결과는 이것과 저것의 관계다. 그러므로 이것으로 인해 저것이 있다는 붓다의 단언은 지극히 상식적이면서도 엄연한 사실이고 엄숙한 진리이다. 호흡도 마찬가지로 이런 연기緣起의 법칙에서 벗어나지 않는다.

들숨은 공기가 저절로 들어오는 것도, 어떤 절대자의 의도에 의해 피동적으로 이루어지는 것도 아니다. 우리의 폐 속으로 공기가 들어오도록 신체구조가 갖추어져 있기 때문이다. 좌우의 늑골을 치켜올리고 횡경막이 수축하여 아래로 처지면 가슴이 넓게 펴져 숨이 들어온다.

그러나 이런 신체구조를 갖추었더라도 공기가 없으면 호흡이 이루어지지 않는다. 공기와 폐, 횡경막, 늑골 등이 서로 어울려 자율신경의 반사작용에 의해 숨이 폐 속으로 들어온다. 자율신경의 작용은 호르몬 분비에 의해 이루어지고, 호르몬 분비는 숨을 들어오게 하겠다는 의식작용으로 이루어진다. 의식이 근본적인 인因이라면 다른 것은 연緣이 되어, 두 가지가 화합함으로써 비로소 숨이 폐로 들어오게 된다. 공기와 폐가 있기 때문에 정신이 있다고 한다면 유물론이요, 정신이 있기 때문에 공기와 폐, 횡경막이 있다고 한다면 유심론이다. 어느 쪽이 더 근본적이라고 단정할 수는 없지만, 종교는 정신이 더 근본적이라는 입장을 취하고 있다. 그러나 솔직히 말해서 인과 연 중에서 어느 것이 먼저이며, 어느 것이 더 근본적인가는 문제가 되지 않는다. 어떻게 인과 연이 어울려서 호흡이 이루어지는지가 더 중요하다. 숨이 들어오고 나가는 현상을 볼 때, 들어오는 숨이 근본이 되어 나가는 숨이 있다고 보는 것은 당연하다. 들어오는 것이 없으면 나가는 것도 없기 때문이다. 오는 것이 있으면 반드시 가는 것이 있기 마련이다. 호흡도 예외는 아니어서 들어온 공기는 내보내야 한다. 그래서 붓다는 들숨이 근본 인연이요, 날숨은 있을 바가 없다고 했다. 즉 들어오는 숨은 근본 인연이므로 들어오게 해야 하고 머물 곳이 없는 숨은 나가게 해야 한다는 것이다. 즉 살아가려면 공기가 충분히 들어오게 했다가 다시 나가도록 해야 한다는 것이다. 들어온 숨을 나가지 못하게 하는 것은 우주의 이치에 맞지 않는다.

진리를 아는 도인은 모든 것이 본래 어디에서 오며 또 어디로 가는지를 안다. 공기가 충분히 들어와 생명에 활력을 주고 또 충분히 나가서 더러움을 없애 생명의 발전을 기한다. 이렇게 생과 멸이 끊임없이 반복된다. 생과 멸이 지속되면 생과 멸을 초월하게 된다. 우리의 인생은 생과 멸 속에 있으면서도 그 속에 존재하지 않는다. 세포는 찰나에 생하고 찰나에 멸한다. 어디까지가 생이고 어디까지가 멸인지를 알 수가 없다. 우리의 생명 현상도 마찬가지이다. 따라서 호흡도 어디까지가 들어오는 숨이고 어디까지가 나가는 숨인지 알 수 없게 계속 이어지고 있다. 이것이 공의 도리요 연기의 도리이다.

찰나의 생, 찰나의 멸이 무한히 되풀이되는 삶이 정신을 위주로 하여 영위된다고 한다면, 그 삶은 정신이 집중되어 그것과 하나가 된 상태에서 이루어진다고 할 수 있다. 이것이 수의로 호흡이 올바르게 행해질 수 있다고 한 말의 뜻이다.

《잡아함경》 제26권의 〈단각상경斷覺想經〉은 붓다의 가르침을 이렇게 전한다.

"마땅히 안나반나의 염念을 닦으라. 안나반나의 염을 닦아서 많이 수습하면 여러 느낌이나 생각들을 끊게 된다. 안나반나의 염으로 많이 수습하여 여러 가지 느낌이나 생각을 끊는다 함은, 비구가 마을이나 도성에 머물러 있을 때라도 위에서 설법한 바와 같이 나가는 숨이 끊어지는 것을 잘 배운다는 것이다."

여기서 '나가는 숨이 끊어지는 것을 잘 배운다.'는 숨을 충분히 길게 내뿜어서 멸의 극치에 이르러 자연히 들어오게 하라는 의미이다. 멸의 극치에 생이 있기 때문이다.

1-11. 생명으로서의 호흡

安爲淸. 般爲淨. 守爲無. 意名爲. 是淸淨無爲也. 無者謂活.

爲者謂生. 不復得苦故爲活也.

안安은 맑음이고, 반般은 깨끗함이 된다. 수守는 없음이 되며 의意는 하고자 함이다. 이것은 청정무위이다. 없다는 것은 살리는 것이다. 하고자 함은 생하게 하는 것이다. 다시는 고통을 얻지 않기 때문에 살게 된다.

해설 숨을 참았다가 쉬면 얼마나 상쾌한가. 닫았던 숨통을 열어 숨이 들어오면 정신이 맑게 소생하고, 다시 그 숨을 내쉬면 몸에서 나가지 못하고 막혀 있던 답답함이 후련하게 가셔져 깨끗한 기분이 솟아난다. 우리는 이러한 상태를 쉽게 경험할 수 있다. 이 사실은 과학적으로도 증명되었다. 숨을 들이쉬거나 내쉴 때 뇌의 정맥혈에 있는 울혈이 해소되어 머리가 상쾌해지고 마음이 안정된다. 따라서 호흡을 길게 하면 마음을 진정시킬 수 있다. 마음이 안정되면 지혜가 열리고, 지혜가 열리면 선과 악, 탐욕이나 노여움에 끌리지 않게 되며, 배고프면 먹고 졸리면 잠자는 자연의 순리 그대로 살되 걸림이 없는 무위無爲의 경지에 이르게 된다.

올바른 호흡은 폐의 피를 뇌로 돌리고 다시 심장으로 돌려보낸다. 탐욕이나 분노가 일어날 때 숨을 길게 내보내면 마음이 가라앉으므로 열 번 이상 되풀이하면 자신도 모르게 그 감정에서 벗어나게 된다. 화가 났을 때는 얼굴에 핏대가 올랐다가 마음이 진정되면 괜찮아진다. 그 핏대가 바로 뇌로 통하는 정맥의 울혈이다. 뇌나 심장의 울혈이 사라지면 산소를 많이 내포한 동맥혈이 뇌를 향하여 순조롭게 흘러 들어간다. 따라서 뇌세포가 활기를 띠고 정신활동이 건전해져 생명에 활기를 주게 된다. '수守는 없음'이라고 한 것은 정신집중이 잘 되어 호흡에 의식이 함께 따르면 주객 대립이나 객관에 대한 집착이 없어져서 걸림 없이 텅 빈 상태에 있게 된다는 뜻이다.

우리의 마음을 의식적으로 호흡에 집중시키려면 올바른 호흡을 닦겠다는 마음이 앞서야 한다. 이러한 노력을 통해서 우리의 생명이 완전하게 살아난다. 이를 '의意는 하고자 함이다.'라고 했다. 그러므로 안반수의의 내용을 '청정무위淸淨無爲'라고 할 수 있다. 청정무위란 몸과 마음이 걸림 없이 건강하고 평온한 자연 그대로의 상태를 말한다. '무위'라는 말은 노자老子나 장자莊子가 즐겨 쓴 말인데, 아무것도 하지 않는다는 뜻 외에 '자연 그대로의 움직임'이라는 뜻도 있다. 무위란 곧 올바른 삶이다. 올바른 삶에는 괴로움이 따르지 않는다. 붓다는 인간이라면 누구나 바라고 있는 괴로움 없는 즐거운 삶을 누리려면 먼저 정신을 집중하고 올바른 호흡을 해야 한다고 일관되게 가르쳤다.

병중인 사람의 호흡은 고르지가 않다. 즉, 호흡이 얕고 짧으며 들어오고 나감이 리듬 없이 무질서하다. 체내에 흐르고 있는 혈액, 호르몬, 임파액 등이 정체된 곳에서 암세포가 발생한다고 한다. 혈액순환이 잘 되고 임파선이나 호르몬선 등이 건강하여 그로부터 유출되는 것들이 잘 통하게 하려면 횡경막의 상하운동이나 흉곽의 확장·축소 운동이 잘 되어야 한다. 그렇게 하기 위해서는 고른 호흡 상태를 유지해야만 한다. 현대인들은 부자연스러운 생활 양식으로 인해 막심한 피해를 입고 있다. 이를 시정하기 위해서는 가장 손쉬운 호흡 훈련부터 시작해야 한다.

호흡을 중시하는 것은 명상의 산실인 인도의 뿌리 깊은 전통이다. 고대 인도인들은 기식氣息인 프라나 *prāṇa*를 생명의 기운, 생명 그 자체, 우주의 근본원리라고 보았다. 인류 최고의 종교 성가집인 《리그베다 *Rig-veda*》의 '푸루샤 수크타 *puruṣa sūkūta*'라는 찬가에는, 우주의 시원인 '푸루샤'라는 원인原人에게 공희를 바치는 내용이 나온다. 이에 따르면 푸루샤의 숨으로부터 바람이 생겼다고 한다. 또한 인도 최대의 철학서인 《우파니샤드 *Upaniṣad*》(*Kauṣītaki-Upaniṣad, Taittirīya-Upaniṣad*)에서는 숨을 우주의 원리인 브라흐만*Brahman*과 아트만*Ātman*이라고 했다. 또 《아타르바 베다*Atharva-veda*》에는 다음과 같이 호흡을 찬양한 노래가 있다(제14권, 4).

숨에게 경배하라. 이 세상에서 모든 것은
그의 지배를 받는다.
그는 모든 것의 지배자이니.
모든 것은 그에 의해 확립된다.

숨은 지배자이다. 숨은 여신이다.
모든 것은 숨을 받든다.
숨은 태양이요 달이요 창조신이다.

기러기가 날아오를 땐
한 발을 물에서 빼지 않는다.
발을 빼면 오늘도 없고 내일도 없다.
밤도 없고 낮도 없으리라.
결코 밝게 빛나는 아침도 없다.

숨이여, 나를 피하지 말라.
나 이외의 것이 되지 말라.
물의 태아와 같이 너를 속박하리니.

나의 생명력을 위해서 내 속에.
숨이여!

이처럼 숨은 우주의 근본원리이다. 숨은 개인의 본체이면서 창조신과 같은 능력이 있다. 숨이 모든 생명체의 본체라는 생각은 기원전 10세기경부터 있다가 기원전 6세기경 우파니샤드 시대에 이르러 들숨과 날숨에 각각 뜻이 부여되어 생리현상이나 장수법, 그리고 윤회설의 형태로 나타나게 되었다. 즉 들숨과 날숨으로만 구별하는 것이 아니라 입으로 음식을 삼킬 때 아래로 내려가는 숨을 프라나 *prāṇa*, 윗쪽으로 올라와서 언어활동을 지배하는 숨을 우다나 *udāna*, 음식을 소화시키는 데 관여하는 숨을 사마나 *samāna*, 배설이나 출산에 관련하여 아래로 내려보내는 숨을 아파나 *apāna*, 전신을 돌아다니며 몸의 운동을 관장하는 숨을 비야나 *viyāna*라 하여 자세히 구별하게 되었다. 숨을 장수, 질병의 치유, 풍요나 출산과 관련시킨 노래도 있다.

숨은 번개로써 풀과 나무에게 소리쳐
그들이 번식력을 갖게 하고
그때 많은 것을 출산한다.
숨이 넓은 땅에 비를 내릴 때
모든 식물이 태어난다.

이러한 생각들이 발전되어 숨을 쉴 때 들어오는 공기가 곧 우리의 생명력이라고 믿게 되었다. 또한 고행자들은 죽지 않기 위해 숨을 한껏 들이쉰 후 그 숨이 나가지 못하게 하는 호흡법을 개발하게 되었다.

1-12. 의식의 집중과 무의식의 호흡

安爲未. 般爲起. 已未起便爲守意. 若已意起便爲守意.. 若已起 意便走爲不守當爲還. 故佛說安般守意也.

안安은 아직 (일어나지) 않은 것이고, 반般은 일어난 것이다. (일 어나지) 않은 것이 이미 일어났으면 곧 수의가 된다. 만약 이미 뜻 을 일으키면 곧 수의가 된다. (그러나) 만약 이미 뜻을 일으키고 곧 달려가서 지키지 않으면 당연히 돌아온다. 그렇기 때문에 부처 님이 안반수의를 설법하신 것이다.

해설 모든 일에는 시작과 끝이 있으며 끝은 또한 새로운 시작이므 로, 시작도 없고 끝도 없다. 호흡도 들숨에서 시작하여 다시 시작으로 이어진다. 나가는 숨도 들어온 숨이 극치에 이르면 나가게 된다. 모든 존재의 처음을 들숨에 비유한다면, 들숨은 아직 존재하기 이전의 것이 므로 존재의 연원이다. 생명 활동은 들숨에서 비롯되지만, 들숨의 단 계는 시작에 불과할 뿐 날숨에 이르러서야 비로소 성취된다. 들숨을 통해 산소가 들어와서 혈관의 피로 흡수되고, 폐를 통해 가스교환이 이루어져 모든 세포에 공급되는 과정을 거친 후에 생명이 활력을 얻기 때문이다.

불교에서는 의식 없는 호흡이 있을 수 없으며, 육체적인 운동인 호 흡과 호흡하고자 하는 의식이 하나로 융합되고 있다고 본다. 이때 들 숨과 날숨이 완전히 행해지려면 정신을 집중해야 한다. 만일 정신을 집중하지 않고 예사롭게 호흡하면 길고 짧은 호흡의 리듬에 혼란이 와 서 생리적으로나 심리적으로 바람직하지 못한 결과를 초래하게 된다.

그래서 '만약 이미 뜻을 일으키면 곧 수의가 된다.'고 한 것이다. 그러나 의식적으로 호흡운동을 조절할 경우 일시적인 조화를 가져올 수는 있으나, 무의식적으로 이루어지는 경지에는 도달하지 못하여 완전한 호흡이 되지는 않는다. 이런 상태에서 방심하면 다시 예사스러운 호흡으로 돌아가고 말 것이다. 따라서 일상적인 호흡을 올바른 호흡으로 바꾸어 그것을 굳히려면, 의식적으로 조절하는 단계를 지나 무의식적으로 이루어질 수 있는 경지에까지 이르러야 한다. 실제로 흉식호흡을 하는 사람에게 복식호흡을 익히게 하려면, 처음에는 의식적으로 복식호흡을 하게끔 수련시켜 습관이 되게 해야 한다. 자율신경을 조절하는 힘이 생기면 무의식적으로 복식호흡을 할 수 있게 된다. 언제 어디서나 올바른 호흡을 할 수 있는 사람은 의식이 무의식의 차원에서 집중되어 있으므로 정신과 육체가 안정되며, 따라서 올바른 몸가짐과 올바른 마음가짐을 유지할 수 있게 된다.

1-13. 호흡과 色·受·想·行·識

安爲受五陰. 般爲除五陰. 守意爲覺因緣. 不隨身口意也. 守意者. 無所著爲守意. 有所著不爲守意. 何以故. 意起復滅故. 意不復起爲道. 是爲守意. 守意莫令意生. 生因有死爲不守意. 莫令意死. 有死因有生意亦不死. 是爲道也.

안安은 오음(오온)을 받고, 반般은 오음을 제거한다. 수의는 깨달음의 인연이 되며 몸과 말과 뜻에 따르지 않는다. 수의란 집착하는 바가 없는 것으로 집착하는 바가 있으면 수의가 되지 않는다. 마음이 일어나면 다시 멸하기 때문이다. 마음이 다시 일어나지 않으면 도가 되고 이것이 수의가 된다. 수의는 마음이 생生하지 않게 한다. 생하면 그것으로 인해 죽게 되므로 수의가 아니다. 마음이 죽지 않게 하라. 죽으면 그것으로 인해 마음이 생하나니, 죽지 않는 것, 이것이 도가 된다.

해설 우리의 몸은 물질적인 요소와 정신적인 요소로 이루어져 있는데, 더 자세히 살펴보면 다섯 가지로 나눌 수 있다. 곧 물질적인 색色과 네 가지 정신적인 명名이다. 네 가지 정신적인 명이란 물질과 외부 세계를 감수하는 정신작용의 힘인 수受, 그것을 다시 생각하여 기억하는 힘인 상想, 그 생각을 일으키는 힘인 행行, 외계의 사물을 인식하는 작용의 식識이다. 물질과 네 가지 정신작용이 어울려서 우리의 몸을 이루고 있으며, 그 몸 안에 우리의 생명이 담겨 있다. 따라서 숨을 들이마시는 것은 이들 다섯 가지 요소를 받아서 지니기 위함이다. 그런데 이들은 번뇌의 원인이 되기도 한다. 번뇌는 이 다섯 가지 구성 요소에 대한 견해가 그릇되어 있을 때 나타난다. 즉 이 요소들이 본래 실체가 없이 단지 인연에 의해 모인 것이라는 사실을 모르기 때문에 생긴다. 이런 잘못된 생각에 집착하기 때문에 괴로움이 생긴다. 그러나 날숨으로 이 고통을 없앨 수 있다. 번뇌를 불러일으키는 다섯 가지 구성 요소인 색, 수, 상, 행, 식이 우리를 괴롭히지만, 이것을 올바른 방향으로 돌려놓으면 번뇌는 사라지고 깨달음으로 나아가게 된다.

들숨이 오음五陰(오온五蘊)을 받는다면, 날숨은 들숨으로 인해 생긴 번뇌를 없앤다. 호흡은 오음을 받고 다시 이를 제거하는 과정을 되풀이한다. 오면 가고 가면 오며, 생하면 멸을 통해서 깨달음을 얻게 된다. 이것이 곧 인연이다. 즉 숨이 들어오면 나가게 되어 있다. 인간은 번뇌를 갖고 사는 동시에 그 번뇌를 없애면서 살기도 한다. 이 역시 인연법에 의한다. 생명을 받아서 잘 유지하는 것이 인간의 소망인 동시에 생명이 소멸할 때가 되면 그에 순응하는 것 역시 인간의 소망이다. 다시 말해서 삶이 인간의 소망인 동시에 죽을 때 잘 죽는 것도 인간의 소망이다. 우리는 이 모든 현상이 인연법에 의한 것이라는 점을 알아야 한다. 인연법을 아는 힘은 바로 호흡에 대한 정신집중에서 비롯된다. 호흡의 들어오고 나감을 의식하여 그 실상을 아는 것이 깨달음이 되기 때문이다. 오고 가는 것, 받고 제거하는 것, 죽고 사는 것 등을 통해서 그 실상을 파악함으로써 깨달음에 이를 수 있다.

오온을 떠나서는 공空의 깨달음이 있을 수 없다. 오온 자체를 통해서 오온이 공이라는 사실을 아는 것이다. 번뇌를 통해서만 번뇌를 떠날 수 있다. 삶과 죽음을 초월하는 것도 마찬가지이다. 삶과 죽음을 통해서 그것을 초월한 세계로 갈 수 있다.

정신을 숨에 집중하여 인연법에 따라 들숨과 날숨을 올바르게 행하면 몸과 말과 마음도 이에 따르게 된다. 호흡이 바르지 않으면 몸과 말과 마음이 제멋대로 움직여 내 뜻대로 되지 않는다. 호흡에 정신을 집중하는 것이 곧 인연을 깨닫는 길이기 때문이다. 그러므로 마음을 잘 지킨다는 것은 어떤 사물에 집착하는 바가 없이 공의 도리, 즉 인연의 도리에서 떠나지 않음이다. 사물에 집착하게 되면 정신집중이 잘 되지 않는다는 증거이다. 마음이 어떤 사물에 집착하는 까닭은 그것을 실체로서 보기 때문이다.

사실 우리의 마음도 실체가 없다. 그런데 어떻게 집착할 수 있단 말인가. 마음은 일어나면 곧 멸하므로 생과 멸은 마음속에서 찰나 동안에 반복된다. 그러므로 마음이 올바른 상태에 있으려면 그것을 일으키지 않는 것이 상책이다. 마음이 일어나지 않으면 생과 멸도 있을 수 없다. 생과 멸이 있으면서도 없는 세계를 도道라고 한다. 도란 아무것도 없다는 뜻이 아니라 생과 멸의 되풀이 속에서 그것을 떠난다는 뜻이다.

수의는 호흡에 정신이 집중되어 호흡과 하나가 된 상태에서, 들어오는 숨이면서도 들어온다는 생각이 없고 나가는 숨이면서도 나간다는 생각이 없다. 정신을 호흡에 집중할 때, 처음에는 숨이 들어오고 나가고 있다고 느낀다. 이때에는 생과 사가 있다. 그러나 오랫동안 정신을 집중하면 드디어는 숨이 들어오는 것도, 나가는 것도 느끼지 않게 된다. 이때에는 생과 사가 존재하지 않는다.

1-14. 안반수의의 열 가지 내용

安般守意有十黠. 謂數息相隨止觀還淨四諦. 是爲十黠成. 謂合三十七品經爲行成也.

안반수의에는 열 가지 지혜가 있다. 숨을 세는 수식數息, 숨과 마음이 서로 따르는 상수相隨, 마음이 숨에 머무는 지止, 자재로운 상태인 관觀, 자신에게 돌아오는 환還, 깨끗한 상태인 정淨, 그리고 네 가지 진리인 사제四諦이다. 이 열 가지 지혜가 이루어지면 이른바 삼십칠도품경에 합치되어 이루어진 것이다.

해설 안반수의, 즉 호흡의 들어오고 나감에 정신을 집중하는 데에는 열 가지 지혜가 있다. 첫째는 수를 세는 것으로 가장 손쉬운 것부터 시작한다. 둘째는 상수로서 호흡과 마음을 서로 따르게 한다. 마음이 밖으로 나가지 않고 호흡에 따라 하나가 되게 한다. 수를 세면 마음이 그 수에 쏠려 호흡과 하나가 되지 못한다. 그러나 수를 셈으로써 수와 호흡을 각각 존재하게 하긴 하나 마음이 수를 헤아리고 있기 때문에 멀리 달려나가지 않는다. 이에 익숙해져 마음이 어떤 한 가지에 머물게 되면 그 다음에 호흡 자체에 마음을 쏠리게 할 수 있다. 여기까지 이루어지면 마음과 호흡이 서로 따르게 된다.

다음은 지로서, 마음을 그친다. 마음을 그친다는 것은 호흡과 마음이 하나가 되어 한 곳에 머물러 있는 상태이다. 넷째는 관으로, 마음이 호흡에서 떠나 외계의 사물을 대할 때 잡된 생각 없이 관조하게 되는 것을 말한다. 다섯째는 환이니 마음이 본래의 상태로 되돌아오는 것이다. 돌아와서 밖으로 달려나가거나 흩어지는 일 없이 그대로 가만히 있는 것이다. 여섯번째는 정이니, 어디에도 걸리지 않는 청정본심淸淨本心이다.

다음은 고집멸도苦集滅道라는 네 가지 진리다. 청정한 본심에 이르게 되면 비로소 일체가 괴로움이라는 사실을 알게 된다. 또한 괴로움의 원인과 그것을 없애야 한다는 것도 알게 되며, 드디어 올바른 길도 알게 된다. 이처럼 열 가지가 모두 이루어지면 안반수의가 완성된다. 이것은 삼십칠도품三十七道品으로 설법하고 있는 내용과 합일된다.

'삼십칠품경三十七品經'이란 깨달음을 얻기 위한 서른일곱 가지 수행 방법이니 앞에서 말한 삼십칠도품이라고도 한다. 도품은 깨달음의 종류라는 뜻으로, 도는 지혜, 곧 깨달음이며 품은 종류이다. 먼저 깨달음에 이르는 수행 방법에는 네 가지가 있는데, 이를 사념처四念處라고 한다. 부모에게서 받은 육신이 부정하다고 관觀하는 신념처身念處, 우리의 마음이 받아들이는 즐거움이나 괴로움이 참된 것이 아니라고 관하는 수념처受念處, 우리의 마음이 항상 변하고 있다는 무상無常을 관하는 심념처心念處, 모든 존재는 실체가 없다고 관하는 법념처法念處이다. 붓다는 이 네 가지를 순차적으로 총괄하여 관하라고 설법한다.

다음은 네 가지 올바른 노력을 뜻하는 사정근四正勤이 있다. 아직 나타나지 않은 나쁜 습성이나 마음을 끊기 위해 애쓰는 율의단律儀斷, 이미 나타난 악행이나 마음을 끊으려고 노력하는 단단斷斷, 아직 나타나지 않은 선함을 나타내기 위해서 노력하는 수호단隨護斷, 이미 나타난 선함을 더욱 증대하기 위해 힘쓰는 수단修斷이다. 이 네 가지 노력들은 마음의 태만을 끊음으로써 행할 수 있다.

이런 수행이 이루어져서 보다 높은 단계에 이르면 또 네 가지가 더 있다. 바라는 바가 뜻대로 되는 욕여의족欲如意足, 노력한 것이 뜻대로 되는 정진여의족精進如意足, 마음가짐이 뜻대로 되는 심여의족心如意足, 지혜가 뜻대로 나타나는 혜여의족慧如意足이다.

다음으로는 오근五根이라는 다섯 가지 훌륭한 힘이 나타난다. 뛰어난 믿음이 생기는 힘〔信根〕, 부지런히 노력하는 힘〔精進根〕, 올바른 것을 생각하는 힘〔念根〕, 한결같이 마음을 고요히 하는 선정의 힘〔定根〕, 지혜로 세상을 바라보는 힘〔慧根〕 등이다.

또다른 힘으로는 믿는 힘〔信力〕, 부지런히 노력하는 힘〔勤力〕, 올바른 것을 생각하는 힘〔念力〕, 선정의 힘〔定力〕, 지혜의 힘〔慧力〕을 얻게 된다.

다음으로 깨달음의 지혜를 도와주는 일곱 가지를 닦게 되는데, 모든 법을 가려서 선악을 선택하는 택법각지擇法覺支, 수행의 바른 길로 정진하는 정진각지精進覺支, 마음에 선함을 얻어서 기뻐하는 희각지喜覺支, 그릇된 번뇌를 제거하고 능히 선한 것으로 나아가는 제각지除覺支, 밖의 세계에 집착하는 마음을 버리는 사각지捨覺支, 명상에 들어 망상을 일으키지 않는 정각지定覺支, 생각을 잘 가다듬어 지혜로 가는 생각만을 하는 염각지念覺支 등이다. 이를 칠각지七覺支라고 한다.

이것이 모두 이루어지면 드디어 팔정도를 닦아서 깨달음에 이르게 된다. 팔정도는 불교적인 수행이 모두 이루어져서 몸가짐과 마음가짐이 가장 올바르고 거룩한 상태에 도달한 경지이며, 곧 깨달은 자의 삶이다. 팔정도는 인생이나 세계에 대한 견해가 공 그대로 받아들여져 지혜로 세상을 있는 그대로 보는 정견正見, 어떤 행위를 하기 전에 올바른 생각을 지니고 결의하는 정사유正思惟, 올바른 생각에 의해서 남을 이롭게 하는 말을 하는 정어正語, 일상 속에서 스스로 그릇된 행위를 하지 않고 진리만을 행하는 정업正業, 일상 생활에서 정당하고 남에게 해가 없는 생계수단으로 살아가는 정명正命, 극단에 떨어지지 않는 중도로써 올바르게 부지런히 애쓰는 정정진正精進, 항상 무상과 인생이 뜻대로 되지 않는다는 것과 실체가 없음을 생각하는 정념正念, 고요하고 또렷한 마음가짐인 정정正定의 여덟이다.

이상을 합하면 37가지의 수행이 된다. 삼십칠도품경의 이 수행들은 안반수의경의 십힐十黠에 해당한다. 그 상응 관계는 다음과 같다.

    수식數息 ────── 사념처四念處
    상수相隨 ────── 사정근四正勤
    지止   ────── 사여의족四如意足
    관觀   ────── 오근五根
    환還   ────── 오력五力
    정淨   ────── 칠각지七覺支
    사제四諦 ────── 팔정도八正道

1 - 15. 인연을 살리는 수의

守意譬如燈火有兩因緣. 一者壞冥. 二者見明. 守意一者壞癡.

二者見黠也. 守意意從因緣生. 當緣因緣莫著. 是爲守意也.

수의는 비유하면 등불과 같아서 두 가지 인연이 있다. 하나는 어두움이요, 두번째는 밝음이다. 수의는 첫째로 꺼졌을 때의 어리석음이요, 둘째로는 비춰 볼 때의 지혜이다. (이와 같이) 수의는 인연에 따라서 생하는 마음이니 마땅히 인연을 인연으로 하여 집착하지 말라. 이를 수의라고 한다.

해설 호흡에 마음을 두는 이유가 있다. 호흡과 마음이 합일되었을 때와 그렇지 않고 마음이 제멋대로 움직일 때와는 호흡작용이나 정신작용에 있어서 큰 차이가 있다. 호흡에 정신을 집중하면 분명히 호흡을 의식하게 된다. 마치 등불이 밝게 비추는 것과 같다. 등불이 사물을 밝게 비추는 것처럼 우리의 마음도 사물을 밝게 알아차린다. 만일 마음이 한 곳에 집중되지 않고 산란한 상태에 있다거나 어두운 상태에 있으면 사물을 알아차릴 수 있는 힘이 나타나지 않는다. 그러므로 마음이 한 곳에 집중되어 있는 상태를 등불에 비유한 것이다.

등불은 본래 밝게 하는 힘이 있으나 어두움이라는 조건이 필요하다. 또한 밝게 나타내는 능력이 있기 때문에 등불이 존재하는 것이다. 우리의 마음도 본래의 성질이 파괴되어 어리석은 번뇌와 망상에 빠지는 면이 있고, 그와 반대로 사리를 알아차려 진실을 보는 본성을 보이는 면이 있다. 그러므로 정신집중을 통해 마음이 한 곳에 머물러 사물의 실상을 그대로 볼 수 있게 되는 것은 인연 때문이라고 할 수 있다. 다시 말해서 인간의 본성은 밝고 깨끗하지만 한편으로는 어둡고 더러운 면도 지니고 있기 때문에, 이 어두움과 더러움을 인연에 의해서 밝고 깨끗한 본성으로 드러내는 것이다. 수의는 밝고 깨끗한 면이 드러나게 하는 길이다. 따라서 이러한 본성을 나타내는 수의에 있어서 밝음이나 어두움, 깨끗함과 더러움의 어느 것에도 집착해서는 안 된다. 한쪽에 집착하면 그와 다른 면이 따르게 되기 때문이다.

마음의 적정 상태에 머물러 있을 때에는 어두움과 밝음이 없다. 또한 어리석음과 현명함도 없다. 악이나 선 중 어디에도 집착하지 않는다. 밝음에 대한 집착은 어두움을 전제로 해서 성립하며 깨끗함에 대한 집착은 더러움을 전제로 하고 있으므로 더러움 혹은 깨끗함이라는 극단에 떨어져 있는 것이다. 선과 악도 마찬가지이다.

우리의 청정본심은 더러움이나 깨끗함, 어두움이나 밝음, 악이나 선을 떠나 있지만, 또한 더러움, 깨끗함, 어두움과 밝음을 떠나지 않는다. 우리의 청정본심도 서로 상대되는 가치를 인연으로 해서 존재하기 때문이다. 수의는 상대되는 두 가치를 인연으로 해서 어디에도 집착하지 않는 중도로 가는 길이다. 마음의 중도란 선과 악, 더러움과 깨끗함, 어두움과 밝음 중 어디에도 집착하지 않고 멀리하면서 깨끗함과 밝음으로 가는 길이다. '순신順信이 인因이요, 의방疑謗이 연緣이 된다.'는 말이 있다. 나에게 잘 따르는 것도 인연이요, 나를 의심하거나 비방하는 것도 인연이다. 현명한 사람은 어떤 것이든 인연을 살린다. 나를 믿고 따르는 사람도 나의 벗이요, 나를 의심하고 비방하는 사람도 나의 벗이라고 생각한다. 수의를 통해 이러한 세계가 이루어진다.

1-16. 세 가지 정신집중

守意有三輩. 一者守令不得生. 二者已生當疾滅. 三者事已行當從後悔計億萬劫不復作也. 守與意各自異. 護十方一切覺對不犯是爲守. 覺彼無爲是爲意. 是守意也.

수의에는 세 가지가 있다. 하나는 지켜서 생生하지 않게 하고, 둘째는 이미 생한 것이 당연히 못쓰게 되어 멸한다. 셋째는 이미 일이 이루어지면 당연히 이에 따라 억만겁을 헤아리더라도 후회하여 다시 짓지 않는 것이다. 지키는 것과 마음은 각각 다르다. 시방十方의 일체를 깨달아 알되 (그것을) 범하지 않고 보호함이 지키는 것이고, 그 무위를 깨닫는 것이 마음이다. 이것이 수의이다.

해설 마음이 한 곳에 집중되어 움직이지 않는 상태에는 세 가지가 있다. 하나는 한 곳에 머물러 고요한 상태를 유지하면서 다시는 흔들리지 않고, 잡된 생각도 일지 않는 것이다. 둘째는 이미 고요한 마음이 이루어졌으나 다시 그 마음이 흔들려 없어지는 상태이다. 셋째는 이미 일이 이루어졌으므로 그 마음을 잘 간직하기 위해 노력하면서 언제까지나 잘못되지 않도록 하여 다시는 마음이 흔들리거나 잡된 생각이 일어나지 않게 해야 한다. 이들 세 가지 마음가짐 중에서 첫째가 가장 바람직하고 둘째가 가장 나쁘며 셋째는 중간에 속한다.

우리의 마음은 항상 움직이고 있기 때문에 객관 세계를 대하면서 그에 이끌려 고요한 상태를 간직하지 못한다. 그러나 수행을 하여 마음을 조복調伏하는 힘을 얻으면, 마음이 고요한 상태에 머물러 다시는 흔들리지 않고 항상 어디서나 나 자신과 함께하게 된다. 이러한 상태에 도달하기 전까지는 지켜진 마음이 사라지기도 하고 달려서 밖으로 나가기도 한다. 밖으로 달려나가는 마음을 잡으려고 애쓰는 것은 마음이 아직 고요한 곳에 머물지 못해 수양의 단계가 끝나지 않았음을 의미한다. 마음이 한 곳에 머물러 사라지지 않을 때까지 많은 노력을 해야 한다. 사라진 것을 되찾거나 달려나간 마음을 잡기 위해서도 지속적인 수행이 필요하다.

마음이 한 곳에 집중되어 떠나지 않음을 수의守意라고 했는데, 여기서 수守(지킴)와 의意(마음)는 서로 다른 점이 있다. 한 곳에 머물러 떠나지 않음은 마음이 객관 세계의 모든 것을 대해서 깨달아 그로부터 떠나지 않음이다. 만일 그로부터 떠난다면 깨달음이 지켜지지 않는다. 예를 들어 꽃 한 송이가 있다고 하자. 마음을 고요히 하여 꽃을 대하면 그 꽃의 빛깔이나 향기가 있는 그대로 받아들여질 것이다. 그리하여 마음과 꽃이 하나가 되면 꽃의 진실과 내가 깊은 곳에서 만나고, 그로 인해 서로 주고받음이 생겨 꽃에 대한 사랑이 솟아나게 될 것이다. 그러나 꽃을 본 마음이 꽃으로부터 떠나면 그 꽃의 진실을 감득할 수도 없고 나의 진실 또한 꽃을 향해 다가가지 않는다. 그렇기 때문에 그 꽃을 좋아하지 않을 수도 있으며, 더 나아가 그 꽃을 꺾어 버릴지도 모른다. 이런 관계는 인간과 인간 사이에서도 마찬가지이다.

우리가 일체의 객관적인 대상을 대할 때는 있는 그대로의 진실을 깨달아 그 깨달음이 흔들리지 않도록 잘 유지해야 한다. 깨달음이 한결같이 지켜지면서 마음이 동요하지 않아야 한다. 이것이 무위無爲이다. 마음이 대상을 만나 잘못되지 않아야 한다는 말엔 이런 뜻이 있고 그것은 곧 수의를 뜻한다. 호흡에 의식을 집중하여 그 마음이 떠나지 않으면 일체의 그릇됨으로부터 자유로울 수 있다.

불교 명상은 대상에 정신을 집중하여 한결같이 머물러 있도록 하는 관법觀法이다. 관은 대상에 마음을 집중시켜 그 실상을 깨닫는 것, 곧 수의와 일맥상통한다.

1-17. 네 가지 즐거움

守意中有四樂. 一者知要樂. 二者知法樂. 三者爲知止樂. 四者

爲知可樂. 是爲四樂.

수의에는 네 가지 즐거움이 있다. 첫째는 원하는 것을 아는 즐거움이요, 둘째는 법을 아는 즐거움이요, 셋째는 그침을 아는 즐거움이요, 넷째는 가능한 것을 아는 즐거움이다. 이것이 네 가지 즐거움이다.

해설 올바른 호흡으로 마음과 몸이 안정되면 몸과 마음에는 여러 가지 징표가 나타난다. 그 중에서 즐거운 일이 생길 것이다. 그 즐거움은 마음의 조화에서 비롯되는 것으로써 누구에게나 있을 수 있는 현상이다. 이러한 즐거움을 느끼지 못한다면 아직도 마음과 몸이 조화를 이루지 못했음을 깨달아야 한다.

첫째는 하고자 하는 바를 아는 즐거움이 나타난다. 인간에게는 누구나 하고자 하는 욕망이 있다. 그 욕망에 따라서 모든 삶이 영위된다. 그런데 우리는 하루하루를 무의식 속에서, 또는 자신이 원하지 않는 방향으로 살아가는 것이 보통이다.

목적이 없는 사물은 없다. 모든 존재에게는 목적이 있다. 그러므로 목적 없는 인간은 죽은 것이나 다름없다. 일시적인 충동에 의한 맹목적인 생을 사는 사람은 자신의 생명을 모르고 죄를 짓고 있는 것이다. 목적이 있는 사람은 그 목적을 달성하기 위해 다양한 방도를 취한다.

올바른 호흡이나 마음을 가졌을 때에는 몸과 마음이 즐겁기 마련이다. 이 즐거움은 내가 살아 있다는 만족감에서 나오는 것인데, 그 만족이란 바로 삶의 목적이 달성되고 있음을 말해 주는 것이다. 착한 일을 하면 스스로 만족하고 즐겁게 된다. 이는 자연스러운 생명의 표현이다. 스스로 만족하고 즐거움을 느낄 수 있는 행위야말로 나의 할 일이자 목표이다.

  올바르게 호흡하면서 그 호흡에 마음을 집중하면 내 생명이 바라는 바와 내가 하고자 하는 일이 무엇인지를 알게 될 것이다. 이렇게 될 때 우리는 스스로 올바른 호흡을 통해서 올바른 삶을 살고 있다는 것을 알게 될 것이다. 이때 생기는 즐거움은 내 생명의 근본 욕구가 채워지고 있다는 데에서 나오는 즐거움이다. 만일 호흡을 중단하여 들숨과 날숨을 들어오고 나가지 못하게 막는다면 괴로움이 따르게 된다. 생명의 근본 욕구를 거역했기 때문이다.

  두번째는 법을 아는 즐거움이다. 법을 안다는 것은 모든 존재의 진실한 모습이 그대로 드러나고 알려져 거기에 머물게 되었을 때 즐거움을 느끼게 된다는 것이다. 모든 존재가 있어야 할 자리에 있지 않고, 있는 모습 그대로 나타나지 않기 때문에 괴로움이 생긴다. 모든 존재가 있는 그대로 나타나면 그곳에 안주하여 즐거움을 얻을 수 있다. 예를 들어 우리의 몸이 건강하고 마음이 편안하면 즐거움이 저절로 따른다. 이는 누가 주어서 얻는 것이 아니라 내 속에서 스스로 솟아난 것이다. 올바른 호흡과 정신집중으로 몸과 마음이 안온하면 이 세상의 모든 것이 있는 그대로 나타나서 진실이 환하게 드러나니 이때의 즐거움은 더없이 크다. 진실이 서로 통하고, 질서가 서고, 눈에 보이는 것과 귀에 들리는 것, 몸에 느껴지는 모든 것이 있어야 할 상태에 있게 되면 즐거움이 있다. 봄이 되면 꽃이 펴야 하고 아름다운 꽃은 우리를 즐겁게 한다. 마찬가지로 겨울에는 추워야 하고 눈이 와야 한다.

  좋은 것을 즐겁게 느끼고 나쁜 것을 괴롭게 느끼는 것은 우리의 마음가짐에 의해 좌우된다. 마음이 흔들리지 않을 때, 즐거움이 오면 즐겁고 괴로움이 오면 괴롭다. 그러나 마음이 격랑 속에 휩쓸려 있을 때는 즐거움도 즐거움으로 느껴지지 않는다. 우리의 마음을 맑은 거울이나 고요한 물처럼 유지하고 있어야 모든 사물이 본래의 모습을 드러내고 따라서 즐거움도 솟아나는 것이다. 이 즐거움은 절대적이다. 그렇게 머물고 있는 것이 불변이기 때문이다.

셋째는 그침을 아는 즐거움이다. 마음이 한 곳에 머물러 그친 상태에서 느끼는 특별한 즐거움이다. 이 세상 만물이 있는 그대로 나타나서 그것들의 가치가 새롭게 발견되었을 때에 느끼는 즐거움이 법을 아는 즐거움〔法樂〕이지만, 마음에 동요가 생기면 그 즐거움이 사라질 수도 있다. 그러나 오랫동안 정신집중이 지속되면 사물을 대하는 심안心眼의 관찰력이 더욱 심화되어 사물의 진실을 파악하게 된다. 이때 다시 새롭고 깊은 것을 알게 되니, 그것은 그 사물에만 있는 진실이 아닌, 일체의 사물과 통하고 우주의 생명과 하나가 되는 보편성에 대한 발견이다. 이 경지에서 마음은, 한 가지 사물을 대할 때마다 그 사물만이 가진 특수성과 아울러 우주적인 보편성도 통찰하게 되는 즐거움을 맛본다.

붓다의 6년 고행은 실로 괴로움을 참는 수행이었으나 보리수 밑에서의 명상 끝에 그것을 버리고 모든 사물에 마음을 집중하여 새로운 가치를 발견하는 즐거움을 맛보았다. 고행시의 생로병사는 모두 서로 모순된 것으로서, 해결되지 않는 갈등의 대상이었다. 그러나 보리수 밑에서의 생로병사는 모순된 고통의 대상이 아니라 우리의 인생을 값지게 하는 새로운 가치로 각성되었기 때문이다. 생로병사가 없는 인생은 살아 있는 것이 아니다. 아무런 존재 가치도 없는 인생이다. 생이 있기에 늙음과 병과 죽음이 있다. 찰나에 생하고 찰나에 멸하는 생명이 생로병사 속에서도 그것을 극복해 낸다는 데에 즐거움이 있는 것이다. 붓다는 생로병사 속에서 절대 생명을 획득하는 즐거움을 깨달았다. 붓다의 깨달음은 실로 일체 만상에 대한 관심이 새로운 가치의 발견으로 승화된 것이었다. 이처럼 안반수의는 호흡에 정신을 집중함으로써 새로운 가치를 발견하는 즐거움의 길이기도 하다.

 넷째는 즐길 만한 것을 아는 즐거움이다. 즐거운 상태에 머무르면서 가히 즐길 만한 것을 충분히 맛보는 즐거움이다. 들숨의 상쾌함이 극치에 이르렀을 때의 즐거움도 즐길 만하다. 그러나 날숨 또한 즐거움을 준다. 들숨과 날숨을 통해 그 가치를 발견하고 그것이 가히 즐길 만한 것임을 알면 자재自在에 머물게 된다. 들어오면 들어오는 대로, 나가면 나가는 대로의 즐거움에 따를 뿐, 지나친 욕심을 부리지 않는 절도가 필요한데, 이러한 절도 있는 즐거움이 가히 즐길 만한 즐거움이다. 정신집중은 모든 존재가 지니고 있는 가치의 한계 내에서 충분히 즐기고 즐거움을 얻는 방편이다.

 붓다는 인생을 고苦라고 가르쳤다. 그런데 인생이 고라는 사실을 모르는 사람은 인생이 즐겁다는 사실도 알 수가 없다. 고를 통해 즐거움을 얻었을 때 즐거움이 더욱 커지며 그것을 영원히 자신의 것으로 삼을 수가 있다. 붓다는 인생의 괴로움을 통해서 더없는 절대적 즐거움에 머물렀고, 인생의 무상함을 실감했기 때문에 그것을 극복한 절대 가치의 삶을 살았다. 불교는 고를 깨달아서 낙樂으로 가는 가르침이며 무상을 통해서 영원한 삶을 사는 가르침이다.

2. 안반수의의 실천원리

2-1. 실천을 통해서 얻어지는 진리

法爲行. 得爲道. 守意六事爲有內外. 數隨止是爲外. 觀還淨是 爲內. 隨道也. 何以故. 念息相隨止觀還淨欲習意近道故. 離是 六事便隨世間也.

법은 행이 된다. 얻음은 도가 된다. 수의에는 안과 밖에 여섯 가지 일이 있다. 수를 세는 것〔數〕, 서로 따르는 것〔隨〕, 그치는 것〔止〕이 밖이며, 관하는 것〔觀〕, 돌아오는 것〔還〕, 청정하게 되는 것〔淨〕은 안이다. (안과 밖이 서로) 따르는 것이 도이다. 생각과 숨이 서로 따르며, 그치고 관하고 돌아오고 청정하게 됨을 익히고자 하면 마음이 도에 가까워지기 때문이다. (그러나) 떠나면 곧 여섯 가지가 바로 세간에 따른다.

해설 법은 알기 위한 것이 아니다. 우리가 지식을 얻으려는 것은 실천하기 위해서이다. 실천이 따르지 않는 지식은 아무 소용이 없을 뿐만 아니라 올바른 진리도 아니다. 흔히 이론과 실천을 논할 때, 이론은 좋으나 실천 방법에 문제가 있다는 말을 많이 하곤 한다. 언젠가 신문에서 중공의 한 고위 관리가 '공산주의 이론은 좋은 것이다. 다만 실천 방법에 문제가 있을 뿐이다.'라고 한 기사를 본 적이 있다. 그러나 이것은 틀린 말이다. 왜냐하면 실천은 이론으로부터 나오기 때문이다. 이론에 문제가 있기 때문에 실천 방법에도 문제가 생기는 것이다. 어떤 원칙에서 도출된 방법은 그 방법에 따라서 실천했을 때 예측했던 결과가 나타나게 된다.

법은 근본원리에 의해 도출된 방법이다. 이런 방법은 실천을 통해 구현되고 그 실천이 바로 진리와 부합되므로 '법(방법)은 행行(실천)이 되고, 그 행으로부터 얻어지는 득得(결과)은 도道(진리)가 된다.'고 했다. 따라서 숨의 들어오고 나감에 정신을 집중하는 안반수의는 진리의 실천인 동시에 진리를 터득하고 진리 그것으로 돌아가는 일이다.

앞에서 안반수의에는 여섯 단계가 있다고 했다. 이 여섯 단계를 다시 우리의 마음이 밖을 향해 나가는 것을 조절하는 것과, 안을 향해 들어오는 것을 조절하는 것으로 나누어 생각할 수 있다. 수를 세는 것, 숨과 생각이 같이 따르면서 떠나지 않게 하는 수隨, 그것이 한 곳에 머물러 떠나지 않게 하는 지止의 세 가지는 밖으로 향하는 마음을 다스린다.

이와는 달리 마음이 어떤 사물을 대할 때 생각이 그리로 달려가서 그것과 결합되지 않고 나에게 다시 돌아오게 하는 관觀, 나에게 돌아와 한결같이 머물러 있는 환還, 머물러 있는 마음이 안과 밖 어디에도 집착 없이 깨끗하게 집중되고 있는 상태인 정淨의 세 가지는 내 속을 향해 움직이는 마음을 다스린다.

우리의 마음을 다스리는 데 있어서 가장 중요한 것은 호흡과 마음을 합일시켜서 마음이 호흡에 따르게 하는 일이다. 숨이 나갈 때는 마음도 따라서 나가고 들어올 때는 마음도 따라서 들어오게 해야 한다. 숨과 마음이 합해져서 나가는 숨과 마음이 함께 움직이지 않게 되고〔止〕, 마음과 숨이 하나가 되어 있으면서도 마음이 숨에 집착하지 않는 상태가 되고〔觀〕, 다시 여기에서 마음은 마음대로 어떤 사물에도 한결같이 집중할 수 있는 상태가 되고〔還〕, 나아가 그 집중이 한 곳에만 머무는 것이 아니라 어디에도 걸림 없이 집중할 수 있는 상태가 되어〔淨〕, 이런 상태를 잘 익히게 되면 마음은 진리, 곧 마음의 본래 상태에 있게 된다. 그러기 위해서는 앞에서 설명한 여섯 가지를 훈련해야 한다. 그리하여 어디에도 걸림이 없는 청정한 상태에 있게 되면, 어떤 일이 닥치더라도 거기에 현혹되지 않으면서 세상사와 더불어 그것을 즐길 수 있게 된다.

이러한 수련은 이 세상에서 멀리 떨어지고자 하는 수행이 아니라 세상의 모든 일을 대하면서도 거기에 미혹됨이 없이 본래의 마음 상태를 한결같이 지니고 즐거운 삶을 누리고자 하는 것이다.

2-2. 마음을 억제하는 여섯 가지 방법

數息爲遮意. 相隨爲斂意. 止爲定意. 觀爲離意. 還爲一意. 淨爲守意. 用人不能制意故行此六事耳. 何以故數息. 用意亂故. 何以故不得. 用不識故. 何以故不得禪. 用不棄習盡證行道故也.

숨을 세는 것은 마음을 (대상과) 차단하고, 서로 따르는 것은 마음을 거두며, 그치는 것은 마음을 정定하게 한다. 관觀은 마음을 떠나고, 환還은 한결같은 마음이, 정淨은 수의가 된다. (마음이) 사람을 쓰면 능히 마음을 억제할 수 없기 때문에 이 여섯 가지가 행해질 뿐이다. 어찌하여 숨을 세는가. 흩어진 마음을 쓰기 때문이다. 어찌하여 (청정한 마음을) 얻을 수 없는가. (마음을) 쓰면서도 (본래의 마음을) 알 수가 없기 때문이다. 어찌하여 선禪을 얻을 수 없는가. (마음을) 쓰되 버리지 않고, 다 익히고 나면 도를 행하게 되기 때문이다.

해설 숨을 쉬면서 수를 세는 것이 수식數息이며 범어로는 아나나 ānana라고 한다. 이렇게 수식은 귀에 들리는 소리나 눈에 보이는 외계의 사물에 마음을 빼앗겨 혼란스럽게 되지 않도록 마음을 차단하는 방편이다. 상수相隨는 범어로 아누가마 anugama라고 하며 서로 따르는 것이다. 곧 들어오고 나가는 숨에 따라서 생각을 함께 따르게 하는 것이다. 다시 말하면 마음을 거두어 들이는 것이다. 마음을 그치는 지止는 범어로 스타나 sthāna라고 하며 마음이 한 곳에 머문다는 뜻이다. 우리의 마음은 항상 움직이고 있으나, 이를 한 곳에 매어두는 수행을 통해서 마음이 고요히 자리잡게 된다. 이렇게 함으로써 밖으로 나간 마음이 나에게로 돌아올 뿐만 아니라 모든 사물을 있는 그대로 비춰볼 수 있게 된다. 즉 뜻을 정하여 절대 안정의 세계로 가게 된다. 범어로 우팔라크샤나 upalakṣaṇa라고 하는 관觀은 옳고 그름을 아는 단계이다. 곧 사물의 진실을 있는 그대로 아는 관찰이다. 이렇게 되려면 마음이 대상에 끌려서 자기 자신을 잃지 않고, 대상과 마음이 서로 떠나 있어야 한다. 이 상태에서는 숨이 나가고 들어오는 것을 그대로 관찰할 수 있기 때문에 숨과 더불어 객관적인 대상인 색色, 그 색이 인식되어 받아들여지는 수受, 그 수에 따라 생각이 일어나는 상想, 그 생각에 따라서 생각을 일으키는 움직임인 행行, 생각을 통해서 사물을 인식하는 식識 등의 오음五陰을 나의 뜻에 의해 관찰하게 된다. 이는 곧 내외의 모든 것을 관찰하는 경지이다.

다음 단계인 환還은 범어로 비바르타나 *vivartanā*라고 한다. 지나관의 상태에서의 관찰이 바뀌어 내 몸과 마음이 무상無常, 고苦, 공空, 무아無我임을 관찰하게 된다. 모든 대상에 대한 관찰이면서 그 실상에 대한 올바른 관찰이기도 하다. 이때 알고 느낀 것에 의해 실천이 따르게 된다.

정淨은 범어로는 파리슛디 *pariṣuddhi*이며, 곧 깨끗함이다. 모든 번뇌를 없애고 지혜를 닦아, 심지어 온갖 선행善行에도 걸리지 않는 무간도無間道에 들어감으로써 진리를 깨달아 더이상 배울 것이 없는 상태를 말한다.

그렇다면 왜 이 여섯 가지 단계를 차례로 밟아야 하는가? 우리의 마음은 다스리지 않으면 제멋대로 움직이므로 억제하기 힘들기 때문이다. 수식을 통해 다스려진 마음은 점차 내 뜻에 따라 부릴 수 있게 되어, 드디어 스스로 번뇌를 끊고 어디에도 걸리지 않는 무애無涯의 도를 얻어 깨달음에 이른다.

2-3. 농사와 같은 호흡

數息爲地. 相隨爲犁. 止爲軛. 觀爲種. 還爲雨. 淨爲行. 如是六事乃隨道也.

수식은 땅, 상수는 쟁기, 지는 멍에가 되고, 관은 씨앗, 환은 비, 정은 행이 된다. 이 여섯 가지가 곧 도에 따르는 것이다.

해설 여기서는 호흡을 농사에 비유하고 있다. 농사꾼의 목적은 농사를 잘 지어 많은 수확을 얻는 것이다. 수행자의 목적은 생명을 유지할 뿐만 아니라 도를 깨닫는 것이다.

농사를 짓기 위해서는 땅이 필요하다. 또한 쟁기나 소에게 거는 멍에도 있어야 한다. 때가 되면 땅을 갈아 씨앗도 뿌려야 한다. 그러나 그것만으로는 수확을 얻을 수 없다. 비도 알맞게 내려야 한다. 이렇게 여러 가지 조건이 조성되어야만 수확을 얻을 수 있다.

숨을 세는 것을 땅과 같다고 했다. 수식을 농사를 짓기 위한 가장 기본적인 조건인 땅에 비유한 것이다. 생명의 근본이 되는 호흡의 요체인 정신을 집중하는 수식이 장차 깨달음이라는 수확을 얻기 위한 기본 토양이 된다는 뜻이다.

상수는 쟁기에 비유한다. 땅의 굳고 무름에 따라 쟁기로 얕거나 깊게 갈아야 한다. 쟁기로 땅을 갈지 않으면 씨를 뿌릴 수 없듯이 호흡과 마음이 조화되지 않으면 호흡 운동은 생명을 유지하고 발전하게 할 수 없다. 호흡과 마음을 잘 조화시키는 것은 씨를 뿌리기 위해 땅을 쟁기로 고루 갈아 다스리는 것과 같다.

마음을 호흡에서 떠나지 않게 하는 지止는 마치 소의 목에 거는 멍에와 같다. 멍에가 없으면 소는 쟁기를 끌지 못하니 땅을 갈 수 없다.

숨에 정신을 집중하여 호흡하는 관은 모든 현상에 대한 관찰이 바라는 대로 이루어지도록 하기 위함이다. 정신적인 것이든 물질적인 것이든 일체의 대상을 있는 그대로 관찰하는 것은 그것을 올바르게 이해하기 위한 첫단계이다. 그러므로 그것은 씨앗과 같다. 그러나 있는 그대로의 사물의 모습을 관찰하여 그것을 안다는 것만으로는 사물의 실상을 파악할 수 없다. 모든 사물은 영원한 것처럼 보이고, 또한 즐거워 보이고, 마치 어떤 실체가 있어서 만상萬像이 존재하는 듯하다. 모든 것이 깨끗하고 바람직하며 소망하던 것이라고 생각할 수도 있다. 그러나 사실상 그런 모든 것들은 무상하고, 고통이 따르며, 실체가 없음에도 불구하고 인연에 따라서 이루어졌다는 것과, 절대적으로 청정한 것이 아니라 상대적인 가치 속에서 존재하고 있다는 사실을 알아야 한다. 그러기 위해서는 그 사물의 내면 세계를 통찰할 수 있는 지혜가 필요하다. 이 지혜는 자기 자신이 가지고 있는 것이므로 객관 세계로 달려간 마음을 되돌려 나에게 오게 하여〔還〕, 주관 속에서 그것을 분석하고 해체하는 힘이 있어야 한다. 이런 지혜는 마치 씨앗에 수분을 공급하는 것과 같다. 비가 내려 수분이 공급되면 씨앗은 스스로를 해체하여 깊이 간직하고 있는 진실한 자신의 능력을 드러내게 된다.

우리의 마음도 겉에 나타나는 마음이 아니라 깊숙한 곳에 간직되어 있는 마음이 참된 본래의 마음이다. 그러나 그것이 외부 세계를 아는 마음과 전혀 다른 것은 아니다. 외부 세계를 알 수 있는 마음이 보다 심화되고 순화되면, 마음은 본래의 사명을 다하여 깨달음으로 나아가게 된다. 마음이 깨달음으로 나아가면 걸림 없는 진리를 행하게 된다. 청정한 행위란 이것을 말한다. '정淨은 행이 된다.'는 깨달음의 실현이요 진리의 실천이다.

이 여섯 가지가 깨달음이라는 수확을 얻기 위한 농사의 조건이다. 이들은 건너뛸 수도 제외할 수도 없다. 이 여섯 가지가 깨달음을 얻는 인연이다. 그래서 육인연六因緣이라고 부르기도 한다.

《잡아비담심론雜阿毘曇心論》 제8권의 〈수다라품修多羅品〉에서는 이렇게 말하고 있다.

"안나安那(들숨)란 가지고 오는 것이고, 반나般那(날숨)란 가지고 가는 것이다. 염념(수의)이란 억념憶念이다. 안나반나(안반)를 행함에 잘 살피고 마음을 유념하여 허망함이 없도록 한다. 안반념安般念(안반수의)은 곧 혜성慧性이다. 혜에 생각이 더하기 때문에 안반념이라고 설법한다. 숙명宿命의 목숨을 생각하는 것과 같다. 처음 일어나는 날숨은 모태 속의 배꼽에서 (전생의) 업으로부터 생한 바람이 일어나, 위나 아래로 향하여 윗몸과 아랫몸의 털구멍을 만들어 나간다. 그리고 목숨이 끝날 때의 날숨이 최후의 숨이다.

정수正受도 마찬가지이다. (이른바 들숨, 날숨이 없는 제4선정에 들어갈 경우에도) 날숨의 시작으로부터 입정入定하고, (다음에 그 정으로부터 나와서 들숨, 날숨을 시작할 경우에는) 들숨의 시작에서 출정出定한다.

여섯 가지 인연이 있다는 것은 여섯 종류의 안반념을 얻는다는 뜻이니, 이른바 수數·수隨·지止·관觀·환還·정淨이다."

생명의 창조와 완성은 호흡에서 비롯되고, 날숨은 들숨의 시작임을 말하고 있다. 그러므로 숨이 나가고 들어오는 것은 둘이면서 둘이 아니다. 모든 것이 둘이 아닌〔不二〕, 그대로 이루어지고 있는 것이 올바른 호흡이요, 여섯 가지 단계의 호흡이다.

2-4. 안팎을 모두 끊는 것

數息斷外. 相隨斷內. 止爲止罪. 行觀却意. 不受世間爲還. 念斷爲淨也.

수식은 밖을 끊고, 상수는 안을 끊는다. 지는 죄를 그치게 하고, 관을 행하여 마음을 물리친다. 세간을 받아들이지 않음은 환이요,

생각을 끊음은 정이다.

해설 불교에서 말하는 외부의 객관 세계는 형태가 있는 것[色]과 소리[聲]와 향기[香]와 맛[味]과 감촉[觸]과 대상[法]으로 이루어진다. 다섯 가지 감각기관이 객관 세계에서 받아들인 정신작용 때문에 번뇌나 망상, 잡된 생각이 일어나서 고통이 생긴다. 그러나 숨을 헤아려서 정신이 숨에 집중되면 밖의 세계와 나와의 관계를 차단할 수 있다. 그런데 우리의 귀나 코나 혀와 같은 몸과 마음이 제멋대로 움직이면 그것으로 인해서 죄를 짓게 되고 따라서 고통이 생긴다. 그러므로 우리의 감각 기관을 조절하여 객관 세계에 끌려가지 않고 멋대로 움직이지 않게 하기 위해서는 호흡과 마음이 하나가 될 필요가 있다. 이를 위해서 '수식은 밖을 끊고, 상수는 안을 끊는다.'고 한 것이다.

그리고 마음이 어떤 대상에 머물러 있으면 죄를 짓지 않게 된다고 하였다. 결국 죄도 마음에서 짓게 되기 때문이다. 마음이 고요히 한 곳에 머물러 사물의 진상을 올바로 알게 되면 쓸데없는 욕심을 부리지 않고, 성내는 일도 없으며, 어리석은 짓도 하지 않게 된다. 또한 내 마음대로 마음을 부릴 수가 있게 된다. 어떤 것을 보든지 어떤 것을 생각하든지 마음이 나와 더불어 있기 때문이다. 이렇게 되면 세간의 잡된 것들에 끌리지 않고 진리만을 생각하게 된다. 이를 일러서 '세간을 받아들이지 않는 것'이라고 했다. 세간世間이란 주관과 객관이 대립되어 있는 세계이다. 여기에는 갈등과 모순만이 있다. 객관에도 주관에도 끌리지 않으며, 마음이 움직이지 않게 되면 그러한 모순이나 갈등이 없는 세계에 머물 수 있다. 이것이 바로 '나 자신'의 세계로서, 우리는 그 세계로 다시 돌아오게 되는 것이다. 자신을 괴롭히는 나는 참된 내가 아니다. 본래의 나는 고요하고 모순이 없으며 죄를 떠나 있다.

참된 나는 청정한 본심 속에 있다.

시시각각으로 일어나는 잡된 생각이 끊어지면 청정한 본래의 나로 되돌아온다. 부처가 바로 그런 사람이다. 청정본심은 지혜의 빛이나 자비의 따사로움으로 묘사될 수 있으며 깨끗하고 둥글고 밝은 달빛이나 햇빛과 같다고도 할 수 있다. 이러한 세계에는 주객 어디에도 걸림이 없는 자유와 자재의 활동이 있다. 선과 악은 물론 번뇌, 깨달음이라는 말도 없으며 윤회를 떠난다는 것조차 없다. 숨과 마음이 서로 따르는 일도, 숨을 세는 일도 없다. 또한 마음이 어디 머무는 일도 없으며 객관 세계를 관찰하거나 주관으로 돌아오거나, 깨끗하거나 더럽다는 일체의 사유 kāmavitarka를 떠나서 사유하게 된다.

이렇게 되면 마음이 숨이 들어오고 나가는 것에 한결같이 일치하여, 들어오는 공기는 더없이 고귀해지고 우리의 몸은 허공과 같아진다. 《잡아비담심론》 제8권에 이러한 경지를 묘사한 구절이 있다.

"이러한 수행자는 들숨과 날숨에 있어서 한 생각을 짓고, 몸을 관觀하는 것이 대화살〔竹箭〕과 같고 관주貫珠와 같다."

이것이 더욱 진전되어, 숨의 들어오고 나감이 하나가 되어 한결같은 되풀이 속에서 들어오고 나간다는 생각이 없어지면 몸이나 숨을 의식하지 않게 된다. 완전하고 올바른 이런 호흡이 붓다가 가르친 안반수의이다. 그러므로 '들숨과 날숨이 움직이지 않으면, 몸에 있어서 신식身識을 발하지 않는다. 이것을 안반념의 성취라 한다.'고 한 것이다. 이때에는 몸을 인식하더라도, 한편으로 인식이 몸을 떠나 있기 때문에 그 인식이 몸을 해치지 못한다.

안반수의법이 건강을 유지하기 위한 것만이 아니라 깨달음을 얻는 방편임은 이미 말한 바 있다. 불교에서는 일거수 일투족이 모두 깨달음으로 가기 위한 것이다.

호흡을 통해 깨달음을 얻는다. 다시 말하지만 들어온 숨이 다하기 전에는 숨이 나가는 법이 없고, 나간 숨이 다하지 않고는 들어오는 법도 없다. 이는 하나가 다해야 반대의 것이 있게 되는 연기의 도리 그대로이며 세상 모든 것의 무상함을 보여준다. 또한 숨이 들어오면 그것을 멸하기 위해 고苦가 바싹 닥쳐온다. 고로 인해 숨이 나가고, 그 날숨 또한 극치에 이르러 멸한다. 이와 같이 생과 사를 되풀이하는 것이 고의 실천이며, 그 고를 통해서만 고 자체를 멸할 수 있다. 이 사실은 우리로 하여금 더 바랄 바가 없음을 깨달아 해탈케 하는 씨앗이 된다. 들숨과 날숨이 생하고, 머물고, 멸하는 것은 인연에 의한 것이며 무아無我의 실상이다. 그것은 결코 나 자신이 마음대로 결정할 수 있는 것이 아니다. 들숨과 날숨 그 어떤 것도 절대화될 수 없다. 다시 말해서 산소가 몸에 좋다고 하여 들이마시는 숨만이 절대화될 수는 없다. 이는 곧 들숨과 날숨이 상대적인 것이요 본래 공空임을 의미한다. 그러므로 들숨, 날숨은 공해탈空解脫의 인연이 된다. 또한 들숨과 날숨을 통해 들숨, 날숨 자체에 집착하지 않게 되니 이것이 곧 열반으로 가는 길이다. 따라서 호흡은 상相을 통해서 상이 없음을 아는 씨앗이 된다. 호흡에 이러한 철학적이고 종교적인 뜻이 있음을 알아야 한다. 붓다가 가르친 안반념법의 깊고 높은 뜻이 바로 여기에 있다. 《잡아비담심론》에서는 이를 다음과 같이 설명한다.

"들숨이 멸하지 않고서는 날숨이 생하지 않고, 날숨이 멸하지 않고서는 들숨이 생하지 않음을 안반에 의한 무상행도無常行度라고 한다. 들숨의 핍박 때문에 날숨이 멸한다. 이를 고행도苦行度라고 한다. 또

방편무원해탈문종자方便無願解脫門種子를 얻는 것이라고도 말한다.

들숨과 날숨의 생생生·주주住·멸멸滅은 자재自在가 아니라 들숨과 날숨에 의한 무아행도관無我行度觀이라고 한다. 들숨과 날숨은 상常을 떠나므로 공행도空行度이다. 이것은 방편공해탈문종자方便空解脫門種子를 얻는 것이라고 말한다. 들숨과 날숨에 있어 염심厭心을 일으켜 열반으로 향한다. 이를 방편무상해탈문종자方便無常解脫門種子를 얻는 것이라고 말한다."

2-5. 오온의 청정함

意亂當數息. 意定當相隨. 意斷當行止. 得道意當觀. 不向五陰當還. 無所有當爲淨也. 多事當數息. 少事當相隨. 家中意盡當行止. 畏世間當觀. 不欲世間爲還. 念斷爲淨也. 何以故數息. 不欲隨五陰故. 何以故相隨. 欲知五陰故. 何以故止. 欲觀五陰故. 何以故觀陰. 欲知身本故. 何以故知身本. 欲棄苦故. 何以故爲還. 厭生死故. 何以故爲淨. 分別五陰不受故. 便隨黠慧八種道得別爲得所願也.

마음이 산란하면 마땅히 숨을 세고, 마음이 안정되면 마땅히 (숨과 마음이) 서로 따르고, 마음을 끊으면 마땅히 머물게 되고, 도를 얻으면 마음은 마땅히 관이 되고, 오음으로 향하지 않으면 마땅히 (하나로) 돌아오고, 가진 바가 없으면 마땅히 청정해진다.

일이 많으면 마땅히 숨을 세고, 일이 적으면 마땅히 서로 따르고, 집안에서 마음이 다하면 마땅히 머물게 되고, 세간이 두려우면 마땅히 관이 되고, 세간을 바라지 않으면 (하나로) 돌아오고,

마음을 끊으면 청정이 된다.

　어찌하여 수를 세는가. 오음이 따르기를 바라지 않기 때문이다. 어찌하여 서로 따르는가. 오음을 알기 때문이다. 어찌하여 그치는가. 오음을 관하려고 하기 때문이다. 어찌하여 오음을 관하는가. 몸의 근본을 알려고 하기 때문이다. 어찌하여 몸의 근본을 아는가. 고를 버리고자 하기 때문이다. 어찌하여 (하나로) 돌아오는가. 생사를 염리厭離하기 때문이다. 어찌하여 청정이 되는가. 오음을 분별하여 받아들이지 않기 때문이다. 곧 지혜로움에 따라서 여덟 가지 종류의 도를 따로 얻어서, 바라는 바가 얻어지게 된다.

해설 깨달음은 올바른 삶의 지혜이다. 흔히 불교, 특히 선禪에서는 견성성불見性成佛, 또는 즉심시불卽心是佛, 혹은 일체유심조一切唯心造라고 하여, 마음을 절대적 가치의 대상으로 강조하는 경향이 있다. 그러나 불교는 유심론적인 입장만을 고집하는 종교가 아니다. 불교에서 마음을 강조하는 이유는 인간의 생활에서 마음이 중요하고 근본적이라고 보기 때문이다. 그렇다고 마음을 몸과 대립시키는 것은 아니다. 오히려 불교는 몸과 마음이 하나가 되어 있는 마음을 문제 삼는다. 몸과 마음을 둘이면서 둘이 아니라고 본다. 우리가 보는 몸과 마음은 본질적으로 엄격하게 한계를 지을 수 없다. 몸 없는 마음이 없고, 마음 없는 몸도 없기 때문이다. 따라서 견성성불도 우리의 몸과 마음이 하나가 되어 조화로운 활동을 하고 있는 본래의 모습, 즉 본성을 보면 부처가 된다는 의미이다.

　일체유심조도 마음이 모든 것을 만든다는 의미가 아니라 '마음이야말로 모든 것을 있게 한다.'는 뜻이다. 모든 존재의 가치는 마음에 의해서 평가되고 그 뜻이 드러나기 때문이다. 실제로 우리의 삶은 마음과 몸가짐, 그리고 말에 의해 이루어진다. 올바른 마음가짐이 올바른 몸가짐과 말을 낳게 하지만, 반대로 올바른 몸가짐과 말도 올바른 마음가짐을 갖게 한다. 그러므로 이 둘은 서로 뗄래야 뗄 수 없는 관계에 있으나, 그 중에서 다른 어떤 것보다도 마음이 으뜸이라는 것이 불교의 입장이다. 이는 실제 삶에서도 실증적으로 증명된다.

우리의 삶은 주관의 세계인 마음과 객관의 세계인 (삶의) 조건에 의해서 좌우된다. 주관의 세계는 마음이라고 말해지는 모든 정신작용이요, 객관의 세계는 세간世間이라고 말해지는 모든 사물이다. 모든 사물은 정신적인 것과 물질적인 것이 모두 포함된 다섯 가지 요소로 이루어져 있다. 이 요소들을 오음五陰(오온五蘊)이라고 한다. 또한 우리의 삶은 연기의 도리에 의해 이루어진다. 마음과 몸, 나와 너, 나와 사회, 나와 자연 등 이것과 저것의 관계 속에서 이루어지는 것이다.

올바른 상태는 청정한 상태이다. 연기 그대로의 상태, 중도, 어디에도 걸리지 않는 공에서 벗어나지 않아야 올바른 삶이다. 청정한 마음이란 아무것도 갖지 않은 마음이다. 바로 무소유無所有이다. 마음이 청정하려면 먼저 마음을 가라앉혀야 하는데, 가장 손쉬운 방편이 수를 헤아리는 것이다. 숨이 들어오고 나가는 것은 육체의 운동이요, 수를 세는 것은 마음의 조정이다. 마음이 한 곳에 집중되면 흔들리지 않는다. 마음이 마음을 다스리기는 참으로 어렵다. 보이지 않는 마음으로 역시 보이지 않는 마음을 다스려야 하기 때문이다. 이는 마치 불기운이 보이지 않으면 불을 끌 수 없는 것과 같다. 연기와 불기둥 같은 불기운이 보이면 불을 끄기가 수월하지만 마음에서 일어난 번뇌를 없애기는 어렵다. 그러나 방법이 있다. 마음이 어떤 형태를 갖추어 몸에 나타나는 것이 호흡이므로 이 호흡을 조절하면 마음을 조절하기가 수월해진다. 호흡에 정신을 집중하는 수식과 상수, 지, 관, 환, 정은 이미 여러 차례 설명한 바 있는데, 오온과 관련하여 다시 주목해야 할 것이 바로 '환還'이다.

객관 세계나 주관 세계의 모든 것을 있는 그대로 관찰할 수 있게 된 후에는 사물의 진실을 살필 수 있게 되니, 이것이 환이다. 환의 단계에서는 색, 수, 상, 행, 식의 오온에 자재自在하면서도 끌리지 않는다. 주객 어디에도 끌리지 않으므로 아무런 소유 없이 뜻에 따라 마음을 일으킬 수 있게 된다. 여기에 이르면 번뇌나 선악의 대립이 없어지고 가진 바 없이 갖게 된다. 깨달음의 세계에서 소요하게 되는 것이다. 그러나 우리의 마음은 몸을 떠나 존재할 수 없으므로, 아무리 마음이 청정하다고 해도 상대되는 세계에 따라 생하고 멸한다. 따라서 일이 많아지면 그에 따라 마음도 잡다하게 일어난다. 이런 때에는 수식을 통해서 마음을 단일하게 만들어야 한다. 잡다한 일을 행하더라도 마음이 순일하면 일이 없이 한가한 상태에 머물러 그것과 하나가 될 수 있다.

우리의 마음은 몸이라는 집을 가지고 있다. 몸과 함께하고 있는 마음은 몸의 보호 속에 있다고 할 수 있으니, 멋대로 움직이는 의욕이 다하여 밖으로부터 들어오는 것이 내 마음속에 고요히 자리잡으면 그것이 바로 적정 그대로의 세계이다. 또한 의욕이 객관 세계로 달려가지 않도록 하여 객관과 멀리하고, 사물의 있는 그대로를 관찰하는 것이 관조의 세계이다.

이처럼 우리의 마음이 객관 세계와 관계를 가지면서도 그것을 탐애하지 않으면 세간의 일체사에 초연하여 탐심을 일으키거나 어리석은 행위를 하지 않게 된다. 일체의 잡된 생각이 끊어져서 청정본심 그대로 살게 되는 것이다. 이것이 깨달은 사람의 삶이다.

우리가 호흡을 헤아리는 것은 몸과 몸 안에 마음을 가지고 있기 때문이다. 몸과 마음이 있는 한 오음에 따르지 않을 수 없으나 오음에 따르면서도 그에 끌리지 않고 애욕을 갖지 않기 위해서이다. 우리는 감수 작용이나 상념, 의식과 같은 오음을 떠나서는 살 수 없지만 동시에 인간의 근본요소인 오음이 본래 공허하다는 사실을 알아야 한다. 그러므로 본래 오온이 공허한 것임을 알기 위해서는 마음의 안정이 필요하다. 마음이 안정되어 오온의 모습을 있는 그대로 관찰하게 되면 우리 몸의 근본이 공임을 알게 된다. 몸의 근본을 알면 여태 몸이나 마음이 실체가 있다고 생각해서 가질 수밖에 없었던 고통에서 벗어나게 된다. 우리가 고통을 느끼는 것은 나의 근본을 모르기 때문이다. 근본을 알면 당연히 고통을 떠나려고 할 것이다. 고품苦를 떠나면 나의 진신眞身으로 돌아온다. 본래의 나는 청정할 뿐만 아니라 생사를 떠난 영원한 존재이다. 생사에 매인 나는 본래의 내가 아니다.

이처럼 우리는 몸과 마음을 가지고 있으므로 몸과 마음의 구성 요소를 있는 그대로 알아서 이에 끌리지 않는 지혜를 얻어야 한다. 이 지혜를 얻으려면 안반념법을 잘 닦아야 한다. 그렇게 되면 팔정도八正道의 올바른 삶을 얻고 인생의 소원인 성불成佛을 이룰 수 있다.

2-6. 하나의 길인 여섯 가지 문

行息時爲隨數. 相隨時爲隨念. 止時爲隨定. 觀時爲隨淨. 還時爲隨意. 淨時爲隨道亦爲隨行也.

숨을 쉴 때 수식이 따르고, (숨과 수식이) 서로 따를 때 생각이 따르며, (생각이) 그칠 때에 정이 따른다. (오음을) 관할 때 청정이 따르고, (본성으로) 돌아왔을 때 뜻이 따른다. 청정할 때에는 도가 따르고 또한 실행이 따른다.

해설 안반수의에 있어서 숨을 쉴 때는 반드시 수식이 따른다. 숨을 쉬는 것과 수를 세는 것은 다른 행위이다. 전자는 육체적인 생리현상이고 후자는 정신집중이다. 서로 다른 이 둘이 조화되어 하나가 되는 것은 생명의 근본 욕구이기도 하다. 수행자가 숨을 헤아리는 것은 마음을 한 곳에 집중하기 위한 방편이다. 마음이 흩어지면 수를 셀 수가 없기 때문에 흩어지는 마음을 수에 매이게 하여 집중하려는 것이다. 이것을 심화하려면 숨이 들어오고 나가는 과정에 마음을 두도록 한다. 그러면 수를 헤아릴 필요도 없이 숨에만 마음을 둘 수 있는 단계에 이른다. 마음이 숨에 따르고 있는 단계이다. 그러나 이 상태에서는 마음이 숨에 따르고 있으므로 움직임이 있다. 마음이 움직이면 그것을 다시 한 곳에 멈추어야 한다. 여기서는 안반수의의 근본원리가 다시 한 번 반복되어 있다.

수식에서 청정에 이르는 단계는 여섯 가지지만 그 길은 오직 하나, 곧 깨달음이다. 깨달음은 먼 곳에 있으면서도 가까이에 있다. 즉 숨과 정신집중에 있으므로 누구에게나 가능하다. 불도는 어려운 길이 아니고 쉽고 가까운 길이다. 몸과 마음, 자연과 인간, 남자와 여자, 부모와 자식 등 이 세상을 구성하는 모든 요소는 서로 떠날 수 없는 관계에 있다. 이러한 진리를 있는 그대로 살리는 것이 도를 실천하는 길이다.

선종禪宗에서 잘 쓰는 대도무문大道無門이라는 말이 있다. '큰 길에는 문이 없다.'는 뜻이나 어디에나 문이 있다는 뜻도 되고 또 어떤 한 문이 큰 길로 통한다는 뜻도 된다. 올바른 문 하나를 선택해 들어가면 그 문이 어디로도 통한다. 그러므로 호흡을 세어 마음을 집중하면 그것이 바로 청정한 세계로 이어진다. 여섯 단계는 첫단계에서부터 이미 이루어진 것이다. 천리길도 한 걸음부터 시작된다. 한 걸음이 성실하면 그 속에서는 이미 전체가 이루어진다. 하루의 삶은 백년의 삶을 결정한다. 하루의 삶은 숨이 한 번 들어오고 나가는 데 있다. 숨의 들어오고 나감은 한 마음에 있다고 하겠다. 그러므로 모든 것은 마음에 있으니, 마음이 일체를 창조한다〔一切唯心造〕.

2-7. 여덟 가지 바른 길

數息爲四意止. 相隨爲四意斷. 止爲四神足念. 觀爲五根五力還爲七覺意. 淨爲八行也.

수식은 네 가지 뜻을 그치고, 상수는 네 가지 뜻을 끊는다. 지는 네 가지 신족념神足念이, 관은 오근과 오력이 된다. 환은 일곱 가지 깨달음이 되고, 정은 여덟 가지 (올바른) 길이 된다.

해설 지止에는 네 가지가 있다. 첫째는 수지數止로, 수를 세는 행위에 의식을 집중한다. 둘째는 상수지相隨止로, 마음과 호흡이 서로 따르게 함으로써 마음을 그친다. 셋째는 비두지鼻頭止로, 숨의 들어오고 나감이 모두 코 끝에서 정지한다. 넷째는 숨에만 마음이 쏠려서 이로 인해 고요히 그치는 것이다. 이들 네 가지는 항상 움직이는 마음을 어느 한 곳에 머무르게 하는 수행이다. 우리는 좋은 일이나 나쁜 일, 혹은 악하지도 선하지도 않은 일을 생각한다. 선이나 악, 어느 한쪽에 치우치면 마음이 움직이고 있는 것이요, 어느 쪽에도 치우치지 않으면 움직이지 않는 것이다. 그러므로 이 세상의 모든 것을 보거나 들을 때에 좋은 것을 보고서도 마음이 집착하지 않으면 마음이 집중되어 있는 올바른 호흡이다. 반대로 나쁜 것을 보거나 듣게 되더라도 마음이 쏠리지 않아야 한다. 쉬운 일은 아니다. 특히 좋은 것을 대할 때는 그만큼 집착하기 쉽다. 이런 모든 잘못에 빠지지 않기 위해 수를 센다.

다음으로 호흡할 때 수를 세지 않더라도 마음이 호흡에 쏠리고 있는 상수의 단계에서는 네 가지 마음이 끊어진다. 네 가지 마음이란 첫째는 진리를 모르기 때문에 갖게 되는 잘못된 생각이며, 둘째는 진리를 알고 있긴 하나 수행이 부족하여 갖게 된 잘못된 생각이다. 셋째는 끊지 않고도 끊어지는 무루법無漏法으로서, 안眼·이耳·비鼻·설舌·신身·의意의 여섯 가지 감각 기능으로부터 생기는 허물이다. 마지막은 팔식八識 등과 같이 자체로는 잘못이 없으나 번뇌를 만나서 잘못된 마음이다. 이런 마음은 호흡과 마음이 서로 따르게 되면 없어진다. 아무리 모진 마음이라도 그 마음은 실체가 없기 때문이며, 그릇된 마음은 마음으로 교정할 수가 없고 숨과 마음을 조화시킴으로써 교정할 수 있기 때문이다. 여기에 안반수의법의 묘리妙理가 있다. 이것은 연기의 도리를 잘 이용하는 것이다. 이런 방법을 선교방편善巧方便이라고 한다.

다음으로 마음이 선정禪定에 들어가면 네 가지 신통력, 즉 앞에서 말했던 사여의족의 네 가지 초자연력을 얻게 된다. 생각을 자기 마음대로 부릴 수 있는 욕여의족欲如意足, 마음을 두고자 할 때 마음대로 둘 수 있는 염여의족念如意足, 마음을 써서 노력함에 있어 마음대로 일을 해낼 수 있는 능력인 정진여의족精進如意足, 생각하고자 하는 것을 마음대로 할 수 있는 사유여의족思惟如意足이다. 이 힘들은 모두 마음에서 일어나는 것으로, 누구나 다 가지고 있는 힘일 뿐 결코 기적을 일으키는 능력이 아니다.

불교에서 흔히 말하는 천안통天眼通, 천이통天耳通, 숙명통宿命通, 타심통他心通, 신족통神足通 등은 마음을 뜻대로 조절할 수 있는 힘을 길러 번뇌를 없앤 사람이 얻을 수 있는 능력이다. 그러나 붓다가 깨달음의 극치에서 얻었다는 누진통漏盡通은 마음의 수행이 쌓이고 쌓여서 마음이 깨끗해진 사람만이 얻을 수 있다.

　천안통은 눈의 초능력으로 마음의 눈이 열린 사람이 가질 수 있는 힘이다. 마음의 눈이란 어떤 사물의 실상을 꿰뚫어보는 힘이다. 천이통도 마찬가지로 누군가의 말이나 어떤 소리를 듣고서 그 본뜻을 알아차리는 능력이다. 숙명통은 보이지 않는 과거나 미래를 알 수 있는 힘이고, 타심통은 남의 마음을 정확히 읽어낼 수 있는 힘이다. 끝으로 누진통은 마음을 자신에게로 돌려서 스스로의 삶을 관찰하고 그 근원을 찾아서 조절하는 힘이다.

　초능력처럼 생각되는 이 힘들은 사실 누구나 지니고 있는 힘에 불과하다. 다시 말해서 인간이 지니고 있는 능력이 충분히 발휘되었을 뿐이라는 것이다. 호흡과 정신이 조화되어 신체 기능이 원만해지고 뇌의 기능이 최대한으로 발휘되면 자연히 나타날 수 있다. 특히 뇌세포는 다른 기관보다 더 많은 산소를 필요로 한다는 점에서, 붓다의 안반념법은 현대의학의 관점에서도 가장 이상적인 호흡법임을 알 수 있다.

　다음으로 관하는 능력이 더해지면 눈으로 보고, 귀로 듣고, 코로 냄새 맡고, 혀로 맛보고, 몸으로 감촉하고, 마음으로 알아차리는 감각 기능이 뛰어나게 될 뿐 아니라 믿는 힘, 노력하는 힘, 생각하는 힘, 마음을 진정시키는 힘, 지혜의 힘 등이 나타나게 된다. 이러한 힘들이 점차 도를 더해 감에 따라 마음을 돌려서 안으로 끌어들이면 지혜의 빛을 밝히게 되니, 모든 법을 살펴서 선악을 가려내는 이성이 밝아지고, 수행을 용맹스럽게 행하고, 헛된 행동을 버리는 의지력이 생기며, 남을 위하는 것을 기뻐하는 자비심이 생기고, 참된 자기의 근본을 키우려고 노력하게 되고, 버릴 것을 버리는 용기가 생기게 되고, 적정寂靜 속에서 흔들리지 않고 지혜와 고요함이 한결같은 깨달음의 길로 들어간다. 그리하여 드디어 청정한 본심에 이르게 되면 여덟 가지 올바른 길로 가게 된다. 이것이 팔정도八正道로서, 바른 견해〔正見〕, 바른 생각〔正思惟〕, 바른 말〔正語〕, 바른 행위〔正業〕, 바른 생활〔正命〕, 바른 노력〔正精進〕, 바른 관념〔正念〕, 올곧은 정신통일〔正定〕이다. 이 팔정도의 실천은 고를 멸하고 깨달음을 얻어 행복하게 살 수 있는 길이다.

2-8. 정신집중의 근본인 여섯 가지 문

得息不相隨不爲守意. 得相隨不止不爲守意. 得止不觀不爲守意. 得觀不還不爲守意. 得還不淨不爲守意. 得淨復淨乃爲守意也. 已念息惡不生.

숨이 (수를) 얻었더라도 서로 따르지 않으면 수의가 되지 않는다. 서로 따르더라도 (한 곳에) 머무르지 않으면 수의가 되지 않는다. 머물더라도 관하지 않으면 수의가 되지 않는다. 관하더라도 돌아오지 않으면 수의가 되지 않는다. 돌아왔어도 청정하지 않으면 수의가 되지 않는다. 청정을 얻고 다시 청정해지면 수의가 된다. 이미 생각이 쉬면 악이 생기지 않는다.

해설 수식, 상수, 지, 관, 환, 정 중 어느 한 가지도 중요하지 않은 것이 없으며, 각 단계가 모두 유기적인 연속성이 있어 결락이 있으면 결코 완전한 안반수의가 되지 못한다고 설명하고 있다. 숨이 수식과 하나가 되지 않으면 정신집중이 될 수 없다. 숨과 수식이 일치하더라도 마음이 한 곳에 집중되어 머물지 않고 흩어지면 정신집중도 안 된다. 또한 마음이 한 곳에 머물렀더라도 거기에 집중하여 관조하지 못하면 마음을 지키지 못한다. 또한 관조하는 힘을 얻었더라도 바뀌어 주관으로 돌아오지 않으면 수의가 되지 않는다. 주관의 세계로 전환되었더라도 주와 객 어디에도 걸림 없는 주객일치의 상태에서 자유자재로 주관과 객관을 부릴 수 있는 상태에 이르지 않으면 참된 정신집중이 아니다. 그러므로 여섯 단계를 모두 거쳐 한결같이 청정한 상태가 계속될 때야 비로소 진정한 정신집중, 곧 수의이니, 이를 다른 말로 삼매三昧라 한다.

여섯 가지는 모두 연기의 관계에 있어서 이것이 잘 되면 저것도 잘 되고, 이것이 잘 안 되면 저것도 잘 안 되는 법이다. 이런 이치를 알면 우리가 바라는 열반적정의 세계도 바로 이 수식관에 있음을 알게 된다. 피안의 세계는 이미 차안의 세계에 있는 것이다. 서방에 있다는 극락정토도 이 세계의 고를 벗어났을 때 도달되는 곳이다. 살고 있는 이 사바세계가 구제되어 고를 떠나 즐거움을 얻은 중생이 극락세계에 가리라는 것은 정해진 이치이다. 서방은 바로 여기에 있고 정토는 사바세계에 있다. 내 마음속에도 있고 저 세상에도 있다.

《잡아함경》 제26권의 〈아난경阿難經〉은 이렇게 전한다.

"나는 이와 같이 들었다. 한때 부처님이 금강의 발구마跋求摩 강가의 살라리薩羅利 숲속에 머물고 계셨다. 이때 존자 아난이 홀로 고요한 곳에서 선정에 잠긴 채 이런 생각을 하고 있었다. '만일 한 가지 법을 많이 닦으면 네 가지 법이 모두 구족하고, 네 가지 법이 모두 구족하면 일곱 가지 법이 이루어지고, 일곱 가지 법이 이루어지면 두 가지 법이 이루어진다.' 이때 아난이 선정에서 깨어나 부처님 처소로 가서 정중히 인사드리고 물러나서 한쪽에 앉아 말씀드렸다. '세존이시여, 제가 홀로 고요한 곳에서 선정에 잠겨, 만일 한 가지 법을 많이 닦으면 네 가지 법을 이루고, 두 가지 법을 이룬다고 생각하였나이다. 그런데 정말 한 가지 법을 많이 닦으면 능히 두 가지 법을 구족하게 되겠습니까?' 이에 부처님께서 이렇게 고하셨다. '한 가지 법을 닦으면 능히 두 가지 법을 이루게 된다. 한 가지는 곧 안나반나인데 그것을 많이 닦으면 능히 사념처四念處를 만족케 한다. 사념처가 만족되면 칠각분七覺分이 만족되고, 칠각분이 만족되면 명명과 해탈이 구족된다. 어떤 안나반나의 염을 닦아야 사념처가 만족되느냐 하면, 한 비구가 마을에 갔을 때 거기 의지하여 날숨의 생각을 멸하는 것과 같이 하면 된다. 아난아, 이와 같이 거룩한 제자는 들숨을 생각할 때 들숨의 생각을 같이 한다. 몸을 움직여 쉬는 숨과 나가는 숨을 생각할 때 몸을 움직여 쉬는 숨과 나가는 숨을 생각하듯이 한다. 거룩한 제자는 이와 같이 몸의 생각에 머문다.'"

2-9. 자기를 살리는 길

復數者爲共遮意. 不隨六衰故. 行相隨爲欲離六衰行. 止爲欲却六衰行. 觀爲欲斷六衰行. 還爲欲不受六衰行. 淨爲欲滅六衰. 已滅盡便隨道也.

다시 수식은 함께 뜻을 끊는다. 따르지 않으면 여섯 가지가 쇠퇴하기 때문이다. 서로 따르게 되면 여섯 가지 쇠퇴를 떠나고자 한다. 머무름〔止〕은 여섯 가지 쇠퇴를 물리치고자 한다. 관은 여섯 가지 쇠퇴를 끊고자 한다. 환은 여섯 가지 쇠퇴를 받지 않고자 한다. 청정은 여섯 가지 쇠퇴를 멸하고자 한다. (그리하여) 이미 다하여 멸하면 곧 도에 따르는 것이다.

해설 호흡할 때 수를 세는 것은 마음에 눈이나 귀, 코, 혀, 기타를 통해 일어나는 욕심을 차단하기 위해서이다. 인간은 감각 기관을 통해 외부로부터 모든 것을 받아들일 수 있으나 그로 인해 쓸데없는 욕심을 일으켜 고통당하고 자신의 생명을 망가뜨리기도 한다. 감각 기관은 고마운 것이면서 동시에 잘못 쓰면 우리를 멸망시킨다.

여섯 가지 감각 기능은 주관의 세계에 속해 있다. 주관은 객관에서 비롯된 것들을 취사 선택할 수 있어야 한다. 주관의 움직임을 그대로 방치해 두면 외부 세계에 이끌려 자기 자신을 상실하게 된다. 그러므로 밖으로 달리는 마음을 차단하여 객관 세계에서 오는 자극을 막아야 한다. 그렇다고 해서 눈으로 보지도 않고, 귀로 듣지도 않고, 코로 맡지도 않고, 피부로 감촉하지도 않고, 마음으로 느끼지도 않을 수는 없다. 우리는 눈으로 보되 보이는 것을 향해 마음이 멋대로 달려나가지 않도록 해야 하고, 귀로 듣되 들리는 것을 향해 마음이 달려나가지 않게 해야 한다. 이처럼 보되 보지 않고, 듣되 듣지 않는 것이 가장 이상적이다. 집착을 떠나서 자유자재로 상대하면서 그것을 부릴 수 있기 때문이다. 이렇게 되려면 밖으로 달려나가는 마음을 차단해야 한다. 호흡을 세는 것은 마음이 밖으로 달려나가지 않도록 하는 방편이다.

마음이 밖으로 달려나가 객관 세계에 집착하게 되면 육근六根이 잘못된 방향으로 움직여 우리를 쇠멸케 한다. 육근을 제어하는 것이 수행의 첫단계이다. 마음이 잘 길들여지면 객관적 대상이 다가올 틈이 없어진다. 마음이 한 곳에 머물러 움직이지 않게 되면 육근은 정상적인 활동을 하여 생명의 쇠멸이 없는 상태가 된다.

그러나 이 단계로는 아직 부족하다. 대상을 물리친다는 것은 아직도 내 마음속에 대상이 존재하고 있다는 반증이다. 물리친다는 마음까지도 사라진 상태에 도달해야만 한다. 그러므로 관조의 단계에서 그것을 끊어야 한다. 마음이 대상을 향해 달려가서 집착하게 되면 그 대상의 참된 모습을 알 수가 없다. 내 마음에 잘못이 없게 하기 위해서는 어느 정도의 거리를 두어야 한다. 그렇게 해야 대상이 비춰지기 때문이다. 그러나 아직 객관을 의식하고 있기 때문에 이런 상태 역시 만족스럽다고는 할 수 없다. 객관을 의식하고 있는 한 그것은 아직 내 속에 있는 것이다. 객관이 내 속에 들어와 있다는 것은 내가 객관에 의해 점령당해 있다는 의미이다. 마음이 자기 자신으로 돌아와 자기 위치를 잘 지키고 있을 때 육근의 움직임은 쇠퇴하는 일이 없고 객관이 주관세계에 나쁜 영향력을 미치지 못하게 된다.

무아無我의 세계는 '나'라는 존재가 완전히 멸진한 세계이다. '나'라는 존재가 멸진하면 '너' 또한 있을 수 없다. 그러나 나와 너가 없을 때에 나도 있고 너도 있다. 이때의 너와 나는 있다거나 없다는 상대적인 의미가 아니라 내가 너이고 네가 나인 절대적인 존재라는 의미이다. 이러한 세계에서 비로소 무아로서의 나를 찾게 된다. 무아의 세계와 청정의 세계는 서로 다를 바가 없다. 여기에서 비로소 진리가 살아나고 도에 따르는 삶이 펼쳐진다.

밖으로 달리려는 마음을 차단하고, 떠나고, 물리치고, 끊으며, 받아들이지 않으면 마지막 단계에서는 완전히 없어진다. 우리가 늘 경험하는 일을 예로 들어 보자. 기분 나쁜 일이 마음에 남아 떠나지 않으면 우리의 생명은 손상을 입는다. 그것을 끊으려고 해도 끊어지지 않을 때는 마음을 살펴볼 필요가 있다. 마음은 밖으로 달리고 우리의 육근은 손상을 입고 있을 것이다. 그때는 보는 것도 제대로 보이지 않으며, 들리는 것도 제대로 들리지 않는다. 그러나 좀처럼 잊혀지지 않던 그 일이 마음속에서 완전히 사라지면 다시 본래의 모습을 찾게 되고 육근이 정상적으로 움직이는 것을 경험할 수 있다.

객관 세계는 주관 세계가 있기 때문에 존재하고, 주관 세계 역시 객관 세계가 있으므로 존재한다. 이것과 저것은 서로 뗄 수 없는 관계에 있다. 이를 잘 살펴서 이것도 저것도 없다는 진리를 실천하는 것이 도이고, 이 도로 들어가는 길이 바로 안반수의이다. 수를 세는 것은 그 첫관문이다. 첫관문에서부터 길은 시작된다. 시작은 또한 끝이다.

2-10. 악의 소멸

數息欲遮意. 息中有長短. 當復遮是長短意也. 何以故守意欲止惡故. 惡亦可守亦不可守. 何以故惡已盡不當復守也.

수식은 마음을 끊고자 한다. 숨에는 길고 짧음이 있으므로 마땅히 마음으로 그 길고 짧음을 다시 끊는다. 수의가 잘못되는 것을 그치고자 하기 때문이다. 잘못됨은 가히 지킬 것이며, 또한 가히 지킬 것이 아니기도 하다. 잘못된 것이 이미 다하면 마땅히 다시 지킬 바도 아니기 때문이다.

해설 호흡을 세는 것은 마음을 조절하여 잘못되지 않게 하기 위해서이다. 숨과 마음을 하나가 되게 하려면 숨의 길고 짧음에 일정한 질서가 있어야 한다. 숨의 들어오고 나감이 길고 짧음에 따라서 마음도 길고 짧게 집중되어 곧 마음을 끊게 된다. 마음이 끊어지면 잘못된 마음도 없어진다.

잘못된 마음이 곧 악이다. 불교에서는 마음이 바르면 선, 바르지 않으면 악이라고 생각한다. 선행이란 바른 마음으로 하는 행위요, 악행이란 그릇된 마음으로 하는 행위이다. 그러므로 악을 없애기 위해서는 정신집중이 필요하다.

 인간은 부모로부터, 아니 그 이전의 조상으로부터 어떤 능력을 이어받았다. 그 능력은 성장하면서 자아의 세계를 형성해 간다. 이것이 스스로의 삶을 규정짓는다. 또한 밖으로부터 들어오는 것을 차단하거나 밖으로 나가는 것을 막기도 한다. 우리가 보다 많은 것, 보다 넓은 세계를 보고 듣고 간직하려면 자아의식으로 인한 장벽을 제거해야 한다. 자아의식이란 바로 우리의 지식, 의지, 사고 등을 말한다. 정신집중은 밖의 세상과 좁은 나의 세계를 넓히기 위해서 자아의식을 활짝 열어젖히는 일이기도 하다. 좁은 자아 속에 머물러 있으면 남과 단절되고 아집에 찬 에고*ego*에 갇히게 된다. 나아가 남을 해치고 자기만을 위하게 되기도 하는데, 이를 악이라고 한다. 자아의식이 사라져 무아의 세계에 있게 되면 세계가 활짝 열린다. 이때 너와 나의 관계가 새롭게 나타나 악을 떠나 선을 구축하게 되고 자비심, 이타적 행동이 따르게 된다. 따라서 정신집중은 그릇된 자아의식을 깨뜨리는 작업이며 자기 자신에게로 돌아오는 길이기도 하다.

 악에서 벗어나기 위해서는 우선 우리 의식의 벽을 뚫어야 하고 또 밖으로부터 들어오는 엄청나게 많은 자극을 추려내는 힘을 지녀야 한다. 다음으로는 넓은 문을 통해서 들어오는 복잡한 것을 간단하게 정리하여 받아들여야 한다. 현대심리학은 이것을 '무의식적 추리*unconcious inferences*'라고 하며, 동양에서는 직관直觀이라고 한다. 이것은 자신의 힘으로 주어지는 조건을 재조정하는 것이기도 하다. 이것이 잘 되었을 때 자신의 목적이 달성되는 것이다.

 인간의 최고 목적은 원만한 생명의 성취로 각자가 가지고 있는 창조력을 발휘하여 자신을 숙달시키는 일이다. 올바른 삶, 완전하고 행복한 삶을 살기 위해서는 나를 올바른 방향으로 훈련시켜야 한다. 하나의 뚜렷한 목적을 향해 외곬의 길을 가는 것에 익숙해져야만 한다. 정신집중은 이러한 심리적 조작이라고 할 수 있다. 우리의 뇌는 이를 받아들여 입력하는 힘을 가지고 있다. 뇌 속에 입력된 '지향반응orienting reaction'은 생리적으로도 뇌파나 맥박, 그리고 피부 저항으로 나타난다. 이것이 습관화이다.

숨을 세는 것에서 시작된 정신집중이 악을 제거한다는 것은 자아를 해체하고 새로운 자아를 형성한다는 의미이다. 수피 sufi나 기타 요가 수행자들도 여러 방법의 수행 중에서도 명상, 곧 정신집중이 올바른 자각을 제한하는 장애물이나 구속을 물리치는 방법이라고 주장한다. 수피들은 평범한 자각을 깊은 잠이나 맹목적인 상태로 규정한다. 인도의 요가 수행자인 비베카난다 Vivekāananda는 평범한 자각을 '술취한 원숭이'에 비교하기도 했다. 올바른 인간, 깨어 있는 인간이 되기 위해서는 평범한 자각을 넘어서는 정신집중이 필요하다.

2-11. 수식의 세 가지 조건

數息有三事. 一者當坐行. 二者見色當念非常不淨. 三者當曉瞋恚疑嫉念過去也.

수식에는 세 가지가 있다. 첫째는 마땅히 앉거나 움직이면서 행한다. 둘째는 대상을 볼 때 마땅히 그것이 영원하지 않고 깨끗하지 않다고 생각한다. 셋째는 마땅히 성을 내는 것과 의심하는 어리석음을 깨달아서 잘못된 생각을 버리는 일이다.

해설 수식의 가장 기본적인 조건을 가르치고 있다. 먼저 몸가짐으로는 조용한 곳에 앉아서 호흡을 조절하는 경우와, 걸으면서 움직이는 동안에 호흡을 헤아리는 경우가 있다. 전자는 정적 수행이고 후자는 동적 수행이다. 이 두 수행은 대자연의 법칙에 맞추어서 행한다. 밤에는 조용히 앉아서 수행하고 낮에는 움직이면서 수행하는 것이 자연의 법칙에 부합된다. 항상 앉아만 있거나 항상 움직이기만 해서는 안 된다. 앉을 때는 몸가짐을 바르게 하며, 누워서 행하는 것도 앉아서 행하는 것에 속한다. 움직이는 경우에도 걷는 것만이 아니라 뛰는 경우도 있다. 어느 것을 선택하든 임의로 행하되, 상수相隨만 잘 이루어지면 된다.

다음으로 마음가짐이다. 우리의 주관은 항상 객관적인 세계를 대하고 있기 때문에 그 객관으로부터 받는 복잡한 자극에 의해서 주관이 따르게 된다. 그러므로 보이는 객관 세계를 잘못 보게 되면 그에 따라 그릇된 행동이나 생각을 하게 될 뿐만 아니라 신체의 생리적인 작용도 잘못되게 된다. 다시 말해서 일체의 대상을 불변하는 것으로 보게 되면 탐貪·진瞋·치癡의 번뇌가 일어나고, 이 번뇌 때문에 뇌파나 심장박동, 혈액순환 등도 변하게 되고 만다. 호흡에도 영향을 줌은 물론이다. 모든 것이 영원하거나 청정하지 않다는 사실을 알면 그것에 집착하지 않게 된다. 집착하지 않으면 마음의 동요가 일어나지 않고, 그래야만 수식에 집중할 수 있다.

성내거나 의심하여 믿는 바가 없어진 어리석은 상태에서는 정신집중이 잘 되지 않는다. 마음이 깨끗하지 않고 탐·진·치의 때가 묻어 있으면 호흡이 올바르게 이루어지지 않는다. 탐·진·치(삼독三毒)는 우리의 마음을 어둡게 하고, 올바른 정신작용을 방해하며 올바른 행동을 가로막는다.

붓다는 항상 근본원인과 그 결과를 살피라고 권했다. 우리의 질병도 그 원인을 살펴보면 탐·진·치 때문인 경우가 많다. 수식이 잘 이루어지기 위해서는 노여움이나 의혹, 어리석음과 같은 마음의 독을 없애야 한다.

2-12. 어지러움의 원인을 없애는 수식

數息亂者當識因緣所從起. 當知是內外意. 一息亂者是外意過. 息從外入故. 二息亂者是內意過. 息從中出故. 三五七九屬外意. 四六八十屬內意. 嫉瞋恚疑是三意在內. 殺盜婬兩舌惡口妄言綺語. 是七意及餘事屬外也. 得息爲外. 不得息爲內.

수식이 흐트러지는 자는 마땅히 따라서 일어나는 인연을 알아야 한다. 마땅히 안팎의 마음을 알아야 한다. (열까지 세는 수식에서) 하나에 숨이 흐트러지면 곧 밖의 마음이 잘못된 것으로, 숨이 밖으로부터 들어오기 때문이다. 둘에 숨이 흐트러지면 곧 안의 마음이 잘못된 것으로, 숨이 안으로부터 나오기 때문이다. 셋과 다섯과 일곱과 아홉은 밖의 마음에 속하고, 넷과 여섯과 여덟과 열은 안의 마음에 속한다.
  어리석음과 성냄과 의혹의 세 가지 마음은 안에 있고, 살생과 도둑질과 음행과 고자질하는 말과 망령된 말과 아양 떠는 말 등 일곱 가지 마음과 그 나머지 것들은 밖에 속한다.
  숨을 얻는 것은 밖이고 숨을 얻지 못하는 것은 안이다.

해설 모든 것에는 원인이 있다. 불교는 항상 원인과 결과라는 인연을 생각하므로, 수식에서 호흡을 세는 일이 한결같이 되지 않고 도중에 숫자를 잊어버리거나 순서가 바뀌면 그 원인을 잘 살펴서 그것을 제거해야 한다고 가르친다. 그렇다면 그 원인은 무엇인가? 원인은 우리의 마음속에 있다. 질병도 마음에서 비롯된다는 맥락과 같다. 흐트러진 호흡의 원인이 마음에 있다는 말은, 마음이 흐트러졌기 때문에 호흡이 흐트러졌다는 뜻이다.

본문에 따르면 흐트러진 마음의 근본원인은 안팎의 두 마음이다. 밖으로 달려나가는 것은 밖에 있는 얕은 마음이요, 마음속에만 간직되어 있는 것은 안에 있는 깊은 마음이다. 따라서 마음이 흔들려 숨이 어지러워질 때에는 안팎의 마음이 모두 잘못되어 있는 것이다. 그렇다면 안팎의 마음은 어떤 원인으로 일어나는가? 여기서는 열 가지를 열거하고 있다. 어리석음, 성냄, 의혹 등 세 가지 마음은 안에 있으며 살생, 도둑질, 음행, 고자질, 욕설, 망언, 아양 떠는 것 등 일곱 가지는 밖에 있다. 이처럼 겉으로 드러나는 마음이 있는가 하면 드러나지 않는 마음도 있다. 이런 마음들이 바로 숨과 밀접한 관계가 있는 마음이다. 숨이 길게 나가거나 짧게 나가는 것은 모두 마음가짐에 달려 있다. 숨이 어지러우면 마음이 어지러운 것이고, 그 어지러운 마음이 과연 어떤 마음인가를 알아내야 한다.

탐심貪心과 진심瞋心과 어리석음〔痴〕이라는 삼독三毒은 우리의 마음속에 깊이 자리잡고 있는 나쁜 마음으로 행동으로 나타날 뿐만 아니라 생리현상까지도 지배한다. 그러므로 숨이 어지러워지는 것은 당연하다. 또한 살생 등 일곱 가지 나쁜 행위는 칠계七戒에 속하며, 마음속에 칠계가 일어나면 나쁜 행동을 하게 되고, 호흡이 어지러워져 건강을 해친다. 숨을 얻음〔得息〕은 올바른 호흡을 얻는다는 뜻이다. 올바른 호흡을 얻으면 올바른 행위가 밖으로 나타나게 된다.

행위와 그 원인인 마음 중에서 어느 것이 앞이고 뒤인지를 판별하기는 어렵다. 행위의 근본이 마음인 동시에 행위가 마음을 일으키기도 한다. 예를 들어 《법화경法華經》에 나오는 상불경보살常不輕菩薩은 남을 업신여기는 마음을 그치기 위해 만나는 사람 모두에게 절을 했다고 한다. 절하는 마음이 쌓이고 쌓이면 마음까지도 남을 공경하게 된다는 사실을 말하고 있는 것이다. 몸과 마음은 불가분의 관계에 있다. 불교는 마음을 중요시한다. 《법구경法句經》에도 이런 가르침이 있다.

"마음이 모든 일의 근본이다.
마음이 주인 되어 마음이 시키나니
마음속에 악한 일을 생각하면
말과 행동이 그러하리라.
마음이 모든 일의 근본이다.
마음이 주인되어 마음이 시키나니
마음속에 착한 일 생각하면
말과 행동이 그러하리라."
心爲法本. 心尊心使.
中心念惡. 卽言卽行.
心爲法本. 心尊心使.
中心念善. 卽言卽行.

그러나 불교는 일방적인 유심론의 입장만을 취하는 것은 아니다. 다만 인간의 주인은 마음이라는 사실을 지적하고, 자신이 스스로 마음을 조절하여 절대 안정의 마음으로 깨달음에 이르러서 올바른 삶을 살도록 가르친다. 인간의 행·불행이 마음에 달려 있다는 것은 우리의 실제 생활에서 얻어지는 진리이기도 하다.

3. 안반수의의 방법

3-1. 들숨과 날숨을 다섯씩 열까지 센다

息從意生. 念息合爲一數. 息至盡數爲一亦非一. 意在外息未盡故. 譬如數錢. 意在五數爲一也. 數息所以先數入者. 外有七惡. 內有三惡. 用少不能勝多故先數入也.

숨은 마음으로부터 생긴다. 생각과 숨이 합해서 하나의 수가 된다. 숨이 끝까지 다한 수가 하나로 되고 또한 하나가 아니기도 하다. 마음이 밖에 있어서 숨이 아직 다하지 않았기 때문이다. 비유하면 돈을 세는 것과 같다. 마음이 다섯에 있으면 수도 그와 같이 된다. 수식에서 먼저 수가 들어오는 까닭은 밖에 일곱 가지 악이 있고, 안에 세 가지 악이 있기 때문이다. (수를) 적게 쓰면 능히 (악을) 크게 이길 수 없기 때문에 먼저 수가 들어오는 것이다.

해설 숨의 수를 헤아릴 때는 숨과 마음이 하나가 되어 헤아려야 한다. 수를 헤아릴 때는 숨이 시작되어 끝날 때까지 마음을 집중시켜 수와 숨이 함께 끝나게 해야 하는데, 만일 수가 헤아려지지 않는다면 마음이 숨과 함께 있지 않기 때문이다. 비유하건대 돈을 셀 때 오백원을 헤아려야 한다면, 먼저 마음속에 5라는 숫자가 들어와 있어야 한다. 수와 숨이 합일하는 수식에 있어서도 수가 앞서고 숨이 뒤따라야 한다. 만일 숨이 앞서고 수가 뒤따르면〔息數〕, 즉 숨이 위주가 되고 정신집중이 뒤따르게 되면 잘못된 것이다. 붓다의 호흡법은 정신집중이 위주이기 때문이다. 다시 말해서 정신집중을 위해 숨을 세는 것이지 숨을 세기 위해 정신집중을 하는 것이 아니라는 말이다. 숨의 수를 세는 것은 정신을 집중하기 위한 하나의 방편일 뿐이다.

마음은 어찌하여 잘못된 상태에 있게 되는가? 외부로부터 받는 자극 때문에 마음이 어지러워지기 때문이다. 그러면 어찌하여 마음이 거기 끌려가게 되는가? 정신이 집중되지 않고 마음이 흔들리기 때문이다. 집중이 안된 상태에서는 온갖 악한 마음과 행동, 즉 앞에서 설명한 삼악三惡과 칠악七惡이 일어나게 된다.

숨을 셀 때는 시작부터 끝까지 숫자를 의식하면서 열까지 센다. 들숨과 날숨은 각각 다섯까지의 한계를 갖는다. 하나의 호흡은 들숨 한 번과 날숨 한 번으로 이루어져 있으므로, 들숨을 하나로 하고 날숨을 둘로 하여 모두 열 번을 하면 각각은 다섯 번씩이 된다. 다섯 번을 한계로 삼는 이유를《해탈도론解脫道論》제7권에서는 이렇게 설명한다.

"스승께서는 안반념법을 닦는 네 가지 법을 설법하셨다. 곧 산산과 수추隨逐와 안치安置와 수관隨觀이다. 산이란 무엇인가에 대해 이렇게 답하셨다.

'처음으로 좌선하는 사람은 숨이 처음 나갈 때부터 들어올 때까지 수를 세되, 하나에서 열까지 세고, 열을 지나지 않는다.'

다시 이렇게 설법하셨다.

'하나에서부터 다섯에 이르되, 다섯을 지나지 않도록 한다. 마음을 (떠나지) 않게 하여 수를 세며 수를 떠나게 한다. 들어오고 나가는 숨에 따라서 마음이 머문다. 이를 산算이라 한다.'"

또한 《잡아비담심론雜阿毘曇心論》 제8권에서는 다음과 같이 말한다.

"수란 수행자가 교묘한 방법으로 마음을 머물게 하여 들숨과 날숨을 헤아리되 한 번의 들숨과 날숨을 하나로 하여 깨닫게 한다. 만일 마음이 흐트러지면 수가 줄거나 늘기도 하며 혹은 어지러워진다. 수가 준다는 것은 둘이 하나로 작아진다는 의미이다. 수가 는다는 것은 하나를 둘로 센다는 뜻이다. 수가 어지러워지는 것은 숨이 나갈 때 들어온다고 생각하고, 들어올 때 나간다고 생각하기 때문이다.

마음이 어지러워지지 않으면 수가 균등한 상태이다. 숨이 다섯 번 들어오고 다섯 번 나가는 것을 십수十數라고 한다. 만일 수행자가 수를 헤아릴 때 십수의 중간에서 마음이 어지러워지면 다시 돌아와 하나부터 헤아리기 시작한다. 만약 십수가 다 차면 어지럽든 어지럽지 않든 반드시 돌아와 다시 하나부터 일으킨다.

마음이 흐트러지는 것을 두려워하기 때문에 열을 넘지 않고, 마음이 모이는 것을 두려워하기 때문에 열에서 감하지 않는다. 위에 (하나에서 열까지의 가운데에 있는 모든 수를 포함하여) 더 많은 수가 없기 때문이다."

들숨과 날숨으로 나누어 하나에서 열까지 세라고 설명하고 있다. 들숨과 날숨을 합해서 열을 헤아림으로써 마음이 흐트러지거나 지나치게 집중하지 않을 수 있다. 흐트러진 마음이나 지나친 집중은 극단에 속한다. 불교의 가르침은 호흡에 있어서도 항상 중도를 떠나지 않는다.

3-2. 마음은 수식의 스승이다

數息不得者失其本意故. 本意謂非常苦空非身. 失是意墮顚倒故. 亦爲失師. 師者初坐時. 第一入息得身安便次第行. 爲失其本意故不得息也.

수식을 얻지 못하는 자는 그 근본인 뜻을 잃었기 때문이다. 본래의 뜻은 영원한 것이 아니고, 고요, 공이요, 몸이 아니다. 이 마음을 잃은 것은 전도顚倒에 떨어졌기 때문이다. 또한 스승을 잃게 된다. 스승이란 처음 앉았을 때 첫번째 들숨에서 몸의 편안함을 얻고 다음을 행하는 것이다. 그 본래의 마음을 잃기 때문에 숨을 얻지 못한다.

해설 수를 세는 행위와 숨이 일치되면 수식을 얻었다고 할 수 있다. 이 세상의 모든 것은 서로 조화되어야 얻어진다. 정신과 육체가 조화되어야 건강을 유지할 수 있고, 몸과 마음의 조화를 통해 기쁨을 얻을 수 있다. 한 송이 꽃이 피기 위해서는 있어야 할 모든 것이 준비되고 서로 조화되어야만 한다. 조화야말로 이 세상의 모든 것을 얻기 위한 조건이다. 조건이 갖추어지면 기쁨과 만족을 얻을 수 있고, 그렇게 되면 생명이 얻어진다. 수식을 얻었다는 것은 수와 숨이 조화되었다는 뜻이다. 수와 숨이 따로 있지 않고, 수가 수를, 숨이 숨을 떠난 상태가 조화이다. 즉 수와 숨이 둘이면서도 둘이 아닌 상태가 바로 수식을 얻은 상태이다.

 숨과 수와 마음은 삼위일체의 관계에 있고 그 근본은 마음이다. 이미 말했듯이 마음에는 보다 깊은 곳에 있는 마음과 겉으로 드러나는 마음이 있다. 우리가 흔히 말하는 마음이란 여섯 가지 감각 기관에 받아들여져서 나타났다가 사라지며 경험을 통해 쌓인 습관이 만든 것이다. 그러므로 본래의 마음이 아니고 삶 속에서 이루어진 거짓된 마음이다. 이에 반해 인간의 생명을 형성하는 근본이 되는 정신작용으로서의 마음이 있다. 이는 우리의 생명과 더불어 존재하는 참된 본래의 마음이다. 불교에서는 이런 세 가지 마음을 구별하여 다시 육단심肉團心, 적취심積聚心. 진실심眞實心이라고 한다. 육단심과 적취심이 거짓된 마음이라면 진실심은 참된 마음이며, 육단심과 적취심이 되어진 마음이라면 진실심은 근본적인 마음, 되게 하는 마음이다. 이와 같은 마음은 제행무상諸行無常과 일체개고一切皆苦, 오온개공五蘊皆空을 아는 마음이다. 이러한 근본 마음을 잃고 어지럽고 무엇인가에 집착하는 마음을 가지고 있는 한 우리의 호흡은 올바르게 이루어질 수 없으며 수를 센다 하더라도 차례대로 헤아리지 못하게 된다.

 근본 마음을 잃으면 마치 스승을 잃은 것과 같다. 스승을 따라갈 수 없기 때문에 낙오되어 스승을 잃고 만다. 스승을 얻은 사람은 몸과 마음이 편안하다. 그를 따라가면 목적지에 이를 수 있기 때문이다. 가르침을 얻어 수련을 쌓아나가면 호흡이 길고 깊게 행해지게 되어 복압력腹壓力이 생기고, 옆에 있는 사람이 느끼지 못할 정도로 고요하게 호흡하게 되고, 드디어 수를 떠나 몸과 마음이 안온한 가운데 삶을 즐기게 된다. 마음을 수식의 스승이라고 한 것은 매우 흥미로운 비유이다. 스승이 올바르면 따르는 자가 바르게 되고, 스승이 그릇되면 따르는 자도 그릇되고 만다. 《중아함경中阿含經》 제8권에는 다음과 같은 게송

偈頌으로 스승의 중요함을 설법하고 있다.

　마치 소가 물을 건너듯
　인도하는 자가 올바르지 않으면
　일체가 바르지 않다.
　이것은 근본이 되는 인도에 말미암는 것.
　중생 또한 이와 같다.
　무리 속에는 반드시 스승이 있다.
　인도자가 비법非法을 행해
　백성이 모두 고통을 받음은
　왕의 법이 바르지 않기 때문이다.
　하물며 밑에 있는 사람이랴.
　법이 아닌 행위를
　백성이 알고 따른다.

　마치 소가 물을 건너듯
　스승이 가는 길이 바르면
　따르는 자도 모두 바르다.
　이것은 근본이 되는 인도에 말미암는 것.
　중생 또한 이와 같다.
　무리 속에는 반드시 스승이 있다.
　인도자가 정법을 행해
　백성이 모두 즐거움을 받음은
　왕의 법이 바르기 때문이다.
　하물며 밑에 있는 사람이랴.

정법을 행하면
백성이 알고 따른다.

3-3. 수식은 無常·苦·空의 실천이다

數息意常當念非常苦空非身. 計息出亦滅入亦滅. 已知是得道 疾當持非常恐意. 得是意卽得息也.

수와 숨과 마음은 항상 영원한 것이 아니고 항상 고통이요, 공이요, 몸이 아님을 생각해야 한다. (수를) 헤아리는 숨은 나가면 또한 멸하고, 들어오면 또한 멸한다. 이미 이것을 알면 도를 얻어 바로 마땅히 무상의 두려운 마음을 지닐 것이니, 이 마음을 얻으면 곧 (올바른) 숨을 얻는다.

해설 수를 세고, 마음이 숨의 들어오고 나감과 하나가 되는 안반수의에서는 항상 생각이 무상하다는 것을 알아야 한다. 또한 우리의 삶은 뜻대로 되지 않는 고통이며 모든 것은 인연에 의해서 있고 없다는 공의 도리도 잊어서는 안 된다. 그러므로 먼저 호흡을 통해서 무상을 깨달아야만 한다. 모든 것이 무상하기 때문에 호흡도 무상하다. 수를 셀 때에도 하나에서 시작하여 열로 끝낸다. 이는 생과 멸을 실천하는 것이다. 하나에서 무한대의 수로 이어진다면 생이 영원히 이어지는 것이니 그런 법은 있을 수 없다. 시작이 있으면 끝이 있기 마련이므로 열에서 끝낸다. 생과 멸이라는 무상을 실천하면 진리에 어긋나지 않게 된다. 이렇게 되면 무상한 인생을 더욱 절실히 느끼며 마음이 진리에서 벗어나는 것을 두려워하게 되어, 마음을 한결같이 진리 그대로 간직하게 된다. 공 그대로의 모습을 지닌 호흡을 통해 무념무상을 실천하게 되는 것이다. '숨을 얻는다〔得息〕.'는 이런 경지를 말한 것이다.

숨이 들어오기 위해서는 날숨이 멸해야 한다. 들숨의 핍박 때문에 날숨이 멸하게 된다. 이것이 고품의 모습이다. 또한 들숨이나 날숨이 생하고 멸하는 것은 절대적인 주체의 작용이 아니다. 숨 자체가 스스로의 뜻대로 행하는 것이 아니므로 무아행無我行이다. 들숨이나 날숨은 항상 불변하는 것도, 서로 같은 것도 아니다. 곧 변하지 않는 지속〔常〕도 없고 균일함〔等〕도 없으니 공이다.

3-4. 인연법에 따른다

入息出息所以異者. 出息爲生死陰. 入息爲思想陰. 有時出息爲痛痒陰. 入息爲識陰. 用是爲異. 道人當分別是意也. 入息者爲不受罪. 出息者爲除罪. 守意者爲離罪. 入息者爲受因緣. 出息者爲到因緣. 守意者爲不離因緣也.

들숨과 날숨이 다른 것은 날숨은 생사의 요소가 되고 들숨은 생각의 요소가 되기 때문이다. 어떤 때는 날숨이 아픔과 가려움의 요소가 되고 들숨이 인식의 요소가 된다. 이렇게 그 쓰임이 다르다. 도인은 마땅히 이 뜻을 분별한다.

들숨은 죄를 받지 않고, 날숨은 죄를 제거하며, 수의는 죄에서 떠난다. 들숨은 인연을 받고, 날숨은 인연에 이르며, 수의는 인연을 떠나지 않는다.

해설 이미 설명했던 불교의 오온설五蘊說(오음설五陰說)을 다시 상기해보자. 이 세상의 모든 존재는 크게 정신[名]과 물질[色]로 나누어진다. 정신은 다시 객관 세계의 사물을 받아들이는 감수작용[受]과 그것을 다시 정리하여 생각으로 나타내는 사고작용[想], 또 그 생각을 통해서 일어나는 충동적인 욕구[行]와 이 욕구에 의해서 판단하거나 인식하는 작용[識]으로 나뉜다. 결국 인간은 이 네 가지 정신적 요소와 육체 기관의 작용을 통해서 삶을 영위하고 있는 것이다. 그러나 이들 다섯 가지 요소는 실체가 있는 것이 아니라 공空이다. 만일 이 오온을 실체적인 존재로 보게 되면 집착이 생겨 윤회에서 벗어나지 못하고 고에서 빠져나갈 수 없게 된다.

오온은 들숨과 날숨에 의해서 유지된다고 할 수 있다. 호흡을 멈추면 우리의 몸과 정신도 사라지기 때문이다. 따라서 호흡과 오온의 관계를 살펴볼 필요가 있다. 즉 들숨은 오온 중 어떤 것과 관계가 있고, 날숨은 또 어떤 것과 관계가 있느냐 하는 문제이다.

이 세상의 모든 존재는 서로 관련되어 있다. 법계연기설法界緣起說에 의하면 법은 법대로, 사물은 사물대로 모두 관련을 가지면서 서로 돕고 있다. 이렇게 생각해 볼 때 들숨과 날숨은 각각 특별한 존재의의를 갖고 있다. 들숨과 날숨이 서로 다른 역할을 하는 것은 서로 다른 존재의의를 갖고 있기 때문이다.

우선 날숨이 생사生死의 요소가 된다는 점에 대해 살펴보자. 오음 중에서 색과 수에 속하는 요소는 고뇌의 원인이 된다. 주관이 객관 세계를 받아들이면서 고뇌가 생기기 때문에 색과 수를 생사음生死陰이라고 한다. 생과 사는 고뇌의 대표격이다. 날숨이 바르지 않으면 고뇌가 생긴다. 실제로 날숨은 체내의 이산화탄소 등을 밖으로 내보내 독소를 제거하니, 제대로 쉬지 못하면 독소가 나가지 못해 고뇌가 심해진다. 이와 반대로 들숨은 생각의 요소, 즉 사상음思想陰이 된다. 들숨이 생각의 근본이 된다는 말이다. 숨이 들어오지 않으면 산소 공급이 끊어져 모든 정신작용이 중지된다.

때에 따라서 날숨은 아픔과 가려움의 요소인 통양음痛痒陰이 되기도 한다. 호흡은 고통을 더해 주기도, 없애 주기도 한다. 바르게 하면 고통을 없애 주지만 잘못하면 고통을 가중시킨다. 이런 맥락에서 충분치 못한 날숨을 고통의 원인이라고 한 것이다. 한편 들숨은 정신활동의 근간이 되는 인식의 근원이 된다. 숨을 깊이 들이켜 많은 산소를 흡입하면 정신이 상쾌해지고 사유와 인식작용이 원활하게 이루어진다.

불교 명상법의 요결은 이런 호흡의 의의를 깨닫는 데에 있다. 들숨으로 정신활동이 이루어지고 날숨으로 인간고가 해결될 수 있다면 그 숨이 얼마나 소중하겠는가. 호흡은 산소의 흡수나 이산화탄소의 배출이라는 과학적인 차원에서만 의의를 갖는 것이 아니다. 호흡에는 생명현상의 근원을 지배하는 신비한 힘이 있다. 불교는 호흡에 종교적, 철학적 의미를 부여해 일체의 사물에서 종교적, 철학적 뜻을 발견함으로써 사물의 존재 가치가 올바르게 정립된다는 입장을 취한다.

호흡과 정신집중은 우리의 행위를 규제하고 인연을 좌우하기도 한다. 여기서 들숨은 죄를 받지 않게 하고, 날숨은 죄를 제거한다고 했다. 미국에서 청소년 범죄의 발생 원인을 조사하여 발표한 바에 따르면, 우범 청소년들의 호흡에 문제가 있다고 한다. 즉 얕고 불규칙한 호흡으로 인해 산소가 부족하다는 것이다. 깊고 긴 숨으로 충분히 산소를 흡수하고 나쁜 것을 배출하면 생리현상뿐만 아니라 정신작용도 정상적으로 이루어져 '죄를 받아들이지도, 짓지도 않게 된다.'는 말이다. 죄란 간단히 말해서 잘못된 생각이며 행위이다. 호흡이 올바르게 행해지면 신체기능과 정신활동이 올바르게 발휘되어 나쁜 생각도 생기지 않고, 나쁜 행위도 하지 않게 된다. 더욱이 정신이 집중되면 마음이 흔들리지 않기 때문에 잘못된 생각이나 행위가 끼여들 틈이 없게 된다.

숨과 정신집중은 인연과 깊은 관련이 있다. 인연이란 오고가는 법으로 오면 반드시 간다. 이것이 있으면 저것이 있고 저것이 있으면 이것이 있으며, 이것이 없으면 저것이 없고 저것이 없으면 이것도 없다. 인연이란 인因과 연緣이 합쳐진 것인데, 인은 직접적인 원인이요 연은 간접적인 원인이다. 인연은 '연'이 근본이 되고 '인'이라는 말이 덧붙여져 이루어졌다. 연은 범어의 프라탸야 *pratyāya*를 번역한 것이다. '*pra-ti-aya*', 즉 '~로 향해서 가고(온다).'는 뜻을 가지고 있다. 그래서 '들숨은 받는 인연이 되고 날숨은 가는 인연이 된다.'고 한 것이다. 이런 맥락에서 인연은 오는 인연을 받아들이고 가는 인연을 가게 하기도 한다. 인연에 따라서 산다는 말은 오는 인연을 받아들이고 가는 인연을 가게 한다는 뜻이다. 오는 인연을 받아들이지 않거나 가는 인연을 가지 못하게 하면 우리의 삶은 어긋나기 시작한다.

숨에 있어서도 인연법을 그대로 따르려면 오는 인연인 들숨을 잘 오게 하고, 가는 인연인 날숨을 잘 가게 하는 것이 도리이며, 그렇게 하면 건강과 안정을 얻을 수 있다. 인연에 따르려면 인연을 떠나지 않고 인연법 그대로 행해야 하며, 오고가는 것을 잘 유지하기 위해서는 정신이 흐트러지지 않도록 잘 지켜야 한다. 그래서 '수의는 인연을 떠나지 않는 것이다.'라고 했다.

3-5. 수식에는 세 가지 조건이 있다

數息不得有三因緣. 一者罪到. 二者行不互. 三者不精進也. 入息短出息長. 無所從念爲道意. 有所念爲罪. 罪惡在外不在內也.

수식을 얻지 못하는 데에는 세 가지 인연이 있다. 첫째는 죄에 이르는 것이요, 둘째는 행이 공교롭지 않음이요, 셋째는 정진하지 않음이다. 들숨은 짧고, 날숨은 길며, 생각에 따르지 않으면 도의 마음이 되며, 생각하는 바가 있으면 죄가 된다. 죄는 밖에 있지 안에 있는 것이 아니다.

해설 호흡이 잘 이루어지지 않게 하는 세 가지 원인을 설명하고 있다. 호흡은 내적으로 건강과 정신상태에 따라서 좌우될 뿐만 아니라 외적으로 여러 환경의 영향을 받기 마련이다. 불교적으로 말하면 안팎의 인연에 따른다고 할 수 있을 것이다.

첫번째는 호흡을 방해하는 장애가 닥쳐오는 것으로, 가령 잡념이 생기거나 불안할 때는 호흡이 흐트러진다. 두번째는 호흡 방법이 잘못되었을 경우이고, 세번째는 바르게 호흡하려는 노력을 기울이지 않는 경우이다.

여기서는 호흡에 장애가 되는 요인을 '생각이 따르지 않는 것'이라고 했다. 마음이 혼란하면 호흡이 흩어진다. 밖에서 들어오는 자극 때문이다. 생각이 일어나서 없어지고, 없어졌다가는 다시 일어나서 정신집중을 방해한다. 이러한 호흡의 장애가 바로 죄이다. 죄는 본래부터 마음속에 있는 것이 아니나 외부로부터 들어오게 된다.

다음으로, 호흡 방법이 공교롭지 않다는 것은 들숨이 짧고 날숨이 길게 이루어지지 않는다는 뜻이다. 들숨은 짧고 날숨은 길게 내뿜어야 올바른 호흡이 된다. 올바른 방법을 취해야만 복압력이 생겨 자율신경을 강화하고, 혈액순환을 원활하게 하여 정신을 안정시킨다. 꾸준히 훈련해야만 올바른 방법을 터득할 수 있다. 마음만이 아니라 우리의 몸이나 호흡도 꾸준한 수련을 통해서 그 힘을 얻게 된다. 짧은 들숨과 긴 날숨을 습관화할 때까지 꾸준히 노력해야만 한다. 이상의 조건 중 어느 하나라도 결여된다면 올바른 호흡이 이루어질 수 없다.

인연이란 어떤 것이 있게 되는 원인과 조건이다. 이 세상의 어떤 것이든 우연히 생긴 것은 없다. 또한 절대자의 뜻이나 보이지 않는 힘에 의해서 결정된 법칙대로 움직이는 것도 아니다. 호흡 또한 누군가에게 배워서 행하는 것이 아니다. 그러므로 올바르게 호흡하기 위해서는 그 방법을 찾아야 하고 그 방법이 실행되려면 조건이 갖추어져야 한다. 또한 실천에 있어서 중요한 것은 정진精進이다. 이는 호흡에만 적용되는 조건이 아니라 생활 전반에 적용된다.

불교는 항상 지혜를 가르치고 인연을 말한다. 우리의 삶이 운명에 의해 지배된다든가, 보장되는 것은 아무것도 없다는 등의 회의적인 생각을 해서는 안 된다. 인연을 잘 맞추는 지혜가 필요하다. 좋은 인연은 좋은 결과를 가져오고, 나쁜 인연은 나쁜 결과를 가져올 뿐이다.

3-6. 들숨은 짧게, 날숨은 길게 하라

數息時. 有離意爲喘息長. 得息爲喘息短. 不安行息爲長定爲短. 念萬物爲長息無所念爲短息. 未至十息. 壞復更數爲長息. 得十息爲短息. 得息爲短. 何以故. 止不復數故. 得息亦爲長. 何以故. 息不休故爲長也. 喘息長自知. 喘息短自知. 謂意所在爲自知長短. 意覺長短爲自知. 意不覺長短爲不自知也.

수식을 행할 때 마음을 떠나면 숨이 길어지고, 숨을 얻으면 숨이 짧아진다. 불안한 숨은 길어지고, 안정되면 짧아진다. 만물을 생각하면 긴 숨이 되고, 생각하는 바가 없으면 짧은 숨이 된다. 아직 열의 숨에 이르지 않고 무너져서 다시 수를 세면 숨이 길어지고, 열까지의 숨을 얻으면 숨이 짧아진다. 숨을 얻으면 짧아진다. 그치고 다시 세지 않기 때문이다. 숨을 얻으면 또한 길어진다. 숨을 쉬지 않기 때문에 길어진다. 숨이 긴 것을 스스로 알거나 숨이 짧은 것을 스스로 알면 이른바 마음이 있는 곳에서 스스로 길고 짧음을 알게 된다. 마음이 길고 짧음을 깨달으면 스스로 아는 것이고, 마음의 길고 짧음을 알지 못하면 스스로 알지 못하는 것이다.

해설 수를 세면서 호흡할 때 들어오는 숨은 짧고 나가는 숨은 길게 하라고 한 바 있다. 그러나 들어오는 숨이 긴 경우가 많으니, 이는 잘못된 것이다. 마음이 수식을 떠나서 다른 곳에 가 있거나 불안할 때, 또는 어떤 사물을 골똘히 생각하거나 숨을 세면서 열까지 이르지 못하고 도중에 수를 잃어버렸을 경우에 그런 현상이 나타난다. 숨을 세는 것에 마음을 두고 있지 않기 때문이다. 들어오는 숨만이 아니라 나가는 숨도 마찬가지이다. 나가는 숨이 길어야 함에도 불구하고 짧은 이유 역시 위에 든 여러 경우 때문이다. 그러므로 들어오고 나가는 숨이 짧고 긴가를 확실히 깨닫고 들어오는 숨을 짧게, 나가는 숨을 길게 하도록 노력해야 한다.

만일 마음이 다른 곳에 가 있으면 호흡은 평상시의 상태로 돌아간다. 평소에는 들숨이 길고 날숨이 짧기 때문에 습관에 의해서 들숨이 길게 들어온다. 그러나 들숨은 짧고 급해야 한다. 날숨이 길고 충분하면 그 반동에 의해서 들숨은 자연히 급하고 짧아질 수밖에 없다. 이때 마음이 절대 숨을 떠나지 않아야 한다. 마음이 다른 것을 생각할 때뿐만 아니라 불안하거나 다른 사물에 마음을 빼앗기고 있을 때에도 호흡의 리듬이 깨진다. 숨을 쉴 때는 하나에서 열까지 수를 세어야 한다.

그러나 도중에 수를 잃어버리면 짧게 이루어지던 숨이 흐트러져 다시 길어지게 된다.

복압에 의한 힘있고 긴 날숨은 복강에서 생기는 횡격막의 압축력으로 모든 장기의 정맥혈을 심장으로 유입시킨다. 그리고 복강의 힘을 빼면, 숨이 들어오면서 자동적으로 많은 산소를 내포한 동맥혈이 여러 장기로 보내지게 되는 것이다.

3-7. 호흡을 통해 인연법을 발견한다

道人行安般守意欲止意. 當何因緣得止意. 聽說安般守意. 何等爲安. 何等爲般. 安名爲入息. 般名爲出息. 念息不離是名爲安般. 守意者欲得止意.

도인이 안반수의를 행하여 마음을 그치려고 한다면, 어떤 인연으로 마음을 그치는 것이 마땅하겠습니까? 안반수의를 설하노니 들으라. 안이란 무엇이고 반이란 무엇인가. 안은 들어오는 숨을, 반은 나가는 숨이다. 생각과 숨이 서로 떠나지 않으면 이것이 안반이요, 수의는 마음이 그치기를 바라는 것이다.

해설 붓다의 제자 한 사람이 물었다. "수행하는 사람이 안반수의를 닦아서 마음을 그치게 하고자 할 때 어떤 인연으로 그치게 할 수 있습니까?" 붓다가 이렇게 답했다. "먼저 안은 숨이 들어오는 것이고, 반은 숨이 나가는 것이라는 사실을 알아서, 나가는 숨과 들어오는 숨이 서로 다르면서도 같이 합하게 되는 법을 알아야 한다."

이 세상의 모든 것 중에 같은 것은 하나도 없다. 남자와 여자, 해와 달, 밤과 낮, 선과 악, 들어오는 것과 나가는 것 등 마치 동전의 양면처럼 서로 다르면서 하나로 조화되어 있는 것이다. 부지런한 사람은 경솔하고 게으른 사람은 침착하다. 호흡도 마찬가지이다. 들어오는 숨은 몸에 이로운 산소를 흡수하지만 나가는 숨은 몸의 독소를 뿜어낸다. 이는 인연법에 의한 작용으로서, 숨의 인연을 잘 살리려면 들숨과 날숨을 서로 떠나지 않게 해야 한다.

우리는 호흡을 통해서도 우주의 진리를 간파할 수 있다. 연기緣起인 공의 도리를 벗어날 수 없기 때문이다. 인간과 자연, 육체와 정신 등 모든 것은 단독으로 존재할 수 없고 이것과 저것이라는 관계 속에서 존재한다. 그렇다고 이원론二元論은 아니다. 이것과 저것이 대립되어 있지는 않기 때문이다. 정신과 육체도 대립되어 있는 것이 아니다. 오늘날 양자量子 이론은 정신과 물질이 엄격하게 분리될 수 없음을 시사하고 있다. 최근 소련의 세계적인 물리학자이며 철학자인 바이츠제커 박사가 우리 나라를 방문했다. 그는 아카데미 하우스에서 열린 모임에서 다음과 같이 말했다. "양자 이론에 따르면, 이 세상에는 엄격하게 분리될 수 있는 대상이나 사물이 없다. 전통적인 물리학과는 달리 현대 물리학에서는 정신과 물질의 화해가 가능하며 이를 위해서는 사물을 정확하게 볼 수 있어야 한다."

붓다는 이미 수천 년 전에 이 사실을 통찰했다. 이 세상의 모든 것이 공허하다는 것은, 물질이나 마음이 실체가 없으면서 이것과 저것의 화해로써 존재한다는 것을 의미한다. 양자물리학이 발전되면 될수록 붓다의 가르침을 보다 실증적으로 이해할 수 있는 길이 열리게 될 것이다. 그러나 오늘날의 과학은 사실을 과학적으로 실증하는 데에 그칠 뿐이지만, 붓다는 그것을 우리의 삶에서 살려내도록 가르치고 있다.

사물을 정확하게 볼 수 있어야 사물의 구조에 따라 그것을 살릴 수 있다. 유물론이나 유심론의 어느 한쪽에 치우친 견해는 사물을 정확히 파악할 수 없게 한다. 즉 그 사물을 제대로 살릴 수 없게 한다는 의미이다. 인간이 어떤 존재인가를 정확하게 볼 수 있어야 올바르게 살 수 있다. 그러기 위해서는 먼저 호흡이라는 기본적인 사실에 대해 정확히 파악해야 한다. 하나를 보면 열을 알 수 있다는 말처럼, 안반수의를 행하면 하나의 호흡 현상 속에서 우주의 깊은 진리를 발견할 수 있다.

《달마다라선경達摩多羅禪經》의 제5〈수행방편도승진분修行方便道升進分〉에 있는 설명을 통해 안반수의를 다시 한번 정리해 보자.

"비구여, 안반념의 공덕에 머무는 것〔功德住〕, 더욱 올라가서 나아가는 것〔升進〕은 능히 지혜를 더하게 한다. 내가 순차로 이를 설하노니 공덕에 이미 머물렀으면 더욱 나아가 수행하여 올라가도록 하라.

수행은 마음을 코 끝에 굳게 머물러 있게 하고, 생각을 전념하여 분명하게 하며, 올바르게 관觀하여 바람의 들어오고 나가는 모습에 의지한다. 들숨과 날숨에 마음을 매어 굳게 머물게 하여, 생각을 이어 나가서 잊지 않으면 그것이 공덕에 머무는 첫 단계이다. 이런 공덕을 얻어 머무르게 된 후, 방편을 일으켜 공덕을 더 얻으려고 할 때 거기 머무르면 곧 더욱 올라가게 된다. 더욱 진전이 있을 때에는 공덕도 더욱 생生한다. 이와 같이 계속하여 더욱 나아가면 공덕에 머물게 된다.

들숨과 날숨이 올바르게 이루어진 모습은 이러하다. 공덕과 그릇된 허물, 숨의 가벼움과 무거움, 차가움과 뜨거움, 부드러움과 거침, 껄끄러움과 매끄러움 등을 알아서 들숨과 날숨을 섭수攝受한다. 이를 여러 감각 기관에 받아들여 그와 관련되는 객관 세계에서도 이것을 섭수하여 고요하게 머무르게 된다. 밖으로 흩어지는 마음을 되돌려 섭수하는 뜻도 이와 같다. 바람을 안으로 들어오게 하는 것을 아나阿那라고 한다. 마음이 관련된 것에 끌려 따라 나가면 그치게 하여 다시 돌아오게 하고, 마음이 관련된 것에서 일어나면 다시 억제하여 멸하게 한다. 수행하여 관이 더하면 이를 억제하여 지止에 따르게 한다. 만일 수행하여 지가 더하면 이를 일으켜서 관에 따르게 한다. 견見이 더하면 곧 촉觸으로써 하고, 촉이 더하면 곧 견으로써 한다. 사대종四大種을 장양長養함은 마땅히 숨으로부터 일어나는 것임을 알아라. 사대四大(地·水·火·風)가 다시 증익하면 수행하는 사람은 사대에 집착한다. 들숨의 힘은 고요히 머물게 하며, 선법善法을 일으키고 악을 능히 없애 나가게 한다.

숨이 짧아지면 점차로 멸하여 마음이 안정된다. 세존께서는 이를 아나阿那라고 하셨다. 또한 반나般那의 모습을 간략하게 설명하자면, 곧 터럭의 모든 구멍과 숨의 길을 깨끗이 하여 앞으로 나가는 것이니, 처음은 들어오는 바람으로부터 일어난다. 수행할 때에 여러 감각 기관이 연에 따르고, 마음이 그에 따르는 것을 날숨, 즉 반나라고 한다."

3-8. 네 단계와 열여섯 가지 방법이 있다

在行者新學者. 有四種安般守意行. 除兩惡十六勝. 即時自知乃安般守意行令得止意. 何等爲四種. 一爲數. 二爲相隨. 三爲止. 四爲觀. 何等爲兩惡. 莫過十息. 莫減十數. 何等爲十六勝. 即時自知喘息長. 即自知喘息短. 即自知喘息動身. 即自知喘息微. 即自知喘息快. 即自知喘息不快. 即自知喘息止. 即自知喘息不止. 即自知喘息歡心. 即自知喘息不歡心. 即自知內心念萬物已去不可復得喘息自知. 內無所復思喘息自知. 棄捐所思喘息自知. 不棄捐所思喘息自知. 放棄軀命喘息自知. 不

放棄驅命喘息自知. 是爲十六卽時自知也.

수행하는 사람으로서 처음 배우는 사람에게 네 가지 안반수의의 행行과, 두 가지 잘못을 제거하는 것과, 열여섯 가지 뛰어남이 있다. 곧 (호흡할) 때를 스스로 알면 이내 안반수의의 행이 마음을 그칠 수 있게 한다. 네 가지란 무엇인가. 첫째는 수數, 둘째는 서로 따르는 것이고, 셋째는 그치는 것이고, 넷째는 관觀이다.
　무엇이 두 가지 잘못됨(을 제거하는 것)인가. 숨이 열을 넘지 않게 하는 것과 열에 모자르지 않게 하는 것이다.
　무엇이 열여섯 가지 뛰어남인가. 곧 (호흡할) 때 스스로 긴 숨을 아는 것과, 스스로 짧은 숨을 아는 것과, 스스로 숨쉴 때의 움직이는 몸을 아는 것과, 스스로 숨의 미약함을 아는 것과, 스스로 숨쉴 때의 쾌적함을 아는 것과, 스스로 숨쉴 때의 불쾌함을 아는 것과, 스스로 숨의 그침을 아는 것과, 스스로 숨의 그치지 않음을 아는 것과, 스스로 숨쉴 때의 기쁜 마음을 아는 것과, 스스로 숨쉴 때의 기쁘지 않은 마음을 아는 것과, 스스로 마음속에 만물을 생각했다가 사라진 뒤에 다시 일어나지 않는 숨쉬기를 아는 것과, 스스로 마음속으로 다시 생각하는 바가 없는 숨쉬기를 아는 것과, 생각하는 바를 버린 숨쉬기를 스스로 아는 것과, 생각하는 바를 버리지 않은 숨쉬기를 스스로 아는 것과, 몸과 목숨을 버린 숨쉬기를 스스로 아는 것과, 몸과 목숨을 버리지 않은 숨쉬기를 스스로 아는 것이니, 이들 열여섯 가지가 곧 (호흡할) 때에 스스로 아는 것이 된다.

해설　안반수의를 행하기 위해 처음 공부하는 사람은 우선 네 가지 단계부터 공부할 필요가 있다. 초보 단계에 속하는 네 가지란, 곧 숨의 수를 세는 일, 마음속에서 수를 세면서 숨의 들어오고 나감을 따르는 일, 숨의 들어오고 나감이 상대하는 대상에 마음을 머물게 하는 일, 어디에도 끌리지 않고 들어오거나 나가는 모습에 따라서 사물을 관찰하는 일 등이다. 첫 단계인 숨을 세는 일에는 두 가지 잘못이 없도록 해야 한다. 먼저 하나에서 열까지 세어 열을 넘지 않아야 하고, 또 하나는 열에 못 미치게 하지 않는 것이다. 열은 극치의 수이기 때문이다. 하나에서 열까지 가면 다시 하나로 내려온다.

다음으로 수를 세면서 끊임없이 들어오는 숨이나 나가는 숨에 생각을 따르게 하거나 들숨·날숨이 접촉하는 곳에 마음을 머물게 하거나, 또는 어디에도 집착하지 않고 사물을 관찰하는 데 있어서 도움이 되는 열여섯 가지가 있다고 설법하고 있다.

첫째, 숨의 길고 짧음을 감지한다. 둘째, 숨이 몸을 움직이는 것을 감지한다. 즉 숨을 쉬면서 몸을 움직일 때 숨과 몸이 하나가 되어 움직이고 있다는 것과 숨이 미약하게 들어오고 나간다는 것, 숨이 들어오고 나갈 때 쾌적하거나 쾌적하지 못한 것을 감지하고, 숨이 한 곳에 그쳤을 때 그것을 감지하며, 숨에 따라서 마음이 기쁘거나 기쁘지 않음도 감지한다. 또한 마음속으로 여러 사물을 생각하고 있을 때, 그 생각이 사라진 후 다시 그 생각이 일어나지 않은 상태에서 숨을 쉬는 것을 스스로 감지하고, 생각을 버린 상태에서 숨을 쉴 경우 그 숨을 감지한다. 물론 생각을 버리지 않았을 경우에도 마찬가지이다. 또 무상을 느껴 모든 욕심을 버렸을 경우, 몸이나 목숨까지를 버린 상태에서도 스스로 숨쉬기를 감지한다. 이와 반대의 경우도 마찬가지이다.

이상과 같은 열여섯 가지는 올바른 호흡을 이루기 위하여 몸과 마음의 상태를 보다 정밀하게 세분하여 감지하는 원칙과 방법이다.

3-9. 열은 중도의 수이다

問何等爲莫過十數莫減十數. 報息已盡未數是爲過. 息未盡便數是爲減. 失數亦惡不及亦惡. 是爲兩惡. 至二息亂爲短息.. 至九息亂爲長息. 得十息爲快息..

묻기를, 무엇이 열의 수를 넘지 않게 하고, 열보다 덜하지 않게 합니까? 답하되 숨이 이미 다했는데도 아직 수를 세는 것이 넘는 것이고, 숨이 아직 다하지 않았음에도 수가 끝나는 것이 덜한 것이다. 수를 잃는 것도 잘못이요, 미치지 않는 것도 잘못이니, 이를 두 가지 잘못이라고 한다. 둘에 이르러 숨이 흩어지면 짧은 숨이 되고, 아홉에 이르러 숨이 흩어지면 긴 숨이 된다. 열의 숨을 얻으면 쾌적한 숨이 된다.

해설 수를 세는 방법을 설하고 있다. 앞에서 여러번 말했듯이 수數・수隨・지止・관觀의 네 단계에서부터 들어간다. 첫 단계인 수를 산算, 둘째 단계인 수를 수추隨逐, 셋째 단계인 지를 안치安置, 넷째 단계인 관을 수관隨觀이라고 하기도 한다. 이에 대한 《해탈도론解脫道論》 제7권의 설명을 다시 상기해 보면, 수를 세어서 열을 넘거나 열에 못 미치면 잘못된 수식이다. 하나에서 둘까지 세고 그만 수를 잃으면 짧은 숨이 되고, 아홉까지 세고서 잃으면 긴 숨이 된다. 이와 같이 짧거나 긴 숨은 올바른 안반념이 아니다. 반드시 흩어지지 않고 열까지 수를 세어야 한다. 그 후에 다시 하나로 돌아가 열까지 센다. 이 과정에서 우리의 마음은 숨과 하나가 되어 고요한 상태로 들어가기 시작하고, 이윽고 쾌적한 호흡이 행해지게 된다. 열까지만 세는 이유는 마음이 산란해지는 것을 막기 위한 가장 적당한 수가 열이기 때문이다. 열에 미치지 못하면 마음이 산란해지고, 열을 넘으면 수에 대한 집착이 생긴다. 이는 직접 실행해 봄으로써 알 수 있다. 마음이 산란해지는 것도, 집착하는 것도 좋은 일이 아니다. 흩어지거나 집착하지 않는 중도를 가기 위해 열까지만 센다. 하나에서 열까지의 수들은 모든 수를 포함하고 있다. 그러므로 더할 필요도, 덜할 필요도 없다.

처음 호흡수련을 하는 사람 중에 마음이 심하게 산란해지면 열까지 세지 않고 다섯에 그칠 수도 있다. 다섯에 이르러서 다시 하나로 돌아온다. 이렇게 하여 호흡과 마음이 서로 따르게 되어 쾌적함을 느끼면 흥미가 생기고, 흥미가 생겨 마음의 산란이 바로잡히면 차원을 높여 열까지 세면 된다.

열을 넘으면 집착이 생기니, 이를 취심聚心이라고 한다. 마음이 흩어지면 산심散心이라고 한다. 취심과 산심은 나쁜 것이므로 이들을 양악兩惡이라고 한다.

3-10. 삶과 죽음의 문제가 호흡에 있다

相隨爲微. 意在長便轉意. 我何以故念長. 意在短卽時覺不得令意止. 止爲著. 放棄軀命者謂行息. 得道意便放棄軀命. 未得道意. 常愛身故不放棄軀命也. 息細微爲道. 長爲生死. 短息動爲生死. 長於道爲短. 何以故不得道意無. 知見故爲短也.

서로 따르는 것은 미세함이 된다. 마음이 길게 (따르고) 있으면 곧 마음을 바꾼다. 생각이 길기 때문이다. 마음이 짧게 (따르고) 있으면 곧 깨달아 마음을 그치지 않게 한다. 그치면 집착이 된다. 몸과 목숨을 버린 자가 행하는 호흡은 도의道意를 얻어서 몸과 목숨을 버린다. 아직 도의를 얻지 못했으면 항상 몸을 사랑하기 때문에 몸과 목숨을 버리지 않는다. 숨이 미세하면 도(를 이루게) 된다. 길면 생과 사가 되고, 짧은 호흡이 움직이면 생과 사가 된다. 도에 있어서 긴 것은 짧은 것이 된다. 어찌하여 도를 얻지 못하면 마음도 없는가. 지혜로움이 나타나 짧게 되기 때문이다.

해설 정신이 산란하거나 충격으로 긴장하면 호흡이 거칠어진다. 이와 반대로 숨이 길고 가늘게 나가면 정신도 고요히 안정된다. 정신과 육체, 정신과 호흡은 밀접한 관계를 유지하고 있다.

호흡과 정신이 서로 따르고, 수를 헤아리는 관법이 익숙해져서 수를 세지 않고도 마음과 호흡이 함께하는 단계에 이르면, 호흡은 스스로 미세해져서 가늘고 고요히 행해진다. 이렇게 되면 하나에서 아홉을 지나 열까지 헤아리는 동안에 마음이 한결같이 호흡에 따르게 되는데, 이때는 마음을 바꾸어 '나는 지금 길게 호흡하고 있다. 나는 왜 길게 호흡하고 있는가.'를 생각한다. 이 단계에 이르면 마음이 안정되어 스스로 마음을 바꿔 어떤 생각을 하더라도 호흡과 떠나지 않게 되기 때문이다. 다시 말하면 내가 임의로 마음을 바꿀 수 있는 참된 자아의 세계, 곧 자재의 상태 속에 있기 때문이다. 만일 마음과 호흡이 오래 함께하지 못하고 금방 흩어지는 짧은 호흡에서는 마음이 안정되지 못하고 항상 대상에 집착함으로써 자기 자신을 상실하게 된다. 이런 사람은 집착으로 인해 대상에 대한 탐욕에 끌리게 된다. 이미 앞에서 탐욕에 끌리면 호흡도 올바르게 되지 않는다고 설명했다. 여기서 말하는 '몸과 목숨을 버린 사람'은 탐욕을 떠난 사람을 말한다. 마음이 절대 안정의 상태에 있지 않고서는 몸을 버릴 수가 없다. 몸과 마음을 버린다는 말은 그것을 떠난다는 의미이다. 몸을 가지고 있으면서 몸을 떠나고, 마음을 쓰면서도 마음을 의식하지 않으면 마음과 몸을 버린 것이다. 따라서 진실하고 올바른 길을 가는 사람은 무아의 경지에 이르게 된다. 몸과 마음을 떠난 상태가 바로 무아의 경지이기 때문이다. 항상 자신의 몸을 생각하고 자아의식에 매여 있는 사람은 몸과 마음의 노예가 된다. 이런 사람은 몸도 건강하지 못하고 마음도 불안하다. 또한 호흡이 거칠고 산란해서 정신집중을 길게 할 수 없다.

 호흡과 마음이 서로 따르는 단계에 이르면 삶과 죽음의 문제도 해결된다. 흔히 정상적으로 호흡하고, 음식물을 섭취하여 생명을 유지하는 것을 삶이라고 하고, 그것이 그치면 죽음이라고 한다. 죽음은 호흡이 그치고 심장의 고동이 정지된 상태요, 마음의 작용이 없어진 상태이다. 그러나 붓다는 이를 삶이나 죽음이라고 하지 않았다. 의식이 올바르게 움직이고 생명 현상인 호흡이 올바르게 행해지는 상태를 삶이라고 했다. 다시 말하면 삶이란 올바른 생명 현상으로 호흡과 마음이 올바른 상태에서 조화되어 작동하는 것이다. 죽음이란 의식이 완전히 사라지고 신체기능이 없어져서 호흡이 그친 상태이다. 그러므로 호흡이 있어도 의식이 없으면 살아있는 인간이 아니다. 의식은 있어도 호흡이 행해지지 않고 심장만 뛰고 있어도 살아 있는 사람이라고 볼 수 없다. 호흡이 그치면 심장도 멈추고 말기 때문이다.

 호흡과 마음이 함께하는 조화된 시간이 계속되면 삶과 죽음이 함께하게 되어 어느 것이 삶이고, 어느 것이 죽음인지 알 수 없는 상태에 이르게 된다. 다시 말해 생사일여生死一如 그대로인 것이다. 생과 사 속에서 호흡하며 의식하고 있는 것이다. 생사를 초월한다는 말은 생과 사를 떠난다는 뜻이 아니라 생사 속에 있되 얽매이지 않는다는 뜻이다. 결국 삶 속에서 삶을 떠나고, 죽음 속에서 죽음을 떠나는 것이 참된 삶이요, 참된 죽음이다.

긴 숨 속에는 들어오는 숨이 있고 나가는 숨이 있다. 이 두 가지는 의식과 함께하면서 무의식 속에서 이루어진다. 짧은 숨에 있어서도 마찬가지이다. 들숨이 삶이라면 날숨은 죽음이다. 이런 뜻에서 '긴 호흡은 생과 사가 된다.'고 했다. 또한 여기서 '짧은 호흡은 움직이면 생과 사가 된다.'는 말은 긴 숨 속에 포함되는 짧은 숨들이 길고 가는 숨과 같다는 뜻이다, 그러므로 '도에 있어서 긴 것은 짧은 것이 된다.'고 했다. 진리 그대로인 올바른 숨은 길게 되나, 그 긴 숨 속에 짧은 숨이 있을 때에는 짧고 긴 것을 떠나서 무의식 속에서 행해진다. 그러므로 도라는 의식조차 없이 무의식 속에서 행해지는 숨을 의식적으로 행하여 숨을 길거나 짧게 할 수 있다. 무의식 속에서 하게 되는 잘못된 호흡을 올바른 호흡으로 바꾸는 노력이 필요하다. 그러나 올바른 호흡도 무의식적으로 이루어질 때까지 계속해서 수행해야 한다.

《잡아비담심론》 제8권에서는 이렇게 말하고 있다.

"수隨란 들숨과 날숨에서 들어오고 나가는 데에 행하는 바가 없더라도 길게 되는가, 짧게 되는가? 혹은 온몸에 퍼지는가, 한 곳에 머무는가? 멀리서 들어오는가, 가까이에서 들어오는가? 어떤 범위로 돌아오는가를 생각하는 것이다."

길게 들어오거나 짧게 들어오거나, 한 곳에 머물거나 온몸에 머물거나 간에 항상 마음이 호흡에 집중되어 그것이 무의식 속에서 행해지도록 한다. 처음에는 의식적으로 행하나 드디어 무의식적으로 할 수 있게 된다. 여기서 '행하는 바가 없더라도'가 바로 이것이다. 수隨란 의식적으로 따르다가 드디어 무의식적으로 따르는 것이다. 다시 말하면 무심의 세계이니, 여기에서 더 나아가면 지止가 이루어진다.

3-11. 도에 드는 경지에 이른다

數息爲單. 相隨爲複. 止爲一意. 觀爲知意. 還爲行道. 淨爲入道也.

수식은 홑이 되고, 상수는 겹이 되고, 지는 한결같은 마음이 되고, 관은 아는 마음이 된다. 환은 도道를 행하고, 정은 도에 들어간다.

해설 다시 안반수의의 여섯 단계를 정의하고 있다. 숨이 들어오고 나가는 것을 세는 것이 수식이다. 이때는 마음속에 수만 있다. 다른 생각을 끊고 오직 수만 생각하기 때문이다. 복잡한 생각을 한 생각으로 정리한다는 것은 순수한 세계로 가는 방편이다. 선에 있어서도 화두話頭를 잡는 것은 복잡한 생각을 끊기 위한 방편에 지나지 않는다.

생각이 하나로 정리되면 나가거나 들어오는 숨에 따라서 마음도 같이 움직이게 된다. 숨의 길고 짧음, 숨이 머무는 곳의 넓고 좁음, 또는 숨이 멀리 나가거나 가까이 나가는 것을 생각하는 것이다. 이 단계에서 주관과 객관이 대립하지 않고 하나가 된다. 그러면서도 여전히 주관은 주관대로 객관은 객관대로 존재한다. 숨이 객관이고 생각이 주관이다. 이들은 둘이면서 둘이 아니다.

다음으로 마음을 몸의 어느 한 곳에 머물러 있게 한다. 곧 지止이다. 예를 들면 숨이 코로 들어오고 나갈 때, 코 끝에 마음을 두고 그곳에서 떠나지 않게 한다. 이런 상태를 계속 유지하면 코 끝이라는 대상에 대한 생각도 없이 하나의 마음만이 한 곳에 머무는 것을 알 수 있다.

즉 객관이 주관으로 들어온 것이다.

관의 단계에서는 한 곳에만 마음을 머물게 하지 않고 바라는 바에 따라서 머물게 한다. 예를 들어 꽃을 보려면 꽃만을 보고, 자기 마음의 움직임을 보려면 그것만 본다. 기쁠 때에는 기쁨을 보고, 슬플 때에는 그 슬픔을 보게 된다. 이 경지에서 자신의 마음을 알게 된다. 인간을 이루는 다섯 가지 요소인 색, 수, 상, 행, 식의 어떤 것이라도 뜻에 따라 관찰하게 된다.

환의 단계에서는 앞의 지나 관으로부터 전환되어 사념처 등을 일으킨다. 이미 설명한 바 있지만 사념처란, 몸이 청정한 절대 가치의 세계가 아니고, 마음의 즐거움도 진정한 즐거움이 아니며, 또한 모든 존재는 실체가 없음을 아는 것이다. 이런 생각들은 우리의 마음이 밖으로 달려나갔다가 다시 자신에게로 되돌아와야 비로소 일어난다. 이렇게 됨으로써 진실한 진리의 세계로 가게 된다. 어떤 것이 진리이며, 어떤 것이 진리가 아닌지를 관찰해서 알지 않으면 진리에 도달할 수가 없다. 그러므로 지관止觀의 단계를 지나서 진리를 행하는 단계에 이른다. 환의 단계란 이런 것이다.

마지막 청정의 단계에서는 모든 번뇌를 없애고 진실 그대로의 세계에 있게 된다. 이런 경지에서는 사선근四善根으로부터 무간無間에 들어가고, 학學으로부터 무학無學에 이른다고 한다. 사선근이란 첫째, 불 앞에는 더운 기운이 있듯이 설사 악업을 지었다고 하더라도 언젠가는 반드시 깨달음에 이를 수가 있다는 것이다. 둘째, 설사 지옥에 떨어지더라도 착한 본성을 버리는 일이 없다. 셋째, 착한 본성이 흔들리지 않고 넷째, 세상에서 가장 뛰어나게 착한 성품을 가지는 것이다. 무간은 반드시 번뇌를 끊고 깨달음을 얻는 단계다. 무학이란 더 배울 것이 없는 최상의 세계를 일컫는다.

《증일아함경增一阿含經》제17 〈안반품安般品〉은 이렇게 설명한다.

"이때 세존이 나운羅雲을 위하여 미묘한 법을 설하시니 나운은 곧 자리에서 일어나 부처님의 말씀에 예배하며 세 번 돌은 후에 안타원安陀園으로 갔다. 한 나무 밑에 앉아 몸과 마음을 바르게 하고 결가부좌하였다. 다른 생각 없이 마음을 코 끝에 두고 숨이 길게 나가면 길다고 알고, 숨이 길게 들어오면 길다고 알고, 또한 숨이 짧게 나가면 짧다고 알고, 숨이 짧게 들어오면 짧다고 알고, 또한 나가는 숨이 차면 차다고 알고, 들어오는 숨이 차면 차다고 알고, 또한 나가는 숨이 따뜻하면 따뜻하다고 알고, 들어오는 숨이 따뜻하면 따뜻하다는 것을 알았다. 몸을 관찰하여 들숨, 날숨이 모두 이러함을 알았다.
　때로 숨이 있으면 있다고 안다. 때로 숨이 없으면 또한 없다고 안다. 만약 숨이 마음으로부터 나가면 마음으로부터 나간다고 알고, 또한 마음으로부터 들어오면 마음으로부터 들어온다고 알았다. 이때 나운은 이와 같이 사유하고 욕심이 곧 해탈을 얻어 다시 악함이 없으며, 깨닫고 관찰함에 기쁨과 평안함을 얻는 초선初禪에서 놀며, 깨닫고 관찰함에 스스로 기뻐하여 일심으로 깨달음이 없고 관찰함이 없는 삼매의 기쁨인 이선二禪에서 논다. 다시 기쁨조차 없고 오로지 몸의 즐거움을 알고, 성현의 가호를 구하는 것으로 기뻐하는 삼선三禪에서 놀며, 저 고락의 길이 멸하여 다시 근심과 고품, 낙樂이 없고 생각이 청정한 사선四禪에서 놀아 삼매 속에서 마음이 청정하여 더러움이 없었다."

'청정함은 도에 들어간 것이 된다.'는 삼매의 청정한 마음이 모든 근심 걱정이 없고 번뇌가 사라진 세계임을 뜻한다. 이 세계에 들어가야 도에 들어간 경지가 된다.

4. 수식과 상수

4-1. 수식은 초선이다

數時爲念至十息爲持是爲外禪. 念身不淨隨空是爲內禪也. 禪法惡來不受是名爲棄. 閉口數息隨氣出入. 知氣發何所滅何所. 意有所念不得數息. 有遲疾大小亦不得數. 耳聞聲亂亦不得數也. 數息意在息數爲不工. 行意在意乃爲止. 數息意但在息是爲不工. 當知意所從起氣所滅. 是乃應數因緣盡便得定意也. 守意者念出入息. 已念息不生惡故爲守意. 息見因緣生無因緣滅因緣斷息止也. 數息爲至誠. 息不亂爲忍辱. 數息氣微不復覺出入. 如是當守一念止也. 息在身亦在外. 得因緣息生. 罪未盡故有息. 斷因緣息不復生也.

수를 (셀) 때에 생각이 열의 숨에 이르면 외선外禪을 갖게 된다. 몸이 깨끗하지 않다고 생각하여 공에 따르면 내선이 된다. 선법을 (행할 때) 잘못이 와서 이를 받아들이지 않으면 버린다고 한다.

  입을 다물고 수식이 기에 따라서 나가고 들어오며, 어디에서 기가 발생하고, 멸하는지를 알아 그 마음이 생각하는 곳에 있으면 수식을 얻지 못한 것이다. (수식이) 느리거나 빠르고, 크거나 작아도 역시 수를 얻지 못한 것이다. 귀로 어떤 소리를 들어서 산란해져도 수를 얻지 못한 것이다.

수식에서 마음이 숨과 수에 (따로) 있으면 공교롭지 못한 것이요, 마음의 움직임이 마음에 있으면 지止가 된 것이다. 수식은 마음이 오로지 숨에만 있어도 공교롭지 않은 것이다. 마땅히 알지니, 마음은 기의 일어나고 멸함에 따르는 것이다. 이에 있어서 수의 인연이 다하면 마땅히 곧 마음의 안정이 얻어진다.

수의는 들숨·날숨을 생각하는 것이니, 이미 숨을 생각하여 잘못이 없으면 수의가 된다. 숨은 인연을 만나면 생하고 인연이 없으면 멸하고, 인연이 끊어지면 숨도 그친다.

수식은 지극한 정성으로 이루어진다. 숨이 흩어지지 않으면 인욕이 된 것이다. 수식은 기가 미세하여 다시 나가거나 들어오는 것을 깨닫지 않게 되어야 한다. 이와 같이 마땅히 한 생각이 지켜지면 지킨 것이다. 숨은 몸에 있고 또한 밖에도 있다. 인연을 얻으면 숨이 생하고, 죄가 아직 그치지 않았으므로 숨이 있다. 인연을 끊으면 숨도 다시 생하지 않는다.

해설 선禪이란 정려精慮, 혹은 정定이라고 번역된다. 마음이 고요한 세계로 가는 것이요, 마음이 흔들리지 않고 한 곳에 머물러 움직이지 않는 세계로 가는 것이며 한결같이 순수한 마음을 가지는 것이다. 범어인 댜나*dhyāna*를 음역하여 선나禪那 또는 선禪이라고 한다. 고요히 생각한다는 뜻이다. 따라서 선을 닦을 때에는 그러한 목적을 달성하기 위해서 여러 가지 방편을 쓸 수 있다. 수식도 하나의 방편이다.

수를 세는 것은 목적이 아니라 선을 행하는 방편일 뿐이다. 그런데 수를 세는 행위는 나 자신에게 마음을 쏟는 것이 아니라 밖의 세계에 마음을 두는 것이다. 나 자신이나 이외의 것에 정신을 집중하는 것이 모두 방편이라는 점은 같으나, 안과 밖의 다름이 있다. 그러므로 마음으로 수를 세면 밖에 정신을 집중하는 것이므로 외선이 되고, 나 자신의 부정함을 생각하면 내선이 된다.

몸의 부정함을 생각하는 관법을 부정관不淨觀이라고 한다. 부정관은 자아의식에 사로잡힌 사람에게는 아상我想을 끊어 주고, 상견常見에 매여 있는 사람에게 상견을 제거하는 방편으로 옛부터 많이 사용되던 관법이다. 특히 원시불교나 소승불교 시대에는 제행무상諸行無常을 익히기 위해서 이 관법을 즐겨 가르쳤다.《잡아비담심론雜阿毘曇心論》제8권에서는 이렇게 설명하고 있다.

"묻되, 부정관은 어떤 방편인가? 답하되, 부정관을 닦는 사람은 묘지로 가서 시체의 부정한 모습을 보고, 거처로 돌아와서 발을 씻고 편안히 앉아 마음과 몸을 유연하게 하고 모든 번뇌를 떠나 그 시체를 나의 몸에 비교한다. 마음을 집중하여 발목, 정강이, 넓적다리뼈, 허리뼈, 등뼈, 옆가슴뼈, 손뼈, 팔뼈, 어깨뼈, 목뼈, 턱뼈, 이빨, 해골 등에 마음을 둔다. 혹은 마음을 미간眉間에 둔다. 만약 간략한 관법을 바란다면 먼저 몸에 마음을 두는 것으로부터 시작하여 관한다. 만약 그렇지 않고 관법을 행하고자 하는 자는 미간에서부터 관하여 해골에서 발뼈에 이르게 한다.

그 다음에는 앉은 자리, 한 방 안, 한 집 안, 한 가람, 한 마을, 한 고을, 한 나라에 가득히 부정한 시체가 있음을 관한다.

만약 마음에서 쉽게 부정한 생각이 일어나는 사람은 이런 절차가 필요 없다. 만약 대지에 두루 찬 빛을 보는 사람은 이 대지에 백골이 가득하다고 관한다. 만약 다시 간략하게 하고자 하는 사람은 차제로 돌아와서 미간에 이르러 마음을 미간에 둔다. 이를 부정관이라 한다."

 이와 같이 내 몸을 비롯한 이 세상의 모든 것은 무상하여 결국 썩어 없어질 것이므로 깨끗하지 않음을 생각하여 알면, 드디어는 모든 것이 실체가 없는 공임을 알게 된다. 이렇게 되면 마음이 한결같이 공에 따르게 되므로 마음이 텅 빈 상태에서 어디에도 걸리지 않는다. 이를 내선內禪이라고 한다. 선법을 닦을 때 장애가 되는 것들은 버려야 한다. 마음을 산란하게 하기 때문이다. 마음을 흔들리지 않고 한결같이 평온하게 가지려면 먼저 화기和氣가 필요하다. 입을 닫고 코로 숨을 쉬면서 수를 셀 때, 들어오고 나가는 기운에 따르는 일이다. 숨이 마음에 따르고, 들어오고 나가는 기운이 절도가 있으면 화기라고 할 수 있다. 들어오고 나가는 기운이 고르게 되려면 마음이 한 곳에 집중되어 딴 생각이 없어야 한다. 수를 셀 때 마음이 다른 곳으로 가면 수식이 되지 않는다. 또한 숨이 너무 느리거나 빠르고, 또한 숨이 너무 크거나 작아 고르지 않으면 수를 세는 것도 고르게 되지 않는다. 이뿐만 아니라 시끄럽거나 혼란스러운 소리가 들려도 수식이 잘 되지 않는다.

 수식에서는 숨과 수가 분리되지 않고 하나가 되어야 한다. 그렇게 되려면 마음이 같이 따라야 한다. 이를 화기라고 한다. 숨과 수와 마음이 하나가 되어 한결같이 움직이면 움직임이 있으면서도 움직이지 않게 된다. 마음이 한 곳에 머물러 숨과 수가 함께 있는 것이다.

 수식관은 결국 외선과 내선이 하나가 된 상태이다. 안과 밖의 인연을 얻어서 비로소 선이 이루어진다. 수식은 선법으로 보면 초선에 속한다고 할 수 있다.

4 – 2. 상수는 제2의 선이다

數息以爲隨第二禪. 何以故. 用不待念故爲隨第二禪也. 數息爲不守意. 念息乃爲守意. 息從外入息未盡息在入意在盡識在數也. 十息有十意爲十絆. 相隨有二意爲二絆. 止爲一意爲一絆. 不得息數爲惡意不可絆. 惡意止乃得數. 是爲和調可意絆也. 已得息棄息. 已得相隨棄相隨. 已得止棄止. 已得觀棄觀. 莫復還莫復還者. 莫復數息亦使意意亦使息也. 有所念爲息使意. 無所念爲意使息也.

수와 숨이 따르면 제2의 선이다. 생각을 기다리지 않고 쓰기 때문에 따르는 것이 제2의 선이다. 수와 숨이 뜻을 지키지 않으면 곧 생각과 숨이 뜻을 지키게 된다. 밖으로부터 들어온 숨이 아직 다하지 않고 숨이 마음으로 들어가 있으면 식을 다하고 수가 있게 된다. 열의 숨에 열의 마음이 있으면 열이 함께한 것이 된다.

서로 따르는 것은 두 가지 뜻이 함께한 것이 된다. (이와는 달리) 그침은 하나의 뜻이 되고 하나를 동반한다. 숨이 수를 얻지 못하여 뜻이 잘못되면 함께할 수 없게 된다. 잘못된 뜻을 그쳐서 수를 얻는다. 이것이 서로 조화되어 뜻을 같이하는 것이다. 이미 숨을 얻어서 숨을 버리고, 이미 서로 따름을 얻어서 서로 따름을 버리고, 이미 그침을 얻어서 그침을 버리고, 이미 관을 얻어서 관을 버린다. 다시 돌아오지 않고, 다시 돌아오지 않는 자는 다시 숨을 헤아리지 않고 역시 뜻을 부리며, 뜻은 또한 숨을 부린다. 생각하는 바가 있으면 숨이 뜻을 부리고, 생각하는 바가 없으면 뜻이 숨을 부리게 된다.

해설 붓다가 활동하기 훨씬 이전부터 인도에서는 선정禪定에 드는 수행이 널리 알려져 있었다. 그 수행 과정에서 얻어지는 최고의 정신적인 세계가 체계적으로 설해지면서 사선四禪이나 팔정八定이 정립되었다. 붓다도 이런 전통에 의해 명상을 하였고 깨달음의 세계에 도달한 것이다. 명상에 욕계欲界, 색계色界, 무색계無色界라는 삼계의 관념을 적용하여, 먼저 탐욕이 지배하는 욕계의 인간들은 명상에 의해 고통을 없애고 최고의 쾌락을 얻게 되며, 더 나아가 물질만이 있는 색계에 이르면 네 가지 단계에 이른다는 것을 알게 되었다. 그러나 다시 더 나아가면 물질도 없는 보다 높은 단계인 무색계에 이르러서 더없는 세계에 머물게 된다고 한다. 여기서 말하는 호흡법도 호흡 조절을 통해서 색계의 네 가지 선의 세계로 가는 방편이다.

숨을 세는 것이 초선에 속하고, 숨과 마음이 서로 같이하는 상수의 단계가 제2의 선이라고 말하고 있다. 초선은 마음의 산란함을 없애고, 주관과 객관이 서로 떠나지 않는 단계이다. 이 단계는 타성이 남아 있어서 언젠가는 다시 되돌아갈 수 있으므로 다음 단계로 나가지 않으면 안 된다. 또한 객관에 끌리지 않기 위해서 부정관 등을 이용하거나 의식적으로 마음을 다른 곳으로 돌리는 수행을 하게 된다. 수를 세는 것도 그러한 방편의 일환이다.

마음이 객관에 끌리지 않게 되면 몸이나 마음이 텅 빈 것을 느끼게 된다. 그러나 다음 단계에 이르면 보다 깊은 정신적인 자각에 의해서 기쁨을 얻을 수 있다. 주관과 객관이 하나가 되어 주관이 모든 것을 포용하기 때문이다. 이 단계에서는 모든 객관이 들어오므로 주객이 서로 함께한다. 이런 뜻에서 상수를 제2의 선이라고 했다. '서로 따르는 것은 두 뜻이 같이한 것이 된다.'는 숨의 들어오고 나감이 길거나 짧음에 마음을 두어 그 마음이 떠나지 않고 생각하는 것과 동반 관계에 있다는 뜻이다. 여기서 숨이라는 객관과 생각이라는 주관이 대립관계인 것은 아니다. 그러나 지의 단계에서는 어떤 한 곳에 숨과 생각이 그쳐서 머물기 때문에 하나의 마음만 있다. 그러므로 '지는 한 뜻이 되고, 하나를 동반한다.'고 했다.

나아가서는 수까지 버릴 수 있어야 한다. 숨을 따르면서도 숨을 버리는 단계에 도달하지 않으면 안 된다. 또한 숨과 마음이 한 곳에 머물렀다고 해도 머물렀다는 생각조차 없어야 한다. 또한 관에 있어서나 환에 있어서도 관하고 환한다는 것을 떠남으로써 숨이나 마음이 자연스럽게 어울릴 수 있다. 이는 화두선話頭禪에서 화두를 잡게 되면 화두도 버려야 한다는 말과 같다.

'생각하는 바가 없으면 뜻이 숨을 부리게 된다.'는 숨을 세는 뜻과 숨을 인식하는 마음이 하나가 되었을 때에는 숨과 생각과 마음을 나눌 수 없는 상태가 되는데, 이때에는 뜻에 따라 숨을 길거나 짧게 쉴 수도 있으며, 항상 숨과 같이하는 뜻에 따라서 자재로울 수 있으므로 잘못이 없어지는 것을 말한 것이다. 이러한 경지에 이른 것이 상수이다.

4-3. 몸과 마음을 통해서 몸과 마음을 떠난다

息有四事. 一爲風. 二爲氣. 三爲息. 四爲喘. 有聲爲風. 無聲爲氣. 出入爲息. 氣出入不盡爲喘也. 數息斷外. 相隨斷內. 數從外入爲斷外亦欲離外因緣. 數從中出爲欲離內因緣. 外爲身離. 內爲意離. 身離意離是爲相隨.

숨에는 네 가지가 있다. 첫째는 바람, 둘째는 기운, 셋째는 숨, 넷째는 헐떡임이다. 소리가 있으면 바람이 되고, 소리가 없으면 기운이 되고, 들어오고 나감이 있으면 숨이 되고, 기운의 들어오고 나감이 그치지 않으면 헐떡임이 된다. 수식은 밖을 끊고, 상수는 안을 끊는다. 수가 밖으로부터 들어오므로 밖을 끊고, 또한 밖의 인연을 떠나고자 한다. 수가 안으로부터 나가므로 안의 인연을 떠나고자 한다. 밖은 몸을 떠나고, 안은 마음을 떠난다. 몸의 떠남과 마음의 떠남이 서로 따르게 된다.

해설 우리가 흔히 숨이라고 하는 것에는 네 가지 조건이 있다. 숨이 잘못되었을 때는 이들 조건이 채워지지 않았기 때문이다. 따라서 올바른 숨을 쉬기 위해서는 이들 네 가지가 잘 조화되어야 한다.

앞에서도 말했지만 올바른 숨이란 몸이나 마음을 통해서 몸과 마음을 떠나는 것이다. 인연을 통해서 인연을 떠난다는 의미도 된다. 따라서 위의 네 조건은 호흡의 네 가지 인연이기도 하다. 먼저 밖에서 들어오고, 안에서 나가는 바람이 있어야 한다. 즉 공기를 말한다. 공기가 없으면 호흡이 있을 수 없다. 둘째는 힘, 즉 기氣라고도 한다. 셋째로는 들어오거나 나가는 작용, 즉 숨을 말한다. 그러나 나가거나 들어오는 숨만으로는 호흡이 되지 않는다. 실제 호흡에서 숨이 들어올 때 산소가 같이 흡수되어 혈액이 깨끗해지고, 숨이 나갈 때는 나쁜 것도 나가게 되지만, 나가거나 들어오는 것은 서로 다른 구실을 하고 있어서 어느 하나가 없어서는 안 된다. 그러므로 호흡은 서로 모순되면서도 보완적인 불가분의 관계 속에서 행해져야 한다.

죽음이 삶으로 이어지고 삶이 죽음으로 이어져서 끊이지 않아야 하니, 호흡에서도 들어오는 숨이나 나가는 숨이 그치지 않고 이어져야 한다는 점이 중요하다. 이것이 곧 네번째인 헐떡임이다.

숨의 조건은 소리가 있는 바람과 소리가 없는 기운, 들어오는 숨과 나가는 숨, 들어오고 나감이 다하지 않고 이어지는 것이다. 이 중에 하나라도 없으면 숨이 될 수 없다. 이 네 가지 요소는 안과 밖의 두 인연으로 이루어져 있다. 그러나 이 점에 집착하면 올바르게 호흡하지 못한다. 근본 입장에서는 두 인연도 없는 것이기 때문이다. 실체가 없는 공으로, 호흡도 공을 떠나지 않는다. 올바른 호흡은 올바른 조건이 갖추어졌을 때 이루어지지만 궁극적으로는 그 조건에서도 떠나야 한다. 이를 '안과 밖을 끊는다.'고 했다. 안과 밖의 두 인연으로 이루어지는 호흡에서 이 인연을 떠나고자 하는 것이 바로 수식이며 상수다.

《반야심경》은 우리의 현존재가 다섯 가지 요소인 오온五蘊으로 되어 있으나 그 오온이 공임을 알고 실천하는 것이 올바른 삶이라고 가르치고 있다. 마찬가지로 우리의 호흡은 네 가지 요소로 되어 있으나 그 역시 공이므로, 곧 사사개공四事皆空을 실천하는 것이 수식이요 상수라 할 수 있다.

4-4. 숨을 통해서 숨을 떠난다

出入息是爲二事也. 數息爲欲斷內外因緣. 何等爲內外. 謂眼耳鼻口身意爲內. 色聲香味細滑念爲外也. 行息爲使意向空. 但欲止餘意. 何以爲向空. 息中無所爲故也. 數息走意不. 卽時覺者. 罪重意輕罪. 引意去疾故不覺也. 行道已得息自厭息意欲轉不復欲數如是爲得息. 相隨止觀亦爾也. 知出入息滅. 滅爲得息相知生死. 不復用爲得生死相已得四禪. 但念空爲種道栽.

날숨과 들숨은 두 가지이고, 수식은 안과 밖의 인연을 끊고자 한다. 어떤 것이 안과 밖이 되는가. 눈, 귀, 코, 입, 몸, 마음은 안이고, 물체, 소리, 향기, 맛, 가늘고 매끄러운 느낌은 밖이다. (그리하여) 숨을 쉬면서 마음이 공을 향하게 하여 남은 의식까지도 그치고자 한다. 어찌하여 공으로 향하는가. 숨 속에 행하는 바가 없기 때문이다. (그러므로) 수식은 달리는 마음이 아니다. 곧 (호흡할) 때에 깨닫는 것은 무거운 잘못이요, 의식은 가벼운 잘못이다. 마음을 이끌어서 잘못을 없애려고 하기 때문에 깨닫지 못한다.

도를 행하여 이미 숨을 얻으면 스스로 숨을 싫어하여 마음이 변해 다시 헤아리고자 하지 않으니, 이것이 숨을 얻는 것이다. 서로 따르는 것과 그침과 관하는 것도 또한 이와 같다. 나가고 들어오는 숨이 멸함을 알면 멸이 숨의 모습을 얻은 것이며, 삶과 죽음을 알게 된다. 다시 부리지 않고 삶과 죽음의 모습을 얻었으니 이미 네 가지 선을 얻은 것이다. 다만 생각이 공해서 도의 종자를 심은 셈이 된다.

해설 누차 설명했듯이 수를 헤아리는 수식관은 숨을 통해서 숨을 떠난다. 공기가 들어오고 나가는 두 과정을 통해 숨을 쉬게 된다. 불교적으로 표현하면 두 인연에 의해서 숨이 있는 것이다. 그 두 인연 중 들어오는 인연은 밖의 인연이 들어와서 만나는 것이요, 나가는 인연은 안의 인연이 밖으로 나가서 만나는 것이다.

안의 인연은 눈, 귀, 코, 입, 몸, 마음의 감각 기능이다. 이를 근根이라고 한다. 이 기능이 안에 있거나 밖으로 나가기 때문에 호흡이 행해진다. 다만 밖에 있는 인연은 눈의 대상인 물체, 귀의 대상인 소리, 코의 대상인 향기, 입의 대상인 맛, 피부의 대상인 매끄럽거나 거칠다는 감촉들, 마음의 대상인 생각 등이다. 이들이 서로 만나서 모든 법이 있게 된다. 그러므로 수를 헤아리는 수식은 이러한 안과 밖의 인연을 끊고자 하는 방편인 셈이다. 그러면 어째서 안과 밖의 인연을 끊고자 하는가? 인연을 끊고 공의 세계로 가려고 하기 때문이다. 인연에 의해서 호흡이 이루어지므로 코와 코로 들어가는 숨은 서로 필수적인 조건이지만, 인연에 매이면 도가 아니다. 따라서 인연을 통해서 인연을 떠나야 한다. 호흡을 통해서 호흡을 떠나야 공으로 들어갈 수 있다. 들어오고 나가는 숨에 의식을 집중하여 의식이 없어지는 단계가 숨을 통해서 숨을 떠나는 단계이다. 이렇게 됨으로써 비로소 호흡이 올바르게 이루어진다. 이런 뜻에서 '숨 속에 행하는 바가 없기 때문이다.'라고 했다. 그러면 행하는 바가 없는 숨이란 어떤 것인가? 숨을 쉬면서 숨을 쉬고 있다는 감각이 떠나지 않으면 행하는 바가 있는 것이요, 그것이 사라지면 행하는 바가 없는 것이다. 숨을 의식한다는 것은 의식에 의해서 숨이 행해진다는 뜻이므로 의식이라는 안의 인연에 매이게 된다. 어떤 인연에 매이면 자재를 잃게 되므로 잘못된 것이다. 따라서 우리의 의식을 숨으로부터 벗어나게 하여, 숨 자체에 대한 느낌이나 감각을 떠나는 경지에까지 이르도록 해야 한다. 수식에서만이 아니라 숨과 마음이 서로 따르는 상수에서도 끝내는 서로 따른다는 것 자체로부터 떠나야 한다.

 이처럼 어떤 인연을 통해 그 인연까지 떠난다는 입장은 상수의 다음 단계인 지에서도, 관에서도 마찬가지이다. 그리하여 행하는 바가 없는 숨에서는 들어온 숨이 다하면 나가고, 나가는 숨이 다하면 들어오는 자재의 상태가 실현되고, 시작과 끝, 생과 멸이 자재로운 상태에 있게 된다. 결국 어디까지가 들어오는 숨이고 어디까지가 나가는 숨인지 구별할 수 없는 경지에 도달하게 되는 것이다.

 숨의 들어오고 나감은 인연에 따르는 것이니 제1의 禪과 같고, 들어오고 나가는 인연까지도 떠나면 제2의 선과 같다. 들어오는 인연을 떠나고 나가는 인연을 떠났다는 것에서도 다시 떠나 들어오고 나가는 숨이 둘이 아닌 상태에 도달하면 제3의 선과 같고, 이들을 모두 떠났다는 생각마저도 없이 인연에 따라서 들어오고 나가는 데 맡기는 숨은 제4의 선과 같다.

여기서 호흡과 관련하여 네 단계의 선을 다시 생각해 보자. 제1의 선은 욕계欲界를 떠나 어떤 정신적·물질적 장애도 받지 않는 단계이다. 호흡에 있어서 주관이나 객관, 곧 안과 밖의 인연을 끊고 숨을 헤아리는 데에 집중하면 평온한 정신상태로 들어간 것이므로 초선의 단계와 같다. 제2의 선은 보다 깊은 단계로서 주관과 객관의 대립이 없는 상태이므로, 안과 밖의 대립 없이 들어오고 나가는 숨에서 평온함과 일종의 희열을 느끼게 된다. 곧 이 단계에서는 정정定이 생기고 희락喜樂이 솟는다. 제2선의 희열이나 평온이 지속되면 우리의 정신활동이 방해를 받게 되므로 이것까지도 끊는 단계가 제3선이다. 일종의 신비적인 인식에 의해서 오묘한 심신의 쾌락을 간직하게 되는 단계이다. 그러므로 《중아함경》에서는 이러한 제3선을 '낙樂을 염念하여 공空에 머문다.'라고 표현했다. 호흡할 때 나가고 들어오는 숨이 둘이 아닌 상태는 신비적인 인식이요 오묘한 합리성이다. 따라서 제3선의 세계에 있는 것이다. 다음의 제4선은 제3선의 오묘한 인식이나 합리성도 떠나서 모든 것이 순수하고 깨끗한 세계에서 행해지는 단계이다. 아무 생각 없이 호흡의 들어오고 나감에 맡기는 단계이다.

이러한 색계色界의 네 가지 선은 육체를 가지고 있는 중생의 정신생활을 이상화한 것인데, 한편 무색계無色界의 네 가지 정정定도 있다. 앞에서 말한 무의식 상태에서 더 나아가 자아를 무한대로 확대한 공무변처정空無邊處定, 그 확대된 공의 세계까지도 없어져 어떠한 인식도 존재하지 않는 식무변처정識無邊處定, 다시 더 나아가 어떠한 관념도 갖지 않는 무소유처정無所有處定, 있고 없음을 초월하여 유나 무에 관해 완전히 자재로운 경지에 이른 유상무상정有想無想定 등이 있다.

붓다는 호흡에 있어서도 수식관을 통해 사선이나 팔정에 이를 수 있다고 설했다.

4 - 5. 나가는 숨을 헤아리면 안정을 얻는다

行息已得定不復覺氣出入便可觀. 一當觀五十五事. 二當觀身中十二因緣也. 問息出入寧有處不報息入時. 是其處出息時. 是其處數息身坐痛痒思想生死識止不行. 是爲坐也. 念息得道復校計者. 用息無所知故.

수식이 행해져서 이미 안정을 얻으면 다시 나가고 들어오는 기운을 깨닫지 않으니, 곧 관할 수 있다. 첫째는 마땅히 쉰다섯 가지의 일을 관하고, 둘째는 몸 속의 열두 가지 인연을 관한다.

문되, '숨이 나가고 들어오는데 어째서 숨이 들어올 때 그곳에서 만나지 않습니까?' 그곳에서 숨이 나갈 때 그곳에서 숨을 헤아리면 몸이 안정되어, 아픔이나 가려움(감수 작용), 생각(하는 표상)이나 생기고 사라지는 (마음의 작용이나) 인식 등이 그쳐서 움직이지 않는다. 이것이 안정된 것이다. 숨을 생각하여 도를 얻으면, 다시 헤아리더라도 숨에 있어서 아는 바가 없다.

해설 숨이 바르면 숨과 마음이 하나가 되어 움직이지 않는 상태에 있게 되고, 숨이 들어오고 나가는 것을 느낄 뿐만 아니라 우리의 몸이

나 마음의 움직임을 있는 그대로 관찰할 수 있다. 더 나아가면 열두 가지 인연, 즉 우리의 몸과 마음이 어디에서 와서 어디로 가는지를 단계적으로 알 수 있게 된다. 인연 없이 생긴 것은 없고, 인연 없이 없어지는 것도 없다.

또한 마음이나 몸의 실상이 어떻게 되어 있는지를 알 수 있게 된다. 마음이 안정되면 일체의 존재가 있는 그대로 나타난다. 우리의 생명은 무명無明에서부터 시작되어 생존활동인 행行이 있고, 이로부터 다시 의식활동인 식識으로 나아간다. 이어서 정신과 육체[名色]가 형성되며, 다시 감각 기관인 육처六處가 형성되고, 이로부터 외계의 상황을 감지하는 감촉 능력[觸]과 지각 작용[受]이 있게 된다. 다시 이에 대한 애착[愛]이 생기고, 다시 그것이 집착[取]이 되어 비로소 이 세계의 모든 존재[有]를 소유하고, 이로 인해서 삶과 늙음과 병듦과 죽음[生老病死]이 생긴다. 그러므로 우리의 생존은 어떤 절대자의 뜻에 의한 것이 아니라, 무명이라는 근본 원인에서 시작하여 열두 단계를 거쳐서 이루어지고 없어지는 것이다. 마음이 고요해지면 보이지 않는 이런 인연을 알 수 있을 뿐만 아니라 겉에 나타나는 쉰다섯 가지 현상도 있는 그대로 관찰하여 알 수 있다. 호흡이 올바르게 행해져서 정신이 통일되고 안정되어 이러한 감지 작용이 생기면 삶과 죽음이 무엇인가를 알 수 있으므로 생사를 떠날 수 있게 된다.

그러면 이처럼 올바른 호흡을 얻기 위해서는 어떻게 숨을 조절해야 하는가. 그래서 '나가는 숨을 헤아리는가, 또는 들어오는 숨을 헤아리는가.'를 물은 것이다. 이에 대해 나가는 숨을 헤아리는 것이 몸이나 마음을 안정시키는 데 크게 도움이 된다고 답하고 있다.

나가는 숨을 헤아리는 것이 합리적이다. 나가는 숨은 신경을 안정시키고 들어오는 숨은 신경을 흥분시킨다. 과학적으로도 들어오는 숨은 생명을 발동시키고 나가는 숨은 몸과 마음을 안정시킨다고 증명되었다. 붓다는 경험을 통해 이를 실증하였고 널리 권장했던 것이다.

4-6. 수식은 즐거운 것이다

問念息得道何以爲無所知. 報意知息息不知意是爲無所知. 人不能得校計意. 便令數息欲令意定. 雖數息. 但不生惡. 無有點智. 當何等行得點慧. 從一至十. 分別定亂. 識對行樂. 已得定意. 便隨點慧. 得校計爲隨觀也.

묻되, 숨을 생각하여 도를 얻으면 어찌 아는 바가 없습니까? 답하되, 마음은 숨을 알고 숨은 마음을 알지 못하니 아는 바가 없다. 사람은 능히 마음을 헤아릴 수 없다. (그러므로) 곧 수를 헤아리게 하여 마음을 안정시키고자 한다. 비록 숨을 헤아리더라도 잘못이 생기지 않게 해야 하니 지혜가 없으면 마땅히 어떤 지혜를 얻어서 행한다. 하나에서 열에 이를 때까지 안정과 산란을 분별하고 즐거움을 행하는 것에 대해 의식하여, 이미 마음의 안정을 얻었으면 곧 지혜가 따른다. 헤아림을 얻으면 관찰이 따르게 된다.

해설 숨과 마음이 만나서 하나가 되면 숨을 쉬고 있다는 생각조차 없어진다. 마음의 지각 작용으로 숨을 감지할 수 있으나 숨과 마음이 함께하면 숨과 마음이 대립하지 않으므로 숨이 곧 마음이요, 마음이 곧 숨이 되기 때문이다. 우리가 어떤 대상을 인식하거나 감지할 수 있는 것은 인식하거나 감지하는 주체와 그 대상인 객체가 대립되어 있기 때문이다. 주체와 객체가 대립하지 않고 하나가 되면 주객의 구분이 소멸하므로 인식이 있을 수 없다. 이렇게 되면 마음이 숨과 함께하여 서로 따르게 되어 안정을 얻을 수 있게 된다. 여기에 수를 헤아리는 목적이 있다. 즉 우리의 마음을 안정시키기 위한 지혜인 것이다. 마음이 안정된다는 것은 마음이 대상과 하나가 된다는 의미이다.

수를 헤아릴 때에도 지혜로운 방법을 택할 필요가 있다.《달마다라선경達摩多羅禪經》의 상권은 이에 대해 이렇게 설명한다.

"만일 깨닫는 생각이 흩어지면 마땅히 안반념을 수습하라. 능히 수에 응하면 곧 내부의 탐착을 제거한다. 수에 있어서 만일 수순隨順하면, 곧 따르지 않는 것이 없다. 뜻이 흩어지지 않는 경지에서 능히 흩어진 모든 생각을 포섭하라. 먼저 수를 하나에서 시작하여 열에 이른다. 수행하여 이 수에 따르면 곧 공덕이 생긴다. 이미 공덕이 생겼으면 곧 능히 더욱 나아가게 되기를 바란다. 부처님께서는 여기에서 더욱 나아가 일체의 산란함을 없애야 한다고 설법하셨다. 수는 능히 일체를 멸한다. 부처님은 깨달음을 멸한다고 말씀하셨다. 일체가 흩어지지 않으면 더욱 나아가기 때문이다."

호흡과 생각이 만나서 서로 떠나지 않으면 일종의 즐거움을 맛보게 될 것이다. 들어오는 숨에서 맛보는 안온한 쾌감을 아슈바사 *āśvāsa*라고 하고, 나가는 숨에서 맛보는 쾌감을 프라슈바사 *praśvāsa*라고 한다. 팔리 경전에서는 이들을 각기 앗사사 *assasa*와 팟사사 *passasa*라고 하여 자주 언급하고 있다.

앞에서 '즐거움을 따라서 의식하여'라고 한 데에는 숨이 들어올 때나 나갈 때에 마음이 이를 생각하면 즐거움을 일으킨다는 의미가 담겨 있다.《해탈도론》 제7권에는 이렇게 되어 있다.

"지금 숨이 들어오는 것을 생각하고, 지금 숨이 나가는 것을 생각하는 이선二禪에서는 기쁨을 일으킨다. 기쁨은 숨이 들어오고 나감에 따라서 알 수 있다. 그러므로 좌선하는 사람은 삼매에 들어가서 기쁨을 알게 된다. 어리석지 않고, 관하고, 대치代置로써 하며, 사실로써 하기 때문이다."

4-7. 열은 완전한 수이다

問何等爲數. 報數者謂事. 譬如人有事更求是爲數罪. 道人數福. 何以故正爲十. 一意起爲一. 二意起爲二. 數終於十. 至十爲竟. 故言十數爲福. 復有罪者用不能壞息故爲罪. 亦謂意生死不滅墮世間已不斷世間事爲罪也. 六情爲六事痛痒思想生死識. 合爲十事. 應內十息. 殺盜婬兩舌惡口妄言綺語嫉妬瞋恚癡. 應外十息. 謂止不行也.

묻되, 어떤 것이 수입니까? 답하되, 수는 일을 일컫는다. 비유하면 사람은 일이 있으면 다시 이를 구하며 죄를 헤아리게 된다. (그러나) 도인은 복을 헤아린다. 왜 열이 바른가? 한 뜻을 일으키면 하나가 되고, 두 뜻을 일으키면 둘이 된다. 수는 열에서 끝난다. 열에 이르러서 다하게 된다. 고로 말하기를 열의 수가 복이 된다고 한다. 또한 죄가 있는 사람이 쓰면 숨을 (헤아려서) 능히 그치지 못하기 때문에 죄가 된다. 또한 이른바 뜻의 생하고 죽는 것이 멸하지 않으면 세간에 떨어진 것이니, 끊지 못하면 세간사로서 죄가 된다.

　여섯 가지 정은 여섯 가지 일로써 아프고, 가렵고, 생각하고, 뜻하고, 생하고, 죽는 것을 안다. 합해서 열 가지 일이 된다. 안으로 열 번의 숨에 대응한다. 살생, 도둑질, 음행, 고자질, 욕설, 거짓말, 허풍, 질투, 노여움, 어리석음(의 열 가지 일)이 밖으로 열 번의 숨에 대응한다. 이른바 그침은 움직이지 않는 것이다.

해설 수를 헤아리는 이유는 무엇인가? 우리의 마음은 항상 어떤 것을 향해서 달려간다. 무엇이 보이면 그것을 갖고자 하고, 무엇이 들리면 그것을 들으려고 애쓴다. 이와 같이 우리의 마음은 어떤 욕구를 위해서 움직이고 있다. 그러므로 움직이는 우리의 마음을 정지하기 위해서 다른 사물을 생각하는 방법을 찾게 되었는데, 수를 헤아리는 것이 바로 그것이다.

마음이 욕망에 따라서 멋대로 달려가면 죄를 범하게 된다. 나를 위해서 남을 죽이는 일은 내 욕망을 채우기 위한 극단적인 행위이다. 도둑질도 어떤 욕구에서 나오는 행위이다. 음행도 성욕을 채우기 위함이요, 고자질도 자신의 이익을 위해서 남을 속이는 일이요, 욕도 자신의 욕구가 채워지지 않아 상대방을 원망하게 된 데서 나오는 행위이다. 거짓말, 허풍, 질투, 노여움, 어리석음 등도 우리의 욕망을 채우기 위한 행위에서 나온다. 그러므로 우리의 욕망을 정화하여 억제하면 마음이 안정되고 따라서 호흡도 올바르게 행해져 정서가 순화되고 올바른 행위가 이루어진다.

마음의 움직임에 의해 인간의 행복과 불행, 또는 죄와 복이 생긴다는 사실을 발견한 붓다는, 그런 마음을 조절하기 위해 숨을 헤아려서 마음이 죄를 짓는 쪽으로 달려가지 못하게 하는 방법을 창안했다.

수를 셀 때에는 열을 넘지 않는 것이 좋다. 열이라는 숫자는 하나에서 올라가 극치에 이른 수, 잘라 말해서 완전한 수이기 때문이다. 그러므로 그 이상 헤아리면 지나친 욕망을 부리게 되고, 모자르게 헤아리면 우리 내면의 부족함을 나타내게 된다. 지나친 욕망은 집착을 가중시켜 커다란 고통을 준다. 충만감을 주지 못하며 만족할 줄 모르는 마음은 쉴 곳이 없기 때문이다. 부족함 역시 마음에 초조, 불안, 불평을 따르게 하기 때문에 이상적인 상태가 아니다. 수행하는 사람은 욕망을 너무 부려도 안 되지만 너무 억제해서도 안 된다. 수식은 중도의 실천이어야 한다.

결국 불교 수행은 마음의 집착이나 혼란을 막는 것이다. 《달마다라선경》 상권, 제7 〈수행방편도안반결정분修行方便道安般決定分〉에서는 숨을 헤아릴 때의 가장 이상적인 수가 열이라는 것을 이렇게 설명하고 있다.

"수를 행할 때에 한 번 들어오면 헤아려서 하나로 하고, 나가는 숨을 섞어서 헤아리지 말며, 마음을 균일하게 하여 수를 흩어지지 않게 한다. 이와 같이 열에 이르고, 그 열에 나가는 숨을 버리지 않으면 이에 따라서 결정을 얻는다. 곧 구족된 근본수를 성취한 것이다. 다시 여러 수의 법이 있으므로 방편을 수행한다. 만일 근본수법을 결정할 수 없으면, 숨을 촉급하게 하여 감득하기 쉽게 하고, 방편으로 마음을 생하게 한다. 마땅히 나가는 숨을 버리고 들어오는 숨을 헤아려야 한다. 마음이 흩어지지 않으면 둘의 수를 센다. 만일 이런 것도 결정하지 못하면 나가는 숨이 열을 넘은 뒤에 들어오는 숨을 하나로 헤아린다.

마음이 바르게 되어 흩어지지 않으면 점차로 구족하게 된다. 이를 수행자의 열 가지 수의 성취라고 한다. 이러한 열 가지 법은 곧 수의 극치이다. 그 이상은 다시 버려야 한다. 수를 더하는 것은 수행이 아니다. 이와 같이 수를 수행하면 곧 수의 법을 이룬 것이다."

4-8. 열여섯 가지를 이루는 방법은 무엇인가

問何等爲十六事. 報十六事者. 謂數至十六者. 謂數相隨止觀還淨. 是爲十六事爲行不離爲隨道也.

문되, 어떤 것이 열여섯 가지 일입니까? 답하되, 열여섯 가지 일이란 수가 열여섯에 이른 것이다. 이른바 수를 세는 것과 서로 따르는 것과 그치는 것과 관하는 것과 돌아오는 것과 청정함이다. 이것이 열여섯 가지 일이 되고, 행이 떠나지 않고 도에 따르게 된다.

해설 안반수의법에서는 열여섯 가지 일이 이루어진다. 앞에서 설명한 바와 같이 여섯 가지가 있는데, 각각 뛰어난 방법과 모습과 효과가 있다. 즉 마음을 흩어지지 않게 하는 수행 방법〔修〕과, 숨이 들어오고 나가는 모습〔相〕과, 숨이 들어온다고 생각하거나 나간다고 생각하는 음미〔味〕와, 다시 그것이 끊어져서 마음이 머무는 곳〔處〕이 있다. 경에서는 이러한 안반수의에 뛰어난 공덕功德이 있다고 말하고 있다.

안반수의법에는 여섯 단계에 따라서 모두 열여섯 가지 일이 행해진다. 이미 앞에서 설명했으나 다시 한번 자세히 살펴보도록 하자.

(1) 숨을 길게 들이쉬거나 짧게 내보낸다. 안반념법을 처음 닦는 사람은 들숨, 날숨을 가늘게 하면서 길게 나가고 들어오면 길다고 생각하여 길게 호흡하고, 짧으면 짧다고 생각하여 짧게 호흡한다. 이와 같이 들어오고 나가는 호흡의 모습을 파악하여 길고 짧은 숨을 쉬게 되니 여기에 길고 짧음이 있다.

(2) 들어오고 나가는 숨은 코나 입을 통해서 들어오고 나가므로 온몸을 감지할 수 있다. 즉 호흡을 통해서 몸의 존재를 재인식할 수 있다

는 말이다. 그러므로 호흡이 마음에 따르면 일체신一切身을 알게 된다.

(3) 우리의 몸을 알게 되더라도, 이 몸이 본래 영원한 생명을 갖고 있는 것이 아니라 호흡과 더불어 존재하고 있다는 것을 알게 된다. 호흡이 있으면 몸이 있고, 호흡이 그치면 몸도 그친다는 것을 알게 된다는 의미이다. 그러므로 마음을 호흡에 집중하여 호흡이 한 곳에 머물게 되면 그에 따라 몸의 움직임이나 마음이 한 곳에 머물러서 움직이지 않게 되는 것도 알게 된다. 숨을 코 끝이나 입술에 머물러 있도록 집중하면 몸의 움직임을 적멸寂滅하게 된다. 몸을 구부리거나 움직이거나 흔드는 것이 한 곳에서 정지된다. 이는 선에 있어서 제4의 선에 이르는 것과 같다. 초선에서는 거친 움직임이 적멸하고, 제2선에 들어가면 미세한 몸의 움직임이 있으며, 다시 제3선에서는 가장 미세한 것만이 남고, 그것까지도 없어지면 제4선으로 들어가기 때문이다. 여기서도 처음에는 거칠게 출입하다가 점차로 미세해지는 모습을 보이고, 드디어는 들숨, 날숨을 의식하지 않고 행하는 경지에 이르게 된다.

(4) 이 과정에서 마음에 변화가 일어난다. 곧 제2선에서는 기쁨을 일으키는데, 호흡의 들어오고 나감에 따라 마음이 그것을 생각하여 감지하기 때문이다. 이제 숨이 들어와서 좋은 공기가 내 몸에 퍼진다고 느끼고, 이제 숨이 나가서 온몸의 나쁜 기운이 모두 나간다고 생각하면 마음에 기쁨이 생긴다. 그러므로 이런 생각을 하지 않더라도 '숨이 들어온다. 숨이 나간다.'만 생각하면 기쁨이 일어난다.

(5) '이제 숨이 들어온다.' '이제 숨이 나간다.'고 생각하면 그 자체로 즐거움이 생겨 숨이 들어오거나 나가는 행위가 즐거워진다.

(6) 이런 즐거운 호흡을 통해서 '나에게 숨이 들어온다. 나에게서 숨이 나간다.'는 상념의 움직임이 생긴다.

(7) 이런 상념은 몸이나 마음의 거친 움직임을 적멸시키고 이것을 익

히게 된다.

(8) '이제 숨이 들어온다. 이제 숨이 나간다.'는 생각 속에는 들어오고 나가는 것을 아는 마음이 있음을 알 수 있다. 이것이 곧 마음을 아는 일이다.

(9) '숨이 들어온다. 숨이 나간다.'는 생각이 깊어지면 마음에 기쁨이 일어난다. 제2선에서 얻은 기쁨보다 한층 깊어진다.

(10) '나에게 이제 숨이 들어온다.'는 생각 속에는 마음과 숨이 만나서 함께한다. 그러므로 '숨이 들어온다.'에는 마음이 숨에 머물러 들어옴이 있고, '숨이 나간다.'에는 마음이 숨에 머물러 나감이 있다. 그러므로 우리의 마음을 교화하여 마음을 어떤 한 곳에 머물게 하고 있다.

(11) '이제 숨을 들이쉰다.'는 생각이 철저하여 그것과 함께하게 되면 그 생각이 우리의 마음을 해탈로 이끌어준다. 게으를 때에는 게으름을 없애 주고, 초조하거나 불안할 때에는 그 마음까지 없애 준다.

(12) 노여움이나 어리석음도 이와 같다. 만일 어떤 일이 있어서 마음이 집착하여 떠나지 못할 때에는 집착을 통해 집착으로부터 벗어난다. 그러므로 안반념법은 마음을 통해서 마음을 없앤다.

(13) '이제 나에게 숨이 들어온다. 이제 나에게서 숨이 나간다.'고 생각하여 숨을 쉰다는 사실을 통해 곧 숨의 생멸을 볼 수 있다. 이로써 숨만이 아니라 모든 것이 있다가 없어지는 무상을 보게 된다.

(14) '이제 나에게 숨이 들어온다. 이제 나에게서 숨이 나간다.'고 생각하는 호흡법은 들어오면 나가고, 나가면 들어오는 무상법인 동시에 욕심을 부릴 필요가 없다는 것을 깨닫게 한다. 그러므로 숨이 들어올 때나 나갈 때에 '이것이 무상한 법이요, 욕심이 없는 열반은 여기에 있다.'고 배우게 된다.

(15) 이러한 무상한 법이 호흡이라는 사실을 배우게 된다. 무상한 모

습을 여실히 확인하고, 열반의 적정에 머물러서 마음을 평온하고 즐겁게 하는 일이 바로 호흡 속에 있다.

(16) 이런 사실을 깨닫게 해주는 안반념법을 익히면 일체의 행위가 고요하고, 일체의 번뇌로부터 벗어나서 애착이나 욕심을 떠나 열반의 즐거움을 얻는다.

안반념법 속에는 이상과 같은 열여섯 가지 일이 있다. 열여섯 가지 중에서 앞의 열두 가지는 지止의 평등성으로 들어가고, 뒤의 네 가지는 삼매에서 나와 사물의 진실을 아는 정견正見, 곧 관觀의 세계에 머문다.

안반념법의 수행은 '이제 숨이 들어온다. 이제 숨이 나간다.'고 생각하는 것인데, 여기에 열여섯 가지가 들어 있다. 요컨대 이들 열여섯 가지는 사물의 길고 짧음을 알게 하고, 몸과 마음의 움직임을 없애며, 나아가서는 마음을 기쁘게 하고, 다스리고, 해탈하는 방법을 알게 한다. 이들은 모두 '사마타 $samātā$'라는 지止와 '비파샤나 $vipaśyanā$'라고 하는 관觀의 세계이다.

4-9. 숨을 통해서 진리를 깨닫는다

問數息念風爲隨色何以應道. 報行意在數不念色氣盡便滅. 墮非常知非常爲道也.

묻되, 수식은 바람을 생각하여 색에 따르게 된다는데, 어찌하여 도에 순응합니까? 답하되, 움직이는 마음이 수에 있어 색을 생각하지 않으면 기운이 다하여 곧 멸한다. 항상이 아님에 떨어져서 항상이 아님을 알면 도가 된다.

해설 수를 헤아리면서 호흡하는 목적은 생명의 유지뿐만 아니라 진리를 깨닫는 것이기도 하다. 물론 건강에도 큰 도움을 주지만 더 큰 뜻이 있다.

코나 입으로 들어오고 나가는 숨을 생각하는 것은 물질〔色〕을 생각함과 같다. 공기는 물질이요, 생각하는 마음은 정신〔名〕이다. 보이지 않는 어떤 원리를 알게 되는 것이 진리를 깨닫는 것이지만, 진리는 물질이나 정신을 떠나서는 존재할 수 없다.

인간뿐 아니라 모든 생물은 공기와 깊은 관계를 맺고 있다. 우리는 숨을 쉬어서 공기를 들어오게 하고 나가게 한다. 공기의 출입이 곧 우리의 삶이기도 하다. 물질이 오고가는 현상이지만 거기에는 정신작용이 개입되어 있다. 그러므로 물질과 정신이 잘 어울려 올바른 관계를 맺는 호흡이 우리의 삶을 있게 하는 것이다. 모든 자연 현상의 생과 멸은 여기에서 벗어날 수 없다. 이러한 도리가 바로 진리이다. 이러한 도리를 알고 살림으로써 도에 응하게 된다. 공기가 들어오고 나가는 생과 멸의 되풀이가 자연 현상의 참모습이다. 안반념법은 호흡을 통해서 생과 멸이 되풀이되는 우주의 진리를 알고 이에 순응하는 것이다. 호흡이 우리의 삶에서 가장 중요하다는 사실을 깨닫고 호흡에서 정신과 물질의 합일을 기하여 들어오고 나가는 숨에서 우주 순환의 진리를 깨닫게 된다. 진리는 가까운 곳에 있다. 잠시도 떠날 수 없는 호흡 속에 우주의 영원한 진리가 담겨 있다. 우리 삶의 원리와 모든 존재의 참된 모습이 있으며 모든 생명이 살고 죽는 길이 있다.

보이지 않는 진리는 항상 움직인다. 오고가는 것을 되풀이하는 가운데 끊임없이 이어지는 생명 현상이 있다. 호흡의 진실은 공기가 들어오고 나가는 움직임 속에 있으며, 공기가 출입하는 진실은 마음과 공기가 합일하는 안반념법에 있다. 우리의 마음은 숨을 떠나면 죽는다. 숨이 끝나면 삶도 끝난다. 그러나 마음과 공기가 하나가 되어 호흡이 유지되는 한 우리의 생명도 계속 유지된다. 그러므로 수를 헤아리는 수식은 정신과 물질의 만남이요, 들어오고 나가는 숨 속에서 그것을 원만하게 유지하는 것이다. 그래서 '항상이 아님에 떨어져서 항상이 아님을 안다.'라고 했다. 진리는 현실 속에 있다는 말과 같다.

진리는 현실을 떠나서 존재하지 않으면서 현실을 떠나서 존재하기도 한다. 호흡수행은 현실 속에서 그 현실을 통해 현실 이상의 진리를 깨닫게 한다. 생하고 멸하는 것은 현실이지만 생도 아니고 멸도 아닌 것 속에 생과 멸이 있다. 즉 현실 이상의 깊은 진리가 담겨 있는 것이다.

4-10. 수식에 앉음과 움직임이 있을 수 있다

道人欲得道. 要當知坐行二事. 一者爲坐. 二者爲行. 問坐與行. 爲同不同. 報有時同有時不同. 數息相隨止觀還淨. 此六事. 有時爲坐. 有時爲行. 何以故. 數息意定. 是爲坐. 意隨法. 是爲行. 已起意不離爲行. 亦爲坐也.

도인이 도를 얻고자 하면 마땅히 앉음과 움직임의 두 가지 일을 알아야 한다. 첫째는 앉음이고, 둘째는 움직임이다. 묻되, 앉음과 움직임은 같습니까, 같지 않습니까? 답하되, 어느 때는 같고 어느 때는 같지 않다. 수식, 상수, 지, 관, 환, 정의 여섯 가지 일은 어느 때는 앉음이 되고 어느 때는 움직임이 된다. 수식에서 마음이 안정되면 앉음이요, 마음이 법을 따르면 움직임이기 때문이다. 이미 마음을 일으켜 떠나지 않으면 움직인 것이요, 또한 앉은 것이다.

해설 호흡수련을 앉아서 할 때도 있고 걸으면서 할 때도 있다. 뿐만 아니라 누워서 할 때도 있다. 그러나 앉아서 할 때와 걸으면서 할 때가 각각 방법이 다를 수 있으니, 그 방법에 따라 호흡하면 앉아서 하거나 걸으면서 하거나 다름이 없다.

먼저 앉아서 하는 수식은 마음의 안정을 목표로 하고, 상수에서는 법에 따르는 것을 목표로 한다. 법에 따르면 마음과 법이 분리되지 않는다. 마음이 안정된 후에는 그 마음이 움직일 때 대상으로부터 떠나지 않게 해야 한다. 이것이 상수이다. 여기서 대상은 호흡이므로 상수는 호흡과 마음이 떠나지 않고 항상 같이 움직이게 된다.

앉아서 하거나 걸으면서 하거나 수와 호흡이 떠나지 않으면 안정된 마음이니 어느 방법으로 하든 마찬가지이다. 또한 걸으면서 수를 헤아리되 수가 마음을 떠나지 않으면 수식이 행해지고, 호흡과 마음이 서로 떠나지 않으면 상수가 된다. 이처럼 방법이 중요한 문제는 아니다. 그러나 초심자는 걸으면서 행하면 마음의 안정을 얻기가 어렵고, 마음과 호흡이 떠나지 않게 하기가 어려우므로 처음에는 앉아서 수행할 필요가 있다. 그러나 이렇게 하여 수와 호흡이 서로 떠나지 않고 호흡과 마음이 떠나지 않게 되면 걸으면서 해도 무방하다.

법을 따르는 호흡이 안반념법이다. 법이란 연기법을 말한다. 마음과 호흡이 어울려서 떠나지 않으면 법을 따르게 된다. 마음과 호흡이라는 두 인연으로 숨이 들어오고 나간다. 이 두 원리가 잘 어울려서 법 그대로 행해지는 것이 호흡의 원리이다.

인간의 삶은 대자연의 법으로부터 떠날 수 없다. 대자연의 법을 깨닫고 삶의 법칙을 깨달으면 호흡법도 알 수 있게 된다. 호흡만이 아니라 먹고, 자고, 일하고, 울고, 웃는 모든 것이 법대로 행해지면 그것이 곧 올바른 삶이다.

4-11. 수에는 법이 있다

坐禪法. 一不數. 二二不數. 一一數二者謂數一息未竟便言二 是爲一數. 二如是爲過精進二數. 一者謂息已入二甫言一是爲 二數. 一如是爲不及精進. 從三至四五至六七至八九至十. 各 自有分部. 當分別所屬. 在一數一. 在二數二. 是爲法行便墮精 進也.

좌선법은 하나를 헤아리지 않고, 둘을 둘로 헤아리지 않는다. 하나와 하나의 수는 둘이니, 하나의 숨이 그치지 않은 것을 헤아리면 곧 둘이라고 말한다. 이것이 하나의 수가 된다.

  둘은 이와 같이 더 정진하면 둘의 수가 된다. 하나는 곧 숨이 이미 들어와서 둘이 모여 하나가 된 것이니, 이것은 둘의 수이다. 하나는 이와 같이 더 진전되지 않는다. 셋으로부터 넷, 다섯에 이르고, 여섯, 일곱에 이르고, 여덟, 아홉에 이르고 열에 이른다. 각자가 나눔이 있으니 마땅히 분별하여 속한다. 하나의 수는 하나에 있고, 둘의 수는 둘에 있다. 이것은 법대로 행해지는 것이니 곧 정진에 들어간다.

해설 앞에서 수를 헤아리는 수식법에는 앉아서 행하는 법과 걸어 다니면서 행하는 법이 있다고 설명했는데, 여기서는 앉아서 행하는 법을 더 자세히 설명하고 있다.

먼저 하나에서 열까지 헤아릴 때 수의 원리에 맞도록 헤아려야 한다. 하나, 둘… 이런 식으로 세는 것은 어떤 법에 의해 이루어지는가? 하나는 어떤 것이 시작되어 끝날 때까지이다. 아침부터 낮과 밤으로 이어져 밤이 끝날 때까지를 하루라고 하듯이, 숨을 헤아릴 때의 하나는 숨이 들어와서 나갈 때까지이다. 들어오는 숨과 나가는 숨을 따로 세어 각각 하나와 둘로 헤아리면 법에 맞지 않는다. 그러므로 숨이 들어와서 나갈 때까지를 하나로 헤아린다. 들숨과 날숨을 둘로 나눈다면 둘이 하나가 된다. 따라서 들어오는 숨에서 나가는 숨까지를 하나라고 세고, 다시 들어와서 나갈 때까지를 둘로 센다. 만일 나가는 숨을 헤아릴 경우에는 나갔다가 다시 들어와서 끝날 때까지를 하나로 헤아린다. 이와 같이 수를 헤아릴 때 하나에서부터 둘, 셋, 넷, 다섯, 여섯, 일곱, 여덟, 아홉, 열까지 나아간다. 열은 완전한 수이기 때문에 더이상 나갈 필요가 없다. 그러므로 다시 돌아와서 하나부터 시작한다.

수도 인연법에서 벗어나지 않는다. '들어오고 나감'이 하나의 인연이 되어 하나의 수가 된다. 인연법을 벗어나면 수를 올바르게 셀 수도 없고, 호흡도 바르게 행할 수 없다. 안반수의는 단순한 수식법이 아니라 모든 존재의 도리에 따라서 행해지는 호흡법이면서 삶의 법이다.

4-12. 세 가지 좌법은 도에 따른다

有三坐墮道. 一爲數息坐. 二爲誦經坐. 三爲聞經喜坐. 是爲三也. 坐有三品. 一爲味合坐. 二爲淨坐. 三爲無有結坐. 何等爲味合坐. 謂意著行不離. 是爲味合坐. 何謂爲淨坐. 謂不念爲淨坐. 何等爲無有結坐. 謂結已盡爲無有結坐也.

세 가지 앉음이 도에 따른다. 첫째는 수식을 하면서 앉고, 둘째는 경을 읽으면서 앉고, 셋째는 경을 들으면서 기뻐하며 앉는 다. 이렇게 세 가지이다. 앉는 데에는 세 가지 종류가 있다. 첫째는 잘 어울려진 앉음이요, 둘째는 청정한 앉음이요, 셋째는 맺음이 없는 앉음이다. 어떤 것이 잘 어울려진 앉음인가. 마음과 움직임이 떠나지 않는 것이 잘 어울려진 앉음이다. 어떤 것이 청정한 앉음인가. 생각하지 않음이 청정한 앉음이다. 어떤 것이 맺음이 없는 앉음인가. 번뇌가 이미 다한 것이 맺음이 없는 앉음이다.

해설 수식에서 앉는다는 말은 마음이 안정되었다는 의미이다. 마음이 안정되면 호흡도 정상적으로 행해진다. 마음이 안정된 상태에서는 앉아 있거나 걸어다니거나 별반 다를 바가 없다. 앉아 있으면 안정되고 걸어다니면 안정을 잃는 것이 아니다. 마음을 안정하는 데에는 수를 세면서 호흡하는 방법〔數息坐〕이 있고, 또 경전을 독송하는 방법〔誦經坐〕이 있다. 경전을 독송하면 마음이 그 소리에 집중되므로 안정을 얻을 수 있다. 마음의 안정은 보이지 않는 나의 마음과 보이는 대상이 하나가 됨으로써 이루어질 수 있다. 보이는 사물에 정신을 집중하거나 들리는 소리에 집중하면 주관과 객관이 하나가 된다.

다음에 독경하는 소리를 듣고, 마음에 거룩한 마음이 와닿게 되면 성스러움과 만나서 즐거움이 생긴다〔聞經喜坐〕. 이 즐거움은 상대적인 가치에 그치지 않고 절대적인 가치를 얻게 된다. 절대적인 즐거움은 영원하고 한량이 없다. 이런 즐거움이야말로 마음의 안정에 의한 앉음이다.

인도인은 몸과 마음의 안정을 얻는 유일한 방법으로 앉는 자세와 명상법을 개척하였다. 인도에서는 앉아 있는 자세가 절대적인 안정을 얻는 자세이다. 특히 두 다리를 앞으로 꼬고 앉는 결가부좌結跏趺坐를 몸과 마음이 안정되는 가장 이상적인 자세로 여기고 있다. 좌법과 정신집중으로 몸과 마음의 안정을 얻는 방법을 창안한 것이다.

세 가지 좌법 중에서 수를 세면서 앉아 있는 수식좌에서는 마음으로 수를 세게 되므로 의도적으로 수를 센다고도 말할 수 있다. 주관이 객관으로 다가가서 드디어 하나가 되는 것이다. 송경좌에서는 주관이 객관의 거룩한 세계로 다가가고, 객관의 거룩한 세계가 주관으로 다가옴으로써 주와 객이 합일된다. 문경희좌에서는 객관의 거룩한 세계와 주관의 거룩함이 합쳐져 환희를 느끼게 된다. 이 환희는 절대적이므로 열반의 깨달음과 다름없다. 여기에는 사실상 주관도, 객관도 없으며 오직 즐거움만이 존재한다. 이 즐거움이 우리를 도로 인도한다.

수식좌나 송경좌, 문경희좌는 모두 이것과 저것이 잘 어울려서 도가 이루어지는 좌법이다. 올바른 호흡을 닦기 위해 마음과 몸을 안정시키는 방법 중 어떤 것을 선택하든지 도달하는 곳은 같다. 곧 숨을 세거나 경을 독송하거나 듣는 일이 모두 인연을 따라 인연을 살리는 일이다. 또한 도에 따르고 몸과 마음을 건강하게 하는 일이다.

이들 세 가지 좌법 중에서 굳이 얕거나 깊고 빠르고 느림을 따진다면 세번째 문경희좌가 으뜸일 것이다. 주와 객이 거룩함에서 서로 만나 속히 기쁨의 깨달음을 얻기 때문이다. 그러나 문경희좌도 이것과 저것의 인연이 만날 수 있도록 성숙되어 있어야만 가능하다. 종교적인 믿음이 있는 사람은 송경좌나 문경희좌를 통해서 효과를 얻을 수 있다. 그러나 신심이 깊지 못한 평범한 생활인이나 수행에 뜻을 둔 사람은 수식좌와 같은 손쉬운 방법이 좋다. 수식좌는 공교한 방편으로 깨달음으로 가는 가장 쉽고도 가까운 길이 되기 때문이다.

좌법은 또한 다음과 같은 세 가지로 대별해 볼 수 있다.

잘 어울려진 앉음인 미합좌味合坐에서는 마음과 호흡이 합일되어 떠나지 않고 즐거운 호흡이 이루어진다. 숨과 마음이 하나가 되고 다시 몸과 마음이 하나가 되면 마음은 기쁘고 몸은 편안하여 들어오고 나가는 숨에서 삶의 참맛을 보게 된다. 이것이 미합좌이다.

다음으로 청정한 앉음인 정좌淨坐가 있다. 정좌에서의 청정함은 마음에 아무런 집착이 없고, 몸에는 장애가 없는 상태이다. 즉 정신적·육체적인 완전함을 말한다. 어떤 자극에도 구애되지 않고 응할 수 있으며 정신을 집중해도 피로를 느끼지 않는다. 청정함은 더러움을 없애는 것만이 아니라 더러움에 구애되지 않고 그 더러움을 깨끗함으로 바꾸는 적극성을 의미하기도 한다. 소승불교에서는 번뇌를 없애는 것을 청정이라고 했으나 대승에서는 어디에도 걸리지 않는 것이라 하여, 번뇌가 깨달음의 경지와 같다고 했다.

맺음이 없는 앉음인 세번째의 무유결좌無有結坐는 마음속에 번뇌와 망상과 같은 집착이 없는 상태이다. 여기서는 '맺음이 이미 다한 것'이라고 했다. 처음 수행할 때는 많은 노력을 기울여야 하나 계속 진행되어 높은 경지에 도달하면 더이상 노력할 필요가 없어진다. 번뇌를 끊으려는 수행이 쌓이고 쌓이면 번뇌와 더불어 살면서도 번뇌를 끊을 필요가 없는 경지에 도달한다. 번뇌가 깨달음으로 바뀌기 때문이다.

불교에서는 무학위無學位를 말한다. 여기서 무학이란 배움이 다하여 더이상의 배울 것이 없는 경지이다. 호흡에 있어서도 올바른 호흡을 위해서 복식호흡을 익히고 정신을 집중하여 호흡에서 떠나지 않게 수식을 쌓으면 드디어는 의식적으로 복식호흡을 하거나 정신집중을 할 필요가 없어진다. 모든 삶에서 자재로운 호흡이 행해지고 마음과 호흡이 떠나지 않아서 자연 그대로가 삶의 진실로 구현된다.

4-13. 잘못된 호흡과 올바른 호흡이 있다

息有三輩. 一爲雜息. 二爲淨息. 三爲道息. 不行道. 是爲雜息. 數至十息不亂. 是爲淨息. 已得道. 是爲道息也. 息有三輩. 有大息. 有中息. 有微息. 口有所語謂大息止念道. 中息止得四禪. 微息止也.

숨에는 세 가지가 있다. 첫째는 잡스러운 숨이요, 둘째는 깨끗한 숨이요, 셋째는 도의 숨이다. 도를 행하지 않으면 잡된 숨이 되고, 숨을 셀 때 열에 이르러도 흩어지지 않으면 깨끗한 숨이 되고, 이미 도를 얻으면 도의 숨이 된다.

　숨에는 세 가지가 있다. 큰 숨과 중간 숨, 작은 숨이 있다. 입으로 말하는 바가 있으면 큰 숨은 (숨을 헤아림이) 그쳐서 도를 생각하고, 중간 숨은 그쳐서 사선四禪을 얻으며, 작은 숨은 그친다.

해설　숨은 공기가 코나 입으로 들어오고 나가는 현상으로 우리의 마음이 어떤가에 따라 거칠기도 하고 순하기도 하다. 호흡이 정신과 깊은 관계가 있기 때문이다. 우리의 마음이 안정되지 않고 걱정 따위로 흥분되면 호흡도 이에 따라 변한다. 화가 났을 때는 호흡도 그치는데, 가슴이 뛰고 횡경막이 상하운동을 하지 않고 위로 올라가 있는 상태가 그대로 계속되기 때문에 숨이 막힌다. 슬픔에 잠기면 숨이 나가기만 하고 잘 들어오지 않는다. 횡경막이 내려가기만 하기 때문이다. 이처럼 감정에 좌우되어 조화를 잃어버린 호흡은 잘못된 호흡이다. 호흡의 근본 원리에 상반되는, 즉 들어와야 할 때 들어오지 못하고, 나가야 할 때 나가지 못하는 숨이 잡된 숨이다.

어디에도 걸리지 않고 흐트러짐 없이 열까지 센 숨이 깨끗한 숨이다. 계속 이런 숨을 수련해 나가면 나중에는 노력하지 않아도 법에 맞는 숨을 이룰 수 있다. 붓다는 잡식雜息에서 정식淨息으로, 다시 도식道息으로 나아가는 수행을 가르치고 있다.

호흡에는 큰 숨과 작은 숨, 중간숨이 있다. 큰 호흡이 가장 좋고 작은 호흡은 가장 좋지 않으며 중간숨은 말 그대로 중간이다. 가장 좋은 호흡은 수식을 닦지 않아도 도를 떠나지 않는다. 가령 말을 할 때에는 수를 헤아리는 것을 그치고 말을 하게 되므로 이때에는 숨이 입으로 나가고 들어온다. 이런 경우에도 잘못된 호흡과 올바른 호흡이 있다. 가장 좋은 것은 마음이 도를 떠나지 않은 호흡이요, 좋지 않은 것은 마음이 불안정하여 고요함에 들지 못하고 도를 떠난 호흡이다. 이때는 마음의 존재조차 인식되지 않는다. 걱정에 떨고 있거나 공포에 휩싸여 있을 때는 숨이 막혀 정신을 잃고 만다. 호흡이 미약한 탓에 산소 공급이 원활하지 못해 몸에 마비가 올 수도 있으며 심장이 그쳐버릴 수도 있다. 그러나 말을 할 때, 비록 수를 헤아리지 않더라도 도를 간직하고 있으면 그 숨은 크게 들어오고 나갈 수 있다. 또한 수를 헤아리지 않고 사선을 얻었을 때에는 숨이 크지도, 작지도 않게 된다. 사선四禪이란 초선初禪, 이선二禪, 삼선三禪, 사선四禪 등의 네 가지 선정禪定을 말한다. 이에 대해 《해탈도론》 제7권은 이렇게 언급하고 있다.

"초선에 들어가서 생각이 쉬고 모든 번뇌가 없어진다. 만일 제2선으로 들어가면 지각이나 관념이 없어진다. 제3선에 들어가면 기쁨이 없어지고, 제4선에 들어가면 즐거움이 없어진다. 만일 허공정虛空定으로 들어가면 색의 상념과 노여움의 상념 등 여러 가지 상념들이 없어진다. 만일 식정識定에 들어가면 허공도 없어진다. 만일 무소유정無所有

定에 들어가면 식정에 들었다는 상념이 없어진다. 만일 비상비비상정 非想非非想定에 들어가면 무소유정에 들었다는 상념도 없어진다."

4-14. 수식의 올바른 조건은 무엇인가

問佛何以敎人數息守意報. 有四因緣. 一者用不欲痛故. 二者用避亂意故. 三者用閉因緣. 不欲與生死會故. 四者用欲得泥洹道故也. 譬喩說日無光明者有四因緣. 一者用有雲故. 二者用有塵故. 三者用有大風故. 四者用有烟故. 數息不得亦有四因緣. 一者用念生死校計故. 二者用飮食多故. 三者用疲極故. 四者用坐不得更罪地故. 此四事來皆有相. 坐數息忽念他事. 失息意. 是爲念校計相. 骨節盡痛. 不能久坐. 是爲食多相. 身重意瞪矒. 但欲睡眠. 是爲疲極相. 四面坐不得一息. 是爲罪地相. 以知罪當經行. 若讀經文坐. 意不習罪. 亦禍消也.

부처님께 '어찌하여 사람에게 수식과 수의를 가르치십니까?' 하고 물으니 이렇게 답하셨다. 네 가지 인연이 있다. 첫째는 아픔을 바라지 않기 때문이요, 둘째는 마음의 산란을 피하고자 하기 때문이요, 셋째는 인연을 닫고 생과 사와 더불어 만나기를 바라지 않기 때문이요, 넷째는 열반의 길을 얻고자 하기 때문이다. 비유하면 태양빛이 없는 데에 네 가지 인연이 있음과 같다. 첫째는 구름이 있기 때문이요, 둘째는 티끌이 있기 때문이요, 셋째는 큰 바람이 있기 때문이요, 넷째는 연기가 있기 때문이다. (이와 같이) 수식을 얻을 수 없음에도 또한 네 가지 인연이 있다. 첫째는 생사를 헤아리는 생각이 있기 때문이요, 둘째는 음식이 많기 때문이요, 셋째는 피로가 지극하기 때문이요, 넷째는 앉아서 죄의 바탕을 바꿀 수 없기 때문이다. 이들 네 가지는 모두 모습을 지니고 나타난다. 수식에서는 홀연히 앉아 다른 일을 생각하면 숨과 뜻을 잃는다. 이는 헤아림을 생각하는 모습이다. 뼈마디가 아파서 능히 오래 앉아 있을 수 없으면 많이 먹은 모습이고, 몸이 무겁고 마음이 어두워 단지 잠자는 것만을 바라면 피로가 지극한 모습이다. 사면을 (대하고) 앉아서 하나의 숨도 얻지 못하면 자리가 잘못된 모습이다. 잘못을 알면 마땅히 경행해야 한다. 만일 경문을 읽으면서 앉아 마음이 잘못됨을 익히지 않으면 또한 허물이 소멸된다.

해설 수식에서 의식을 잘 간직하라고 가르치는 이유를 설명한 부분이다. 붓다는 호흡수련 중에는 여러 가지 병폐가 생기기 때문에 그것을 극복하기 위해서라고 설명하고 있다. 첫째, 오래 앉아 있을 경우에 수행자는 다리나 허리 등에 통증을 느끼게 된다. 이런 경우에 수를 헤아리면 그 아픔을 극복할 수 있다. 둘째는 마음의 산란을 피하기 위해서이다. 셋째, 외부에서 오는 자극을 막기 위해서이다. 외부로부터의 자극으로 인해 생사의 갈등을 느끼게 되므로 수식은 이러한 자극으로부터 고요한 정신상태를 지키기 위한 것이다. 자극을 통해 주관이 객관을 만나 그에 끌려 집착하는 것이 바로 생과 사이다. 생이란 '있음'이며 사는 '없음'이다. 있는 생과 없는 사의 관념은 주관이 외부로부터 들어오는 객관 세계의 자극을 받아서 그것에 집착하여 일어난다.
 삶이나 죽음은 서로 대립하는 갈등이며, 이런 의미에서 갈등은 외부의 자극에서 오는 것이다. 넷째는 열반, 곧 깨달음을 얻는 고요한 길로 들어가기 위해서이다. 깨달음이란 우리의 마음이 절대적인 고요에 이르러야 나타나는 세계이므로 이러한 열반의 세계로 가기 위해서는 수식을 하면서 마음을 한결같이 지켜야 한다. 열반에 이르러서야 비로소 지혜의 빛이 밝게 나타난다. 붓다는 이를 태양빛에 비유했다. 태양의 광명이 나타나려면 그 빛을 가리고 있는 구름, 티끌, 바람, 연기 등이 걷혀야 한다.

수를 헤아리는 일이 잘 되지 않는 데에도 네 가지 이유가 있다. 첫째, 마음에 갈등이 일어나서 이것과 저것을 분별하며 집착하기 때문이요, 둘째는 음식을 너무 많이 먹어서 노곤하거나 속이 답답하기 때문이다. 셋째는 피로가 극에 달했기 때문으로 피곤하면 도무지 숨을 헤아릴 수가 없다. 넷째, 앉아 있는 자리가 좋지 않음에도 불구하고 자리를 바꾸지 않기 때문이다.

잘못된 이 네 가지 조건들은 각각 그에 상응하는 현상을 동반한다. 즉 쓸데없는 생각이 일어나면 마음속에 쓸데없는 일이 그려지기 마련이다. 이 일이 우리의 마음을 점령해 버린다. 음식을 많이 먹으면 뼈마디가 아파서 오래 앉아 있을 수 없다. 피로가 극심하면 몸이 무겁고 마음이 혼미해져 잠만 자고 싶어진다. 또한 앉아 있는 자리가 쾌적하지 못하면 이쪽저쪽 자리를 바꾸어 앉아도 숨을 헤아릴 수 없고 마음이 초조해지기만 한다. 그러면 자리가 잘못되었음을 알아차리고 일어나 걷는 편이 낫다. 일어나서 걷지만 말고 경문을 읽어 마음을 가라앉힌다. 그리고 다시 앉으면 마음이 올바른 상태로 돌아간다.

안정된 마음과 올바른 몸가짐, 알맞은 장소의 선택 여부가 수식의 성패를 좌우한다

4-15. 진리는 코 앞에 있다

道人行道當念本. 何等爲本. 謂心意識是爲本. 是三事皆不見.

已生便滅. 本意不復生. 得是意爲道. 意本意已滅無爲痛更因
緣生便斷也. 定意日勝. 日勝爲定意. 有時從息得定意. 有時從
相隨得定意. 有時從止得定意. 有時從觀得定意. 隨得定因緣
直行也.

도인이 도를 행하려면 마땅히 근본을 생각해야 한다. 어떤 것이 근
본인가. 마음, 뜻, 아는 것이 근본이다. 이들 세 가지는 모두 보이
지 않는다. 이미 생하면 곧 멸하기 때문이다. 근본 뜻은 다시 생
하지 않는다. 뜻을 얻으면 도가 된다. 뜻은 근본 뜻이 이미 멸하
면 아픔이 없으나 다시 인연이 생하면 곧 끊는다. 뜻이 정定하여
날로 뛰어나면, 날로 뛰어남이 뜻의 정定이 된다. 어느 때는 숨으
로부터 뜻의 정定을 얻고, 어느 때는 서로 따름으로부터 뜻의 정
을 얻고, 어느 때는 그침으로부터 뜻의 정을 얻으며, 어느 때는 관
으로부터 뜻의 정을 얻는다. 정을 얻는 인연에 따라서 곧바로 행
해진다.

해설 수행에 힘쓰는 도인은 도를 닦을 때 마땅히 근본을 생각하라
고 가르치고 있다. 근본이란 마음을 말한다. 흔히 마음은 심心·의意·
식識의 셋으로 표현된다. 즉 말하는 마음, 뜻, 아는 힘으로서의 의식
작용이다. 심, 의, 식은 같은 의미이면서도 다른 말로 표현된다.《유
식이십론唯識二十論》에서 세친世親은 심, 의, 식을 동의이어同意異語라
고 했듯이, 이들은 모두 우리의 마음이며 도를 행하는 근본이 된다. 불
교는 마음을 근본으로 삼는 종교이다. 그러므로《법구경》에서도 '마음
이 모든 법의 근본〔心爲法本〕'이라고 했다. 마음, 뜻, 인식능력의 근
본은 정신인데, 이 정신은 형태가 없으므로 볼 수는 없으나 확실하게

존재하며 모든 것의 근본이 되고 있다. 그러므로 호흡에 있어서도 마음이 근본이 되고, 도를 행하는 데에도 마음이 근본이 된다. 이런 마음은 생하자마자 곧 없어진다. 생과 멸이 찰나 사이에 행해지므로 어디까지가 생이고 어디까지가 멸인지는 모른다. 그러나 마음은 근본적으로 생하거나 멸하는 것이 아니라 생과 멸을 떠나서 생과 멸을 거듭한다. 따라서 마음을 꽉 움켜쥐고 생과 멸을 거듭하는 가운데 생멸하지 않는 도를 얻어야만 한다.

생과 멸을 떠난 근본 마음이 다시 생하면 아픔을 알게 되고, 그 마음이 다시 멸하면 아픔도 없어진다. 그러므로 근본 마음을 꽉 움켜쥐고 있으면 인연에 따라 생했더라도 곧 멸할 수 있다. 용수龍樹도 마음이란 '생하는 것도 멸하는 것도 아니면서 생하고 멸한다〔不生不滅〕.'고 했다. 본래의 마음에는 아픔도 아프지 않음도 없다. 아픔은 그런 마음이 일어나서 느끼는 것이므로 인연에 의해서 없다가 생겨난 것이다. 있지도 않던 것이 생겼으므로 그 인연이 사라지면 다시 사라진다. 도인은 이러한 도리를 알기 때문에 일어난 마음에 끌리지 않고 인연에 따라 마음을 자재로 생하게 하고 멸하게 할 수 있다. 실로 '뜻을 정한다.'는 말은 근본 마음에 머문다는 뜻이다. 이러한 근본 마음은 단지 생각만으로는 알 수 없다. 또한 본래 가지고 있는 것이기는 하나 가만히 앉아 있으면 얻어지지 않는다. 마음의 밭을 갈아서 거름을 잘 주고 키워야 한다. 우리의 정신력은 지속적인 수련을 통해서 얻어진다. 번뇌는 날로 더해진 잘못된 마음이요, 진리로 나아가는 마음도 날로 더해진 뛰어난 마음이다. 날로 닦은 끝에 근본 마음을 흔들리지 않게 꽉 잡아 올바른 방향으로만 움직이면 그것이 바로 불심이요, 부동심不動心이다. 그런 마음을 가진 사람이 보살이고 부처이다.

이러한 도심道心을 얻기 위해서는 어떻게 해야 하는가? 가장 쉬운 방법으로는 숨을 헤아리는 것과 숨과 마음을 서로 따르게 하는 것, 마음을 몸의 어느 한 곳에 머무르게 하는 것, 또한 몸이나 어떤 것을 따라서 관찰하면서 마음이 따라서 깨닫게 하는 것이다. 이와 같이 수식과 상수와 지와 관 등은 모두 흔들리기 쉬운 우리의 마음을 꽉 잡아 움직이지 않게 하는 방법들이다. 이렇게 함으로써 마음이 정해질 수 있는 인연을 얻으면 그것이 행해져서 도가 이루어진다. '도인이 도를 행함에는 마음이 근본이다.'가 바로 이런 뜻이다.

4-16. 수식으로 얻는 즐거움도 버려야 한다

行息亦墮貪. 何以故. 意以定便喜故. 便當計出息入息念滅時. 息生身生息滅身滅. 尙未脫生死苦. 何以故. 喜已計如是便貪止也.

호흡을 행하되 또한 탐욕에 떨어진다. 마음이 이미 정해지면 곧 기쁘기 때문이다. 그러면 마땅히 날숨과 들숨에 대한 생각이 멸할 때를 헤아려야 한다. 숨이 생하면 몸이 생하고, 숨이 멸하면 몸도 멸하나 오히려 아직 생사의 고통을 벗어나지 못한 것이다. 기쁨이 다하여 헤아림이 이와 같아서 곧 탐이 그치기 때문이다.

해설 모든 것에는 타성이 있다. 몸을 움직이거나 정신을 쓰면 일정한 힘이 생긴다. 마음도 마찬가지이다. 어릴 때 받은 교육에 의해서 얻어지는 마음가짐이나 부모로부터 물려받은 심성도 한 번 이루어지면 일정한 흐름을 형성해서 힘을 갖게 된다. 이런 힘은 현생에서 뿐만 아니라 전생으로부터 얻어진다고도 한다. 어쨌든 보이지 않는 어떤 힘이

이 우주와 우리의 인생을 지배하고 있다. 그러므로 우리 인간은 올바른 힘을 바르게 쓰면 행복한 삶을 누릴 수 있다. 그러나 그렇지 못할 때는 불행해진다. 습관도 우리가 익혀서 갖게 되는 힘이다. 이렇게 볼 때, 도덕적인 규범도 좋은 습관을 익히려는 노력에 지나지 않는다. 불교의 계율도 좋은 습관을 기르고 나쁜 습관을 버리기 위한 노력이다. 불교에서는 이런 힘을 업력業力이라고 한다. 업력은 우리에게 주어진 동시에 우리 자신이 익혀서 지니고 있는 정신적·육체적인 힘이다. 이런 의미에서 업은 우리에게 주어진 무한한 가능성인 동시에 우리가 가지고 있는 자유의 법칙이기도 하다. 미래는 지금 내가 어떻게 하느냐에 달려 있기 때문이다. 오늘의 힘을 좋은 방향으로 기르면 그 힘은 훌륭한 미래를 이룩하게 만든다.

　숨을 세면서 마음이 안정되면 기쁨이 생긴다. 인간의 근본 바탕은 기쁨이므로 그곳으로 돌아가면 당연히 기쁨을 느끼게 된다. 젊은이들이 잘 웃는 까닭은 아직 순수한 근본 바탕에 머물고 있기 때문이다. 이런 까닭에서 어린이는 하늘나라에 들어갈 수 있다고 했다. 불교는 열반이 더없는 즐거움의 세계라고 가르친다. 열반이란 곧 마음의 바탕에 이른 것이요, 그 바탕은 고요하기 그지없는 맑고 깨끗한 세계이다.

　숨이 올바르게 행해져서 마음과 숨이 함께하면 잡념이 일어나지 않기 때문에 본성으로 돌아가 기쁨을 맛볼 수 있다. 그러나 그 기쁨의 탐닉에 빠져서는 안 된다. 그것도 집착이기 때문이다. 날숨이나 들숨에 따라서 일어나는 기쁨도 절대적이고 영원한 것은 아니라는 사실을 알아야 한다. 나가는 숨이 끊어지면서 들어오는 숨으로 이어지듯이 숨에 의해 얻어지는 기쁨도 멸하게 되어 있다. 기쁨은 있으면서도 없고, 없으면서도 있는 것이다.

　기쁨도 예외 없이 생과 멸을 함께 지니고 있다. 기쁨을 느끼면서도 기쁨 속에 빠져들지 않으면, 곧 생사의 초탈로 이어진다. 생사의 초탈은 먼 곳에서 구할 수 있는 경지가 아니라 바로 호흡에서 구할 수 있다. 들어오고 나가는 호흡과 일치하면서도 그에 끌리지 않는다면 바로 그것이 생사의 초탈이다.

호흡으로 얻어지는 기쁨을 맛보면서 그것에 탐착하지 않으면 열반의 기쁨에도 머물지 않는 경지에 이른 것이다. 무여열반無餘涅槃의 대락大樂의 세계가 바로 거기에 있다.

4-17. 상수의 바탕은 수식이다

數息欲疾. 相隨欲遲. 有時數息當安徐. 相隨有時當爲疾. 何以故. 數息意不亂當安徐. 數亂當爲疾. 相隨亦同如是也. 第一數亦相隨所念異. 雖數息當知氣出入意著在數也. 數息復行相隨. 止觀者. 謂不得息前世有習. 在相隨止觀. 雖得相隨. 止觀當還從數息起也. 數息意不離是爲法離. 爲非法數息意不隨罪. 意在世間便墮罪也.

수식은 빠르기를 바라고 상수는 늦기를 바란다. 어느 때는 수식이 마땅히 편안하게 느리고, 어느 때는 상수가 마땅히 빠르게 된다. 수식은 마음이 흩어지지 않으면 마땅히 편안하고 느리게 되기 때문이다. 수가 흩어지면 마땅히 빨라진다. 상수 또한 이와 같다. 제일의 수식과 상수는 생각하는 바가 다르다. 비록 수식은 마땅히 기운이 나가고 들어오는 것을 알려고 하나 마음이 수에 있다. 수식은 다시 상수를 행한다. 지와 관이 숨을 얻지 못하는 것은 전생의 습기習氣 때문이다. 상수에 있는 지와 관은 비록 상수를 얻었다고 하더라도 지와 관이 마땅히 돌아와서 수식으로부터 일어난다. 수식과 마음이 떠나지 않으면 이것은 법의 떠남이 된다. 법이 아니면 수식과 마음은 잘못을 따르지 않는다. 마음이 세간에 있으면 곧 죄에 떨어진 것이다.

해설 수를 헤아리는 수식에서 다시 상수의 단계로 넘어간다. 이때 가장 중요한 것이 마음을 흩어지지 않게 하는 일이다. 수를 헤아릴 때나 상수의 경우나 다같이 마음이 흩어지면 숨이 빨라지고, 그렇지 않을 경우에는 편안한 상태에서 느긋하게 숨을 쉬게 된다. 수식이나 상수에서는 숨이 편안하고 느려지는 것이 바람직하니, 마음의 평안은 마음을 흩어지지 않게 하여 얻어진다. 그런데 수식의 경우 자칫 잘못하면 숨이 빨라지기 쉽고, 상수의 경우에는 숨이 느려지기 쉽다. 그러므로 너무 빠르거나 느리지 않도록 하여 마음을 흩어지지 않게 하는 일이 중요하다. 수식으로 기운의 들어오고 나감을 의식할 수 있다. 그러므로 이때 마음은 수에 있게 된다. 수식으로부터 상수와 지와 관을 행하게 되는데, 뜻대로 잘 되지 않으면 수식이 몸에 잘 익혀지지 않은 것이다. 따라서 상수를 행하고 다시 지와 관을 얻으려면 수식을 잘 익혀야 한다. 수식이 상수, 지, 관의 기초이다. 그러므로 수식으로부터 다음의 단계들이 차례차례 얻어진다는 사실을 알고 먼저 수식법부터 잘 익혀야 한다. 수식에서 마음이 수에서 떠나지 않음은 법으로부터 떠나지 않는다는 의미이다. 법을 떠나면 상수가 될 수 없고, 지나 관 역시 마찬가지이기 때문이다. 법이란 나타나는 모든 사물이다. 나타나는 사물과 하나가 되어 숨이 올바르게 이루어지게 하기 위한 것이 수식이다. 그런데 수식이 잘 이루어졌더라도 수나 다른 것에 집착하면 법에서 벗어나고 만다.

마음이 오직 수와 함께하는 것이 상수인데, 이 역시 법을 떠나지 않는다. 상수의 단계에서는 수를 의식적으로 헤아릴 필요가 없다. 수를 헤아리면 그 수에 얽매여 모든 사물과 마음을 일치시킬 수 없는 상태로 돌아가기 때문이다. 만약 수식이 법을 떠났을지라도 마음이 함께하면 그것은 법과 함께하는 다음 단계를 예비한다. 상수에서는 호흡과 마음이 함께하고 있기 때문이다. 이처럼 수식에 있어서 마음이 수를 떠나지 않으면 비록 법을 떠난 방편이기는 하지만 상수, 지, 관으로 갈 수 있는 기초가 마련된다.

4-18. 흩어지지 않는 마음이 이어져야 한다

數息爲不欲亂意故. 意以不亂復行相隨者. 證上次意知爲止. 止與觀同. 還與淨同也. 行道得微意當倒意者. 謂當更數息. 若讀經已. 乃復行禪微意者. 謂不數息及行相隨也.

수식은 마음이 흐트러지기를 바라지 않기 때문에 마음의 흐트러짐이 없이 다시 상수를 행하면 다음의 윗 (단계의) 마음을 얻어서 그치는 것을 알게 된다. 그침과 관찰함이 같고, 돌아옴과 청정함이 같다. 도를 행하여 미세한 마음을 얻어 마음이 뒤바뀐 사람은 마땅히 다시 숨을 헤아릴지니, 만일 이미 경을 읽고 다시 선을 행하여 마음이 미세해졌으면 수식이 아니라 상수를 행하는 것이다.

해설 상수는 마음이 흐트러지지 않게 하기 위한 것이다. 그런데 수식을 통해서 마음이 흐트러지지 않으면 그 다음 단계인 상수와 지, 관, 환, 정의 세계에 차례로 머물게 되기도 한다. 그러므로 수식에서 청정에 이르기까지 마음의 산란함이 없어진 미세한 마음이 이어진다. 수식을 통해서 이 미세한 마음을 얻으면 호흡이 조절되고 마음이 안정될 뿐만 아니라, 사물을 있는 그대로 관찰하여 진실을 알 수 있고, 본래의 마음으로 돌아와서 청정본심을 간직하게 된다.

수식을 통해서 얻어지는 미세한 마음이란 고요한 마음이다. 이런 마음을 얻으면 잘 간직해야 한다. 만일 다시 마음이 뒤바뀌어 크고 거칠게 되면 마땅히 숨을 헤아려 마음을 안정시켜야 한다.

경을 읽고 나서 참선을 닦으면 마음이 곧바로 고요해진다. 독경을 통해 흩어진 마음을 바로잡고, 다시 참선을 통해 그 마음을 한결같이 간직하면 수식의 단계가 아닌 상수의 단계를 행하고 있는 것이다.

선에 네 가지, 호흡법에도 여섯 단계가 있지만 결국 마음 하나를 잡는 일에 지나지 않는다. 마음의 고요함으로부터 얻어지는 과보果報가 바로 지, 관, 환, 정이다. 이들은 모두 수식과 상수로부터 얻어진 흩어지지 않는 마음이 발전되어 우리의 마음에 나타나는 과보이다. 사물의 실상을 관찰하려면 마음이 그것을 인식해야 하는데 그렇게 하려면 마음이 고요해야 한다. 거울이 맑으면 사물의 모습이 그대로 나타나는 이치와 같다. 또한 자신의 본래 마음으로 돌아오는 것도 이와 같다. 마음이 흩어지면 마음이 객관 세계의 사물에 끌려서 달려가기 때문이다. 마음의 본래 모습은 밖으로 달리지 않고 고요하게 머문다. 마음의 고요함이 바로 본심이다. 하지만 고요하다고 해서 전혀 움직이지 않는다는 의미는 아니다. 움직이면서도 고요함을 잃지 않는 것이다. 이것이 청정의 세계이다. 안팎의 어떤 것에도 집착하지 않기 때문에 고요함 속에 움직임이 있고, 움직임 속에 고요함이 있다.

안반념법을 분류하면 여섯 단계로 나눌 수 있지만 사실상 근본 마음으로 돌아가는 하나의 세계에 지나지 않는다. 여기에는 흩어지지 않는 하나의 마음이 일관되게 흐르고 있다.

4-19. 마음으로 숨을 좌우한다

佛有六潔意.. 謂數息相隨止觀還淨. 是六事能制無形也. 息亦是意亦非意. 何以故. 數時意在息爲是. 不數時意息各自行. 是爲非意.. 從息生意已. 止無有意也.

부처에겐 여섯 가지 깨끗한 마음이 있다. 곧 수식, 상수, 지, 관, 환, 정이다. 이 여섯 가지는 능히 형태가 없는 것을 제어한다. 숨이 또한 이 마음이면서 또한 마음이 아니다. 수를 헤아릴 때는 마음이 숨에 있으므로 이것이 (마음이) 되고, 수를 헤아리지 않을 때에는 마음과 숨이 각각 움직이므로 마음이 아니기 때문이다. 숨으로부터 이미 마음이 생겼으니 그치면 마음이 없는 것이다.

해설 우리의 마음은 보이지도 않고 만져지지도 않지만 존재하고 있는 것만은 분명하다. '있다'라고 할 경우에 반드시 형태가 있어야만 있는 것이 아니라 형태가 없는 것도 있을 수 있다. 마음은 형태가 없지만 우리는 경험이나 이치를 통해서 그것이 존재한다는 것을 알 수 있다. 마음에는 괴로운 마음과 즐거운 마음이 있다. 그러나 붓다와 같이 마음이 항상 근본을 떠나지 않으면서 움직이는 사람에게는 청정한 마음만이 존재한다. 깨끗한 마음을 가진 붓다 같은 사람도 마음의 움직임에 따라 여러 가지 마음이 나타날 수는 있으나 그 바탕이 깨끗함을 떠나지 않으므로 항상 청정한 상태를 유지할 수 있다.

호흡을 통해 마음을 닦을 때에도, 처음에 수식은 깨끗한 마음으로 들어가는 첫 단계이고, 다음의 상수는 마음과 호흡이 떠나지 않으므로 깨끗한 마음이며, 셋째 단계인 지는 마음이 한 곳에서 머물러 움직이지 않으니 이 역시 깨끗한 마음이다. 다음 단계인 관도 사물을 관찰할 때 한결같이 그 대상과 함께하니 깨끗한 마음이라고 할 수 있다. 또한 환의 단계는 자기 본성에서 벗어나지 않는 마음이므로 역시 깨끗한 마음이고, 정에서는 마음이 객관을 대함에 걸림이 없으니 이 역시 깨끗하다. 불교에서 말하는 깨끗한 마음이란 이처럼 여러 마음 상태를 가리킨다. 그런데 이들 여섯 가지 깨끗한 마음은 형태가 없는 마음을 억제하는 힘이 있다. 다시 말해 이들은 잘못된 번뇌 등을 억제한다. 마치 물이 스스로 거센 물결을 억제하는 것과 같다. 물이 움직이는 것도, 고요히 있는 것도 물이 스스로 지니고 있는 힘이다. 움직이는 파도와 같은 잘못된 마음을 고요하게 안정시키려면 그 마음을 잡아야 한다. 자기 스스로 움직이는 마음을 잡아야 한다. 깨끗한 마음으로 깨끗하지 못한 마음인 번뇌 등을 잡는다. 깨끗한 마음이 모든 마음의 근본이기 때문에, 근본 힘을 기르면 그로부터 파생된 다른 것도 잡을 수가 있다. 마음이 마음을 잡는 것이다. 물질이 정신을 잡는 것이 아니라 마음이 마음을 잡는다. 이것이 불교의 근본 입장이다. 이런 의미에서 마음을 바로잡으려면 마음을 다스려야 한다고 했다.

 유물론자들은 마음을 잡으려면 물질의 힘을 빌려야 한다고 하고, 유심론자들은 마음의 힘을 빌려야 한다고 말한다. 그러나 불교는 마음을 잡거나 움직이는 주요 힘은 마음에 있으나 물질도 관련되어 있다는 입장을 취하고 있다. 물질과 마음은 다르면서도 서로 분리될 수 없다고 보기 때문이다. 이렇게 볼 때 숨은 물질인 공기가 들어오고 나가는 것이지만, 결코 마음과 따로 떼어 생각할 수 없는 생리작용이다. 숨은 형태가 없으나 마음에 의해 좌우된다. 단순히 숨을 공기의 출입이라고 본다면 그것은 물질의 작용일 뿐 마음의 작용은 아니다. 하지만 그 숨이 수를 헤아리는 마음과 만나 하나가 되면 숨과 마음은 서로 다르지 않아 물질인 숨이 곧 마음이 된다.

안반념법은 물질과 마음, 숨과 마음이 하나가 되게 한다. 숨이 들어오고 나가는 것은 살아 있는 무형의 생명 현상이니, 마음으로 이를 제어하여 올바르게 행해지도록 하는 것이 호흡의 근본원리이다.

호흡은 숨과 마음이 하나가 된 상태에서 이루어져야 한다. 이때는 숨이 마음을 지배하는 것이 아니라 마음이 숨을 지배해야 한다. 이것이 불교의 근본 입장을 잘 살리는 길이다. 붓다의 호흡법은 마음을 주로 삼는 인간의 현존재를 꿰뚫어보는 지혜로부터 나온 것이다.

4 – 20. 마음이 사람을 부린다

人不使意意使人. 使意者. 謂數息相隨止觀還淨. 念三十七品經. 是爲使意. 人不行道貪求隨欲. 是爲意使人也.

사람이 마음을 부리지 않고 마음이 사람을 부린다. 마음을 부린다는 것은 수식과 상수, 지, 관, 환, 정을 말한다. 삼십칠품경을 생각하면 마음을 부리게 된다. 사람이 도를 행하지 않고 탐내고 구하여 욕망에 따르면 마음이 사람을 부리게 된다.

해설 사람이 마음을 부리지 않고 마음이 사람을 부린다고 했다. 여기서 사람이란 부파불교의 독자부犢子部나 정량부正量部, 경량부經量部에서 주장하는 푸드갈라pudgala로, 우리를 태어나거나 죽게 하는 주체이자 우리의 실체이다. 이를 인간이라고 번역하기로 한다. 그러므로 이 경우 인간은 형태를 갖춘 사람이 아니라 인간의 형태를 갖추게 하는 인간의 실체, 곧 우리의 마음을 일으키고 우리의 몸을 형성하게 하는 주체이다. '사람이 마음을 부린다.'고 하면 이 마음의 주체, 곧 근본마음이 겉에 나타나서 움직이는 마음을 부린다는 뜻이다.

마음이 마음을 부리게 하기 위해서는 그것을 확고하게 잡고 있어야 하는데, 수식과 상수, 지, 관, 환, 정이 그런 힘을 기르게 하는 호흡훈련의 여섯 단계이다. 이 마음의 근본을 잡아서 잘 닦는 수행을 설법한 경전이 바로《삼십칠품경三十七品經》이다. 이 경전은 불도 수행의 목표이자 깨달음의 최고 경지인 열반에 이르게 하는 37가지 방법을 설명하고 있다. 주로 마음수련에 대한 것이며, 호흡수련을 통해서 마음의 열반을 얻게 하는《안반수의경》과 같은 내용을 담고 있다. 따라서 안반수의법은 호흡을 통해서《삼십칠품경》의 세계를 실현하는 것이라 할 수 있다. 이 방법은 이미 안반수의법과 비교하여 상세히 소개한 바 있으니 생략하고 다만 그 개요만 다시 한번 살펴보기로 한다.

사념처四念處 : 마음을 쓰는 네 가지 방법
사정근四正勤 : 네 가지 올바른 노력
사여의족四如意足 : 네 가지가 뜻대로 되는 수행
오근五根 : 다섯 가지 감각의 훈련
오력五力 : 다섯 가지 힘을 얻는 훈련
칠각지七覺支 : 일곱 가지 지혜를 얻는 훈련
팔정도八正道 : 여덟 가지 올바른 실천의 훈련

이들 모든 수행은 마음이 사람을 부려서 올바른 삶을 살게 하는 길이다. 그러므로 우리의 마음이 마음과 몸을 올바르게 움직이면 그것이 곧 깨달음을 얻는 길이다. 근본마음이 흔들려서 도를 행하지 않고 쓸데없는 욕심을 부리면 마음이 사람을 부리는 것이 아니라 반대로 사람이 마음을 부리게 된다. 붓다는 안반수의법을, 우리의 근본마음을 깨끗하게 유지하여 마음과 몸이 잘못되지 않도록 올바르게 부리는 방법이라고 강조하고 있다.

4-21. 세 가지 독을 제거해야 한다

息有垢息垢不去不得息. 何等爲息垢. 謂三冥中最劇者. 是爲息垢. 何等爲三冥. 謂三毒起時身中正冥故言三冥. 三毒者. 一爲貪婬. 二爲瞋恚. 三爲愚癡. 人皆坐是三事死故言毒也.

숨이 잘못되어 숨의 잘못됨이 사라지지 않으면 숨을 얻지 못한다. 어떤 것이 숨의 잘못됨인가? 곧 세 가지 어둠 중에서 가장 심한 것이다. 이것이 숨의 잘못됨이다. 어떤 것이 세 가지 어둠인가? 곧 세 가지 독이 일어날 때에는 몸 속이 바로 어두워지기 때문에 세 가지 어둠이라고 한다. 세 가지 독이란 첫째는 음란한 것을 탐하는 것이고, 둘째는 노여움이며, 셋째는 어리석음이다. 사람은 모두 이 세 가지에 머물다가 죽기 때문에 독이라고 말한다.

해설 우리는 호흡으로 몸 안에 산소를 받아들여서 피를 깨끗히 하고 다시 몸 안에 생긴 나쁜 독소를 폐를 통해 밖으로 내보낸다. 그러므로 호흡은 폐를 통한 생명력의 끊임없는 공급과 배출이다. 새것이 들어오면 옛것이 나간다. 호흡은 흉곽의 확대와 축소의 되풀이요, 횡경막의 수축과 이완에 의해 이루어진다. 뿐만 아니라 심장으로 피가 들어가게 하고, 다시 나오게 하여 정맥을 통해 온몸으로 퍼지게 한다.
　이처럼 호흡이 신체의 여러 기관과 관련되어 있다는 사실을 잊어서는 안 된다. 그러나 자주 지적했다시피 호흡은 정신상태와 더욱 깊은 관계를 맺고 있다. 가령 근심이나 걱정이 있으면 심장의 고동이 약해져 피의 순환이 잘 이루어지지 않게 되며 횡경막의 운동도 둔화된다. 그와 반대로 기뻐서 크게 웃을 때에는 폐가 확대되고 축소되는 폭이 커지고, 횡경막의 상하운동이 강해지며, 심장의 움직임도 활발해져 자율신경이 강화된다.
　숨에 잘못이 있으면 제대로 이루어지지 않는다는 이치를 말한 것이니, 잘못은 우리의 몸을 덮어서 원만한 생리작용을 방해한다. 우리의 호흡에서 잘못됨과 같은 장애를 세 가지 어둠이라고 한다. 덮어서 어둡게 하기 때문이다. 이 세 가지는 무엇인가? 붓다는 탐貪, 진瞋, 치癡를 들고 있다. 이를 삼독三毒이라고 하는데, 이것은 우리의 마음을 어둡게 하여 무명無明의 원인이 될 뿐만 아니라 호흡까지도 방해한다.
　이상과 같은 설명을 통해 우리는 올바른 정신상태가 올바른 육체 활동을 일으키고, 올바른 육체 활동이 올바른 호흡으로 이어진다는 것을 알 수 있다. 또한 올바른 호흡이 올바른 정신과 육체를 유지하게 한다. 예방의학의 입장에서 보았을 때, 이 설명은 물질만능 시대를 살고 있는 현대인에게 인간의 완성과 행복을 성취하는 데에 있어서 가장 기초가 무엇인지를 시사해 주고 있다. 붓다는 항상 어떤 현상의 근본을 보라고 가르쳤다. 올바르지 못한 호흡의 원인은 잘못된 정신상태에 있으며, 탐, 진, 치의 삼독을 없애면 극복할 수 있다. 요즘 들어 심신요법心身療法이라는 새로운 방향이 의학계의 주목을 받고, 따라서 병을 치료할 때에도 심신일여心身一如의 원칙이 적용되고 있는데, 붓다는 이미 안반념법을 통해서 그것을 실천한 것이다. 인간은 삼독에 의해 고통을 받고 그 고통으로 인해 죽는다. 때문에 붓다는 탐진치를 없애기 위한 길로 팔정도를 제시한 바 있다. 그 팔정도를 얻기 위한 가장 쉬운 방법이 바로 호흡에 마음을 집중하는 것이다.

현대인에게 가장 중요한 것은 정신과 물질을 조화시키는 물심일여物心一如에 대한 과학적인 이해일 것이다. 몸과 마음의 연관 관계를 과학적으로 규명하여 심신일여의 입장에서 현대인의 건강과 행복을 추구하고 달성해야만 한다. 지나친 물질 위주의 문명이나, 반대로 지나친 정신 위주의 편협한 문명은 지양되어야 하고, 또한 그런 양 극단에 속하는 의료행위도 시정되어야 한다. 미국의 한 학자는 '모든 병의 80%는 심리적인 요인으로 인해 발생한다.'고 밝혔다. 일본 큐슈 대학의 조사 보고에 따르면 심장 질환으로 인해 심전도 검사를 받은 환자 중 70% 이상이 심장신경증을 앓고 있는 것으로 밝혀졌다.

심리현상은 뇌의 전반부인 대뇌피질에 나타난다. 지知, 정情, 의意라는 마음의 작용이 일어나는 곳이다. 특히 인간의 정신작용은 거의 대뇌피질의 대부분을 점유하고 있는 대뇌신피질이라는 영역에서 이루어진다. 그보다 깊은 곳에 고피질이라는 영역이 있다. 고피질은 여러 가지 점에서 주목할 만하다. 연구 결과에 따르면 대뇌의 고피질은 동물마다 모두 크기가 같으며, 동물적인 작용을 관장하는 영역이다. 특히 내장의 작용을 조절하기 때문에 내장뇌라고 부르기도 하며, 심리 현상을 관장한다고 하여 감정뇌라고 부르기도 한다. 심장이나 위장 등 내장의 활동을 조절하는 영역이 감정을 조절하는 역할을 겸하고 있다는 점에 유의할 필요가 있다. 다시 말해서 마음과 몸이 대뇌의 고피질에서 조절되고 있다는 것이다. 그러므로 인간이 삶을 영위하기 위해서는 대뇌의 새로운 피질과 오래된 피질을 잘 조화시켜야 한다고 말할 수 있다. 고피질이 감정을 관장하고 신피질이 이성을 관장하고 있으므로 이 둘이 잘 조화되면 이성과 감정이 조화된 지혜로운 사람이 될 수 있다. 이런 조화를 얻기 위한 방법이 바로 명상이며, 명상은 마음과 몸을 결합시키는 고삐를 잡는 일이다. 말을 타는 사람이 말고삐를 잡듯이 심신을 결합시키고 있는 고삐를 틀어쥐지 않으면 안 된다. 명상훈련을 통해 신경과 호르몬 분비선을 조절하고, 신피질과 고피질에 영향을 주어 이들을 조절하는 것이다. 특히 호흡에 정신을 집중하여 대뇌의 신피질을 거쳐 송과선이나 뇌하수체에 자극을 주면 그로 인해 고피질에도 영향을 주게 된다. 또한 신피질에 있는 동물성의 중추신경계와 고피질에 있는 식물성의 중추신경계 두 가지를 조절하게 된다.

탐진치라는 삼독을 없애면 생리학적으로는 대뇌의 신피질과 고피질이 잘 조화되어 정상적으로 활동하게 된다. 고피질은 탐욕과 노여움을, 신피질은 어리석음을 다스린다. 호흡에 정신을 집중하는 수식은 신경과 호르몬선의 훈련이며 대뇌의 신피질과 고피질의 훈련이다.

4-22. 올바른 호흡의 모습은 무집착이다

數息時意在數息未數時有三意. 有善意有惡意有不善不惡意. 欲知人得息相者. 當觀萬物及諸好色. 意不復著是爲得息. 相意復著. 是爲未得當更精進. 行家中意欲盡者. 謂六情爲意家貪愛萬物. 皆爲意家也.

수식을 할 때에는 마음이 수식에 있으나 아직 헤아리지 않을 때에는 세 가지 마음이 있다. 좋은 마음과 나쁜 마음, 좋지도 않고 나쁘지도 않은 마음이 있다. 사람이 숨을 얻은 모습을 알고자 한다면 마땅히 만물과 좋은 색들을 관찰하라. 마음이 다시 집착하지 않으면 숨을 얻는다. 마음이 모습에 다시 집착하면 아직 얻음이 아니니 다시 더욱 정진하라. 움직임의 집 중에서 의욕이 다한 자는 여섯 가지 정情을 마음의 집으로 삼는다. 만물을 탐애하는 것은 모두 마음의 집이 된다.

해설 수식이 올바르게 이루어진 모습에 대한 설명이 이어진다.
  수에 마음이 집중되지 않을 때는 어떤 상태인가? 집중되지 않는 마음에는 세 가지가 있다. 즉 선과 악, 그리고 불선불악不善不惡이다. 선에 치우친 마음이나 악에 치우치면 모두 어느 한쪽에 치우친 격동의 마음이다. 불선불악의 마음은 선하지도, 악하지도 않은 마음이니 중간 상태에서 움직이고 있다. 이 세 가지 마음은 비록 치우쳐서 움직이는 정도에는 차이가 있으나 어느 것이나 움직이고는 있다. 그런데 마음이 수에 집중되면 이들 마음이 아닌 다른 마음이 나타난다. 그 마음은 선하거나 악하거나 선도 아니고 악도 아닌 마음이 아니라, 어디에도 치우치지 않고 오로지 수를 향하는 마음이다. 오로지 수에 마음을 두어야 하지만 그러면서도 수에 집착해서는 안 된다. 하나라는 수에 집착하지 않기 때문에 둘을 헤아릴 수 있고, 둘이라는 수에 집착하지 않기 때문에 셋을 헤아릴 수 있다. 넷도 마찬가지이고 다섯도 마찬가지이다. 이렇게 열까지 세고 그친다.
  올바른 마음 상태를 습득하기 위해서는 많은 노력이 필요하다. 처음에는 대자연의 모든 사물을 관찰하되 좋은 것을 보도록 한다. 나쁜 것을 보면 마음의 동요가 심해지기 때문이다. 좋은 것을 보고 기쁨을 얻으면 호흡이 길고 느리게 정상적으로 이루어진다. 물론 이 경우에도 대상에 집착해서는 안 된다.
  선과 악은 두 극단이라고 했다. 이 두 극단을 떠나는 것이 중도인데,

중도는 선도 아니고 악도 아니지만 그 중간을 의미하는 것도 아니다. 불교에서 말하는 중도란 올바른 길이다. 두 극단도 아니고 그 중간도 아닌, 어디에도 집착하지 않는 중中이다. 중은 곧 바른 것이요 공이며 인연생멸因緣生滅의 도리이다. 자연 그대로의 도리요, 법 그대로의 도리이다. 그러므로 이를 자연법이自然法爾라고도 한다.

우리의 마음은 눈이나 귀, 코, 입, 피부로부터 들어오는 자극에 따라서 밖으로 달려나간다. 여섯 가지 감각 기관을 통해서 마음의 움직임이 일어나서 감각 기관을 집으로 삼아 깃들어 있다. 주인인 마음이 여섯 가지 감각 기관을 집으로 삼고 그에 의지하고 있으므로 탐욕도 이들을 통해 들어와 떠나지 않는다. 노여움도 이러한 탐욕이 채워지지 않았을 때 일어난다. 어리석음 역시 감각 기관을 통해서 들어온 것에 이끌리는 것이다. 따라서 마음이 이 삼독의 해를 입지 않기 위해서는 어떤 것에도 걸리지 않는 마음을 갖도록 애써야 한다.

4 - 23. 숨과 마음이 서로 따른다

相隨者. 謂行善法從是得脫. 當與相隨. 亦謂不隨五陰六入. 息與意相隨也.

상수란, 좋은 법을 행하는 것이다. 이로부터 해탈을 얻는다. 마땅히 더불어 서로 따를지니, 또한 오음과 육입에 따르지 않고 숨과 마음이 서로 따르는 것이다.

해설 지금까지는 수식에 대해서 설명했으나 여기서는 그 다음 단계인 상수를 설명하고 있다.

호흡이 법 그대로 잘 행해지면 수를 헤아리는 것도 법대로 잘 이루어진다. 이러한 선법善法을 행하는 동안에 모든 것에 대한 집착으로부터 벗어날 수 있다. 그것이 바로 해탈이다. 좋은 법을 행하면 좋은 공덕이라는 결과를 얻고, 나쁜 법을 행하면 속박이라는 나쁜 결과를 얻는다. 우리의 마음은 본래 넓고 깨끗하다. 그러나 고뇌와 부자유, 잘못된 행법으로 마음의 문이 막히고 만다. 우리의 마음은 눈에 보이지 않는 많은 것에 속박되어 있다. 인습, 습관, 지식 등의 모든 선천적, 후천적인 경험이 자아의 세계를 형성하여 마음의 문을 막고 있다. 이러한 속박으로부터 벗어나려면 흐트러짐 없는 정신집중을 통해 올바른 호흡을 하여 보고, 듣고, 행하는 데 있어서 그릇됨이 없게 해야 한다.

'좋은 법을 행한다.'는 법 그대로 행한다는 뜻이니, 호흡에 있어서 마땅히 행해져야 할 안반념법을 그대로 행하는 것이다. 호흡이 바르면 생각이나 행동도 바르게 된다. 상수의 단계에서는 이것이 몸에 배어 숨과 마음이 서로 떠나지 않는다. 또한 오음五陰과 육입六入에 마음이 흔들리지 않는다. 여기서 말하는 오음(오온五蘊)은 인간의 다섯 가지 구성 요소이고, 육입은 여섯 가지 감각 기관으로서 육처六處라고도 일컫는다. 이들에 대해서는 이미 설명한 바 있다. 즉 상수의 단계에서는 눈에 들어오는 사물, 귀로 듣는 소리, 코로 맡는 냄새, 혀로 느끼는 맛, 몸으로 느끼는 감촉, 마음에 떠오르는 사물의 모습 등에 끌리지 않고, 사물의 형상, 감수된 인상, 지각하는 상념, 의지의 움직임, 인식작용(색, 수, 상, 행, 식) 등 모든 육체적 현상에 끌리지 않는다.

이러한 심식일여心息一如의 한결같은 세계인 상수가 바로 공으로 들어가기 전의 단계이다.

5. 止와 觀

5-1. 마음이 코 끝에 고요히 머문다

問第三止. 何以故. 止在鼻頭. 報用數息相隨止觀還淨. 皆從鼻出入. 意習故處亦爲易識. 以是故著鼻頭也. 惡意來者斷爲禪. 有時在鼻頭止. 有時在心中止. 在所著爲止. 邪來亂人意. 直觀一事. 諸惡來心不當動. 心爲不畏之哉也.

묻되, 셋째 단계인 그침은 어찌하여 코 끝에서 그칩니까? 답하되, 수식, 상수, 지, 관, 환, 정에서 모두 코로부터 나가고 들어온다. 마음이 가까이하기 때문에 그곳은 또한 쉽게 알려진다. 이 때문에 코 끝에 머무는 것이다. 악한 마음이 온 것을 끊으면 선정이 된다. 어느 때는 코 끝에 그치고 어느 때는 마음 가운데에서 그친다. 머무는 곳이 있으면 그치게 된다. 잘못이 와서 사람의 마음을 어지럽게 하면 바로 한 가지 일을 관찰하라. 모든 악이 오더라도 마음은 마땅히 움직이지 말아야 하니, 어찌 마음이 두려워하지 않겠는가?

해설 셋째 단계인 지止, 즉 마음이 한 곳에 머무는 것에 대한 가르침이다. 이 단계에서 선정禪定으로 들어가게 된다. 그런데 왜 하필 코 끝에서 그쳐야 하는가? 수식에서 정에 이르는 모든 단계에서 숨은 코로 들어오고 나가기 때문이다. 코 끝에 마음을 두는 일에 익숙해지면 그곳에 대한 인식이 쉽게 이루어져 마음을 코 끝에 두기가 쉬워진다. 보이지 않는 마음이지만 계속해서 어떤 한 곳으로 쓰게 되면 그곳에 머물게 된다. 가령 간절한 그리움으로 어떤 사람을 생각할 경우에 우리의 마음은 자신도 모르게 그 대상에게로 가게 된다. 또 우리의 몸 어느 한 곳에 신경을 쓰면 마음이 그 특정부위에 계속 머물러 있는 경험을 해 본 적이 있을 것이다.

숨이 바르지 않으면 악한 마음이 일어난다. 악한 마음은 악한 인연에 의해 일어난다. 그러므로 코 끝에 마음을 두고 숨에 따라 일어나는 마음을 잘 살펴서, 만일 악한 마음이 들어오는 것을 발견하게 되면 막아야 한다. 선정은 바로 악한 마음을 차단하는 수행이다. 악한 마음이란, 이것과 저것, 선과 악, 미와 추 등 대립된 개념이나 가치에 집착하여 그것으로부터 벗어나지 못하는 것이다.

마음이 집착으로부터 자유로우려면 한 곳에 고요히 머물러야 한다. 마음이 한 곳에 머물지 못하고 이리저리 움직이면 그것을 바로잡기 위해 어떤 한 가지 일을 관觀해야 한다. 동요하는 마음을 한 가지 일에 옮겨 놓는 것이다. 객관 세계의 어떤 자극에도 끌리지 않아야 하지만, 마음은 움직이기 쉬우므로 많은 수행을 통해서 될 수 있는 대로 한 곳에 오래 머물게 하며 무엇인가를 깊이 관조하는 힘을 길러야 한다.

호흡훈련에서 코 끝에 마음을 집중시키라고 가르치는 이유가 우리의 몸에서 코가 호흡과 가장 인연이 깊은 기관이기 때문이라는 점에 유의할 필요가 있다. 《해탈도론》 제7권은 이렇게 설명하고 있다.

"나타나는 것에 즐겁게 머무는 법을 배운다는 것은 곧 마음을 코 끝, 혹은 입술에 머물게 하는 것이다. 나가고 들어오는 숨과 인연이 깊은 곳이기 때문이다. 좌선을 닦는 사람은 안온하게 이곳을 생각한다. 들숨과 날숨이 코 끝이나 입술에서 생각과 접촉되는 것을 觀한다. 혹은 생각을 가지고 숨을 나가게 한다. 마치 나무를 자를 때 톱의 힘을 인연으로 하는 것과 같다. 또한 좌선하는 사람은 톱의 왔다갔다함을 생각하듯 들숨과 날숨에 있어서 들어오고 나간다는 생각을 하지 않는다. 감촉되는 코 끝이나 입술을 생각하면서 숨이 들어오게 하고 나가게 한다. 만일 좌선하는 사람이 들어오거나 나가는 숨에서 안과 밖을 헤아리면 마음이 산란해진다. 만일 마음이 산란해지면 몸과 마음이 게을러지고 동요하게 된다. 이것은 분명 잘못이다.

혹은 긴 숨이나 짧은 숨을 의식하지 말지니, 만일 길거나 짧다고 생각하면 몸과 마음이 게을러지고 동요하게 된다. 이것은 잘못이다."

마음을 코 끝에 그치게 하는 것도 생각하지 말고, 코 끝에 그치고 있다는 생각도 하지 말아야 한다. 그치고 있는 것과 마음을 두는 것은 다르다. 마음을 두는 것은 마음의 움직임이 있고, 그치고 있는 것은 움직임이 없다. 마음이 움직이지 않으면 제3단계인 지止에 들어간 것이다.

5-2. 止에는 네 가지가 있다

止有四. 一爲數止. 二爲相隨止. 三爲鼻頭止. 四爲息心止. 止者謂五樂六入當制止之也. 入息至盡鼻頭止. 謂惡不復入至鼻頭止. 出息至盡著鼻頭. 謂意不復離身行向惡故著鼻頭. 亦謂

息初入時. 便一念向不復轉. 息出入亦不復覺. 是爲止也.

그침에는 네 가지가 있다. 하나는 수의 그침이요, 둘째는 상수의 그침이요, 셋째는 코 끝의 그침이요, 넷째는 숨과 마음의 그침이다. 그침이란 곧 다섯 가지 즐거움이나 여섯 가지 감각 기관이 마땅히 그치게 하는 것이다. 들어오는 숨이 다하여 코 끝에 그친다. 곧 악한 마음이 다시 들어오지 않고 코 끝에 이르러서 그친다. 나가는 숨이 다하면 코 끝에 둔다. 곧 마음이 다시 몸을 떠나지 않고 움직여서 잘못을 향하기 때문에 코 끝에 두게 된다. 또한 숨이 처음 들어올 때는, 곧 한결같은 생각이 다시 바뀌지 않고, 또한 숨의 나가고 들어옴을 다시 깨닫지 않으면, 이것이 그침이다.

해설 여기서 그친다는 의미는 조용히 그쳐서 움직이지 않고 평안히 안정된 상태이다. 선정에서 탐진치가 없어지고 모든 욕정이 사라져 마음이 움직이지 않는 상태이다. 이러한 세계로 들어가는 데에는 호흡의 수를 헤아리는 방법과, 호흡과 마음을 같이 하는 방법, 마음을 코에 머무르게 하는 방법이 있다. 마지막으로 마음과 숨을 모두 그치게 하는 방법도 있다. 이 중에서 마음과 숨을 모두 그치게 하는 방법이 가장 어려운데, 숨을 생각하는 마음까지 그쳐야 하기 때문이다. 앞의 두 가지에는 모두 숨과 마음이 있다. 코에서 그치는 것에는 마음만 있고 숨은 없다. 네번째에서는 마음과 숨이 모두 그친다. 마음과 숨이 모두 그쳐야만 비로소 주관이나 객관에 의한 집착에서 떠날 수 있다.

주관적인 집착은 다섯 가지로 대별할 수 있다. 곧 오욕五欲의 쾌락이다. 객관적인 집착은 감각 기관으로부터 들어오는 것에 대한 집착이다. 이들은 모두 마음속에 나타나고 있으므로 마음이 고요히 그치는

지의 단계에서는 모두 억제된다.

 마음이 코 끝에 그친다는 것은 숨이 들어올 때, 들숨이 끝까지 들어와 코 끝에서 그친다는 의미이다. 도중에 멈추지 않고 길게 들어와서 끝까지 지속된다. 또한 숨이 나갈 때도 나갈 수 있는 한계까지 길게 나가서 코 끝에서 그친다. 이 경우 마음은 항상 코 끝에 있다. 이렇게 되려면 숨이 들어올 때부터 나갈 때까지 마음이 도중에 바뀌지 않고 한결같아야 한다. 마음이 바뀌지 않으려면 숨이 나가고 들어오는 것을 감지하지 않는 상태에 이르러야 한다. 곧 '지금 숨이 들어오고 있다. 지금 숨이 나가고 있다.'는 생각에서 끝까지 떠나지 않게 되면, 드디어는 들어온다는 생각이나 나간다는 생각이 모두 없어진다. 이 상태가 곧 숨이 그친 상태이다. 여기에 이르면 외부에서 자극을 받아도 끌리지 않게 된다.

 수식에서는 수를 헤아려 수를 떠나는 것이 그침이요, 상수에서는 숨과 마음이 서로 함께하면서 숨과 마음을 떠난 것이 그침이요, 들어오고 나가는 숨이 코 끝에서 행해지면서 코 끝까지도 의식하지 않게 되는 것이 그침이다. 마지막으로 숨과 마음이 함께하면서 함께하고 있다는 의식마저도 없으면 숨과 마음까지 그친 것이다. 어떤 방법을 쓰든지 마음이 한 곳에 그쳐 다시는 일어나지 않게 된다. 이 선정의 상태가 열반으로 들어가는 문이다. 열반이란 입으로 불어서 불을 끈 것처럼 마음의 움직임이 없어진 상태라고 생각되기도 한다. 그러나 열반은 집착이 없이 움직이는 마음이라고 볼 수 있으니, 무심無心이 이에 해당한다. 열반 혹은 무심은 마음이 없는 상태가 아니라 집착이 없는 마음을 의미한다. 따라서 마음이 그쳤다는 말은 마음이 없어졌다는 뜻이 아니라 한 곳에 머물러 움직이지 않게 되었다는 뜻이다. 집착하지 않는 마음이 고요 속에서 움직이고 있는 것이 그침, 곧 지止이다.

5-3. 고요한 그침은 있으면서도 없는 것이다

止者如如出息入息覺知前意出. 不覺後意出. 覺前意爲意相觀. 便察出入息見敗. 便受相畏生死便却意. 便隨道意相也. 莫爲相隨者. 但念著鼻頭. 五陰因緣不復念. 罪斷意滅亦不喘息. 是爲止也. 莫爲相隨者. 謂莫復意念出入. 隨五陰因緣. 不復喘息也.

그침은 여여如如한 날숨과 들숨이 앞의 마음의 나감을 깨달아서 알고, 뒤의 마음의 나감은 깨닫지 못한다. 앞의 마음을 깨달으면 의상관意相觀이 된다. 곧 들어오고 나가는 숨을 관찰하여 무너짐을 보면 곧 모습을 받고 생사를 두려워하여 곧 마음을 물리친다. 곧 도에 따르는 마음의 모습이다. 서로 따르지 않으면 단지 생각이 코 끝에 붙어서 오음의 인연을 다시 생각하지 않는다. 죄가 끊어지고 마음이 없어지면 또한 거친 숨이 아니다. 이것이 그침이 된다. 서로 따르지 않으면 곧 다시 마음의 나가고 들어옴을 생각하지 않고, 오음의 인연에 따라서 다시 거친 호흡을 하지 않는다.

해설 숨이 올바르게 행해지면 호흡이 거칠지 않고 마치 숨을 쉬지 않는 것처럼 고요해진다. 고요하게 호흡하려면 정신을 집중하여 들어오는 숨이나 나가는 숨에서 마음을 떼지 말아야 한다. 숨이 나갈 때와 들어올 때, 마음을 끝까지 집중하라는 의미가 아니다. 나가거나 들어오기 시작할 때만, 즉 호흡의 시작만 의식하면 된다. '숨이 들어온다. 숨이 나간다.'고 의식하면서 들숨, 날숨을 의식적으로 성찰하여 한결같이 지속되도록 한다. 이런 호흡을 의상관意相觀이라고 한다. 곧 마음이 호흡을 의식하는 관법觀法이다. 그런데 숨과 마음이 서로 따르는 상수의 단계와 그치는 지의 단계는 어떻게 다른가? 상수는 처음부터 끝까지 의식이 떠나지 않는 것이요, 지는 처음에만 있고 뒤에는 없다. 다시 말해서 숨을 의식한다는 점은 같으나, 시작할 때만 숨과 마음이 함께하는 것이 지의 단계이다. 마음이 코 끝에 붙어있지만 코로부터 들어온다고 생각하거나 코를 통해서 나간다는 생각이 지속되지는 않는다. 들숨이나 날숨의 시작에만 의식이 따르고, 그 다음부터는 아무 생각도 없다. 이것을 '죄가 끊어지고 마음이 없어진 것'이라고 했다.

처음부터 끝까지 마음이 따르면 숨이 거칠어진다. 숨을 의식하지 않는 숨이 가장 고요하다. 고요한 그침의 세계, 곧 선정의 세계는 숨과 마음이 하나가 되어 의식이 있으면서도 깨달아 아는 것이 없어진 세계라고 말하기도 한다. 즉 의식의 세계가 무의식의 세계로 들어간 상태이다. 이를 신행身行이 적멸한 세계라고도 한다. 이미 소개한 바 있는 《해탈도론》에서 말했듯이, 가장 고요하고 여린 호흡이 극치에 이르면 호흡이 없어지는 것 같지만, 그 속에는 호흡의 처음 모습이 있고, 들어오고 나가는 숨에 의해 그것이 없어지게 된다. 즉 신행의 적멸이란 들숨, 날숨이 있으면서도 없는 것 같은 모습을 갖게 된 상태이다.

상수로부터 제4선이라 불리는 지로 넘어가면 마치 숨과 마음이 모두 끊어진 것처럼 호흡만이 고요히 행해지게 된다.

5-4. 올바른 觀이란 조화의 극치이다

第四觀者. 觀息敗時與觀身體異. 息見因緣生無因緣滅也. 心意受相者. 謂意欲有所得. 心計因緣會當復滅. 便斷所欲不復向. 是爲心意受相也.

넷째 단계는 관이다. 관과 숨이 잘못되었을 때에는 관과 몸이 서로 다르다. 숨이 인연을 만나면 생하고, 인연이 없으면 멸한다. 마음이 모습을 받아들이는 것은 마음이 얻고자 하는 것이다. 마음이 인연을 헤아리면 마땅히 만나고 다시 멸한다. 곧 바라는 바를 끊고 다시 나아가지 않으면, 이것은 마음이 모습을 받아들인 것이다.

해설 호흡이 잘 안되거나 관觀이 잘못되는 이유는 정신작용인 관과 몸의 작용인 호흡이 조화되지 않았기 때문이다. 몸과 정신이 잘 조화되어야만 사물을 올바르게 관찰할 수 있다. 모든 것은 인연으로 이루어진다. 고요한 마음은 올바른 숨의 인연에서 비롯된 것으로, 이 마음은 외부로부터 받아들이는 사물의 인상에 의해 좌우된다. 외부 세계를 갖고자 하는 의욕이 마음의 인연이요, 마음이 또한 호흡의 인연이다. 인연이 서로 잘 만나면 모든 것이 생하고, 인연이 없으면 모든 것이 멸한다. 좋지 않은 마음의 욕구를 끊고 외부의 인연을 막으면 마음이 고요해지고 호흡도 바르게 된다.

우리의 마음이 외부 세계의 인상을 감지하여 받아들이는 인연에 의해 사물을 관찰하여 알아차릴 수 있게 된다. 올바른 관찰은 이러한 마음에 감수된 사물이 모습을 나타낸 것이다. 올바르게 관찰하려면 마음에 혼란이 없어야 한다. 이렇게 하고 싶다거나 저렇게 하고 싶다는 욕심이 일어나면 올바르게 관찰할 수 없다. 마음에 있는 그대로 받아들여지지 않기 때문이다.

5-5. 사물의 인연법을 觀하면 즐거움이 있다

以識因緣爲俱相觀者. 謂識知五陰因緣. 出息亦觀入息亦觀.

觀者謂觀五陰. 是爲俱觀. 亦應意意相觀. 爲兩因緣. 在內斷惡
念道也.

식識의 인연으로써 같이 모습을 관한다는 것은, 곧 식이 오음의 인
연을 알고, 날숨도 관하고 들숨 또한 관하는 것이다. 관이란 오음
을 관찰하는 것이다. 이는 같이 관찰하는 것이며 또한 마땅히 마
음과 마음의 모습을 관찰하는 것이니, 두 인연이 된다. 내면에 있
으면서 악을 끊고 도를 생각하는 것이다.

해설 어떤 사물을 관찰하여 그 실상을 아는 것은 아는 나와 알려지
는 대상이 있어서 가능한 것이다. 주체인 인식작용과 객체인 대상이
만나서 얻어진 모습을 알아차리는 것이 관찰이다. 그러므로 어떤 사물
에 대한 관찰은 감각 기능이 그 모습을 받아 대뇌에서 처리함으로써
이루어진다. 만일 대뇌가 그것을 취사 선택하지 못한다면 혼란을 일으
켜 관찰이 잘못되고 만다. 참된 관찰은 물질적·정신적 요소로서의 오
음을 볼 수 있는 주체가 확립되어 이것과 저것의 인연 관계를 파악함
으로써 성립된다. 호흡을 관찰하여 들어오는 호흡과 나가는 호흡을 있
는 그대로 보고, 주관과 객관의 만남으로 이루어지는 오음을 있는 그
대로 연기의 도리로 보는 것이 우리의 몸과 마음을 관찰하는 것이다.
그러므로 관찰이란 보는 마음과 보여지는 마음의 영상을 모두 보는 것
이다. 이와 같이 모든 것이 인연으로 이루어져 있다는 사실을 알면 마
음의 올바름이나 잘못됨을 보고 호흡을 조절하게 된다. 잘못된 마음을
시정하여 마음을 올바르게 하면 호흡도 바르게 되고, 호흡이 바르면
사물도 바르게 관찰할 수 있다.

사물의 실상은 공이다. 관찰이란 그 사물의 인연을 알고, 그것이 공

임을 아는 것이다. 호흡훈련으로 수식과 상수, 지가 이루어지는 단계에 이르면, 마음이 호흡에 집중되어 처음에는 의식적으로 행해지던 것이 무의식적으로 행해지게 된다. 이때 의식이 호흡에 집중되면서 동시에 어떤 사물을 관찰하여 그것이 인연의 도리로 이루어졌음을 알게 된다. 이런 상태에서는 사물을 관찰하는 마음과 호흡에 집중하는 마음이 동시에 작용하여 조화된다. 이를 구관俱觀이라고 한다. 이때는 자연스럽게 마음의 장애가 없어지고 몸과 마음이 안온해진다.

원효元曉는 《금강삼매경론》에서 인연에 대해 "삼공三空의 바다는 진眞과 속俗이 융합되어 감연하다. 둘이 어울려서 하나도 아니므로, 진과 속의 본성은 서지 않음이 없다〔融眞俗而堪然. 融二而不一故. 眞俗之性無所不立〕."고 했다. 또 용수龍樹는 중관中觀이라고 했다. 《잡아비담심론》 제8권에서는 "관이란 수습, 극수습하여 자신의 이름을 기억하듯이, 그 바라는 바에 따라서 앞에 나타나는 것이다."라고 했다. 호흡에 정신을 집중하는 수련을 통해서 그것이 몸에 배면 숨을 들어오고 나가는 인연으로 보게 되고, 그 숨을 떠나지 않고 오온을 바라는 대로 관찰한다는 뜻이다.

숨과 오온은 각각 객체와 주체이다. 하지만 숨과 오온이 같이 관찰되는 구관에서는 둘이 아니다. 또한 서로 조화되긴 했으나 하나라고 할 수도 없다. 숨은 숨대로, 오온은 오온대로 바라는 바에 따라 얻어진다. 이렇게 되면 즐거움을 얻을 수 있다. 《해탈도론》에는 "수관隨觀이란 접촉함에 따라서 마땅히 그 모습을 관찰함이니, 여기에서 마땅히 일어나는 즐거움의 법을 따라서 관찰하라. 이를 수관이라 한다."라고 되어 있다.

5-6. 날숨과 들숨을 나름대로 잘 살려야 한다.

觀出息異入息異者. 謂出息爲生死陰. 入息爲思想陰. 有時出息爲痛痒陰. 入息爲識陰. 隨因緣起便受陰. 意所向無有常用. 是故爲異. 道人當分別知是.

나가는 숨과 들어오는 숨이 서로 다름을 관한다. 곧 나가는 숨이 삶과 죽음의 요소가 되고, 들어오는 숨은 생각의 요소가 되며, 어느 때는 나가는 숨이 아픔과 가려움의 요소가 되고, 들어오는 숨이 인식의 요소가 된다. 인연에 따라서 일어나서 곧 근본 요소를 받는다. 마음이 향하는 곳은 항상 쓰임이 없으니, 이때문에 다르게 된다. 도인은 마땅히 이를 분별하여 알지니라.

해설 '숨이 나간다.'는 것을 알고, 또한 '숨이 들어온다.'는 것을 관찰하여 서로 다르다는 사실을 아는 것이 관이다. 앞에서 마음이 오온을 관하여 그것이 인연으로 이루어졌다는 사실을 아는 것이 관이라고 말한 바 있다. 인연으로 되어 있기 때문에 오온은 실체가 없다. 그러므로 숨이 나가면 오온과 더불어 마음이 나가고 있는 것이다. 오온은 생사온生死蘊이다. 생사온이란 삶과 죽음의 근본 요소이니, 곧 모든 번뇌를 의미한다. 따라서 번뇌의 근본이 나가는 숨에 있다는 뜻이 된다. 번뇌 자체는 존재하지 않고 단지 인연에 의해서 생겨났을 뿐이라는 사실을 알면 번뇌에서 벗어날 수 있다. 이와 같이 날숨도 숨이 실체로써 나가는 것이 아니라 들숨이 있기 때문에 존재하는 것이다. 이러한 인연을 모르고 나가는 숨에 집착하면 번뇌의 요소가 된다. 실체가 없는 날숨, 들숨이 현실적으로는 나가고 들어오기 때문에, 어떤 때는 나가는 숨에서 아프다거나 가렵다고 느낀다. 또한 사물을 감지하고 생각을 일으키기도 한다. 나가는 숨과 들어오는 숨은 육체의 움직임에 의한 것이다. 그러나 언제나 정신적인 움직임을 동반하고 있다.

아프거나 가려움 등은 우리의 마음에 일어나는 불필요한 번뇌이다. 이를 없애려면 숨을 내보내야 한다. 몸과 마음은 둘이 아니기 때문에 나가는 숨은 몸 안에 있는 물질적인 독소뿐만 아니라 정신적인 독소인 번뇌도 밖으로 배출해준다. 근심이 있을 때 한숨을 쉬는 것도 그 근심을 없애기 위한 생리적인 현상이다. 숨을 길게 내뿜으면 마음도 정화된다. 또한 들숨은 체내에 필요한 산소를 흡수함으로써 정신활동의 깊은 곳에 영향을 준다. 구체적으로 말해서 숨이 들어오면 취각기능이 중추신경을 자극하여 뇌의 고피질에 직접적인 자극을 준다.

나가는 숨으로 감정이 순화되고 들어오는 숨으로 사유활동이 원만하게 이루어지면 우리의 정신은 올바른 모습을 유지하게 된다. 호흡은 나가고 들어오는 숨으로 이루어지고, 나가고 들어오는 숨은 생사고뇌를 일으키며, 한편 그 실상을 있는 그대로 아는 지각활동을 일으켜 삶을 원만하게 꾸려 나간다.

나가는 숨은 나가는 숨대로, 들어오는 숨은 들어오는 숨대로 역할이 있다. 이 두 가지 숨이 서로 다르다는 점의 깊은 의의를 알아야 한다. 서로 다르기 때문에 각각 자신의 기능을 발휘하여 우리의 삶이 영위된다. 호흡시에 서로 다른 들숨과 날숨을 살리고, 마음의 움직임 역시 쓰일 곳에 쓰이게 해야 한다. 마음의 움직임을 제멋대로 방치하면 멸망하고 호흡도 제멋대로 하면 몸과 마음이 패망해 버린다. 그러므로 호흡과 마음이 서로 떠나지 않음을 알아서 그 인연을 살리고, 들어오고 나가는 숨을 분별하여 각각 그 기능을 잘 살리는 사람이 도인이다.

5-7. 호흡은 중도이다

亦謂出息滅入息生. 入息滅出息生也. 無有故者. 謂人意及萬物意起已滅. 物生復死. 是爲無有故也. 非出息是入息. 非入息是出息. 非謂出息時意不念入息. 入息時意不念出息. 所念異故言非也. 中信者. 謂入道中見道因緣信道. 是爲中信也.

또한 나가는 숨이 멸하면 들어오는 숨이 생한다. 들어오는 숨이 멸하면 나가는 숨이 생한다. 없기 때문이다. 곧 사람의 마음과 만물의 마음도 일어나면 이미 없어지고, 사물은 생겨나면 다시 사라진다. (본래) 없기 때문이다. 나가는 숨이 아니면 들어오는 숨이요, 들어오는 숨이 아니면 나가는 숨이다. 아니라는 것은 숨이 나갈 때 마음이 들어오는 숨을 생각하지 않고, 숨이 들어올 때 마음이 나가는 숨을 생각하지 않는 것이다. 생각하는 바가 다르기 때문에 아니라고 말한다. 중中을 믿는다는 것은 곧 도에 들어감이니, 중은 도인 인연을 보고 도를 믿는다. 이것이 중을 믿는 것이다.

해설 모든 것은 실체가 없다. 우리의 몸도 마찬가지이다. 실체란 불변하는 실존적 본체이다. 우리의 몸은 다섯 가지 구성 요소인 오온에 의해 존재하나 그 구성요소는 실체가 없다. 그러므로 모두 공이라고 했다. 우리의 몸만이 아니라 이 세상에 존재하는 삼라만상이 모두 공이기 때문에 실체가 없다. 보이는 것뿐 아니라 보이지 않는 것도, 정신적인 것도, 물질적인 것도 마찬가지이다. 호흡도 예외일 수 없다. 들어오는 숨, 나가는 숨은 그 자체로는 실체가 없는 인연이므로 공이다. 따라서 나가면 반드시 없어지고 그 반대인 들어오는 숨이 생한다. 들어오는 숨도 있으면 멸하고, 따라서 그 반대의 것이 생한다. 이와 같이 있으면 없어지고 없어지면 다른 것이 생한다.

  삶과 죽음도 마찬가지이다. 죽음은 실체가 없기 때문에 곧 삶이다. 이때의 죽음이나 삶은 절대적인 죽음이요, 절대적인 삶이다. 죽음의 상대적인 가치로서의 삶이 아니라 그것을 넘어선 절대적인 죽음이요 삶이다. 즉 상대적인 것에 대한 집착에서 벗어났다는 뜻이다. 이것이 바로 중도中道이다. 죽음에 있어서 삶이나 죽음을 생각하지 않고 삶에 있어서도 삶이나 죽음을 생각하지 않으면 그것은 죽음도 아니고 삶도 아니다.

  숨이 나갈 때 들어오는 숨을 생각하지 않으면 상대적인 차원을 초월한 것이다. 숨이 나간다는 생각이나 들어온다는 생각은 마음이 있기 때문에 일어난다. 마음이 없으면 들어오고 나가는 것도 있을 수 없다. 나가는 숨에서 들어오는 숨을 생각하지 않고 들어오는 숨에서 나가는 숨을 생각하지 않으면, 들어오는 숨과 나가는 숨이 같이 있으면서도 모순되지 않고 조화된다. 이처럼 나간다는 생각도 없고 들어온다는 생각도 없이 나가고 들어오는 숨이 中의 실천이다. 이 세상 모든 것은 중을 떠나지 않으니, 있는 그대로의 모습으로 존재하려면 중을 실천해야 한다. 중을 실천하면 도道가 인연임을 보게 되고, 그 인연에 의해서 이것과 저것이 있다는 것을 믿게 된다. 우리는 이러한 믿음을 거역할 수 없으며 따라서 다소곳이 따를 뿐이다.

6. 還과 淨

6-1. 악을 버리고 자신으로 돌아온다

第五還棄結者. 謂棄身七惡. 第六淨棄結者. 爲棄意三惡. 是名
爲還. 還者爲意不復起惡. 惡者是爲不還也. 還身者. 謂還惡得
第五還尙有身亦無身. 何以故. 有意有身無意無身. 意爲人種.
是名爲還. 還者謂意不復起惡. 起惡者是爲不還.

다섯째 단계인 환은 맺힌 것을 버리는 것으로, 곧 몸의 일곱 가지 악을 버린다. 여섯째 단계인 정은 마음에 맺힌 세 가지 악을 버리는 것이다. 이것이 환이다. 돌려보내면 다시는 마음에 악이 일어나지 않으니, 악은 환이 아니다. 몸을 돌려보내는 것은 곧 악을 돌려보내고 다섯째의 환을 얻음이니, 오히려 자신은 있으나 몸이 없다. 마음이 있으면 몸이 있고, 마음이 없으면 몸이 없기 때문이다. 마음은 사람의 씨앗이 된다. 이를 환이라고 한다. 환이란 다시는 마음에 악이 일어나지 않음이니, 악을 일으키면 환이 아니다.

해설 붓다의 호흡 명상에서 제5단계에 속하는 환에 대한 설명이다. 환에는 두 가지 뜻이 있다. 본래의 자신으로 돌아오는 것과 본래의 자신이 아닌 것을 버려서 밖으로 돌려보내는 일이다. 몸의 일곱 가지 악을 버린다는 말은 이 중에서 악을 밖으로 내보내 다시는 일어나지 않게 하는 것이다. 몸의 일곱 가지 악이란 십악十惡, 오역五逆, 사중죄四重罪, 파계破戒, 파견破見, 방법謗法, 일천제一闡堤를 말한다.

십악은 열 가지 악으로서 살생, 도둑질, 사음邪淫, 거짓말, 이간질, 욕, 쓸데없는 말, 탐욕, 노여움, 삿된 어리석음이다. 오역은 다섯 가지 극악함으로 소승의 오역과 대승의 오역이 있다. 소승의 오역은 어머니나 아버지, 혹은 아라한을 죽이는 것, 부처의 몸에 피를 내는 것, 승가 사회를 파괴하는 것이다. 대승의 오역은 탑이나 절을 파괴하고, 성문聲聞이나 연각緣覺을 비방하는 것, 출가자의 수행을 방해하는 것, 업보를 믿지 않는 것, 소승의 오역 중에서 어떤 하나를 범하는 것이다. 사중죄는 살생, 투도偸盜, 사음, 망어妄語를 의미하기도 하고, 밀교 행자의 네 가지 계를 버리는 것을 의미하기도 한다. 곧 정법正法, 보리심菩堤心, 대승법大乘法을 버리고 중생을 이롭게 하지 않는 것이다. 파계란 계를 깨뜨리고, 파견은 올바른 견해를 깨뜨린다. 방법은 불법을 비방하는 것이다. 일천제는 해탈할 인연을 끊는 것이다.

이와 같은 모든 악은 본래의 자기 자신이 아니다. 우리의 본성은 착하고 깨끗하다. 악은 밖에서 침입한 적과 같다. 그러므로 밖으로 돌려보내 다시는 들어오지 못하게 해야 한다. 자기 자신으로 돌아오면 마음에 악함이 없어져 몸으로도 악업을 짓지 않게 된다. 마음은 인간의 행동을 결정하는 씨앗과도 같기 때문이다.

우리의 마음이 본래의 고향인 청정으로 돌아오고, 우리의 몸이 본래의 고향인 청정한 행업行業으로 돌아오게 하려면 악을 버려야 한다. 악을 버리기 위해서는 호흡이 절대적인 적정에 이르러, 밖의 세계를 관찰하는 일로부터 자기 자신으로 돌아와야 한다. 자신을 보는 눈이 생겨야 한다. 자신을 볼 수 있는 눈이 생기면 사념처四念處를 일으키게 된다. 그래서 첫째, 우리의 몸이 부정하다고 생각한다. 둘째, 우리의 마음에서 일어나는 모든 감정이나 상념이 고통이라고 생각한다. 셋째, 우리의 마음이 무상하다는 것을 알게 된다. 넷째, 실체가 있는 것은 아무것도 없고, 내 소유물도 없다고 생각하는 무아관無我觀을 얻는다. 즉 진리를 있는 그대로 보는 눈이 생기는 것이다. 이상은 자기 자신으로 돌아왔을 때 나타나는 것들이다.

6-2. 오음을 살리는 것이 還이다

亦謂前助身後助意. 不殺盜婬兩舌惡口妄言綺語. 是爲助身. 不嫉瞋恚癡. 是爲助意也. 還五陰者. 譬如買金得石便棄捐地不用. 人皆貪愛五陰得苦痛. 便不欲是爲還五陰也.

또한 먼저 몸을 돕고 뒤에 마음을 돕는다. 살생, 도둑질, 음행, 이간질, 욕설, 거짓말, 허황된 말을 하지 않으면, 이것이 몸을 돕는 것이고, 미워하지 않고 성내지 않고 어리석지 않으면, 이것이 마음을 돕는 것이다.

오음을 돌려보내는 것은 비유하면 금을 사려다가 돌을 얻으면 곧 땅에 버리고 쓰지 않음과 같다. 사람은 모두 오음을 탐내고 사랑하기 때문에 고통을 받는다. 곧 이것을 바라지 않음이 오음을 돌려보내는 것이다.

해설 누차 설명했듯이 몸과 마음은 서로 떠날 수 없는 관계이므로 몸과 마음이 건강하려면 마음가짐과 몸가짐이 올바라야 한다. 살생, 도둑질 등의 일곱 가지 나쁜 행동은 몸을 해롭게 하고, 탐욕이나 성내거나 어리석음은 마음을 해친다. 이러한 것들은 서로 관련되어 있으므로, 몸을 해치는 일곱 가지 악은 몸뿐만 아니라 마음도 해친다. 따라서 악을 떠나면 몸과 마음에 모두 도움을 주게 된다.

우리의 몸이나 마음을 구성하는 다섯 가지 요소인 오음은 우리가 생존하기 위해서는 반드시 필요하지만 그것에 끌려가면 고통을 받게 된다. 오온으로 이루어진 우리의 몸과 마음을 잘 이용하면 깨달음을 얻을 수 있지만 잘못 사용하면 파멸하고 만다. 오온을 잘 부리면 금을 얻음과 같고, 잘못 부리면 돌을 얻음과 같다.

환의 단계에선 오온의 악을 돌려보내고 자신의 본성으로 돌아온다.

6-3. 걸림 없는 세계로 간다

何等爲便見滅盡處. 謂無所有是爲滅處. 問已無所有. 何以故. 爲處者無所有處有四處. 一者飛鳥以空中爲處. 二者阿羅漢以泥洹爲處. 三者道以無有爲處. 四者法在觀處也.

어떤 것이 멸해서 없어진 세계를 보는 것입니까? 곧 있는 바가 없어야 멸한 세계이다. 묻되, 이미 없는데 어찌하여 (의지할) 곳이 됩니까? 아무것도 없는 곳에는 네 가지 세계가 있다. 하나는 나는 새가 머무는 공중이요, 둘째는 아라한이 머무는 열반이요, 셋째는 도의 세계인 있지 않음이요, 넷째는 법으로 관이 있는 곳이다.

해설 몸과 마음의 모든 악함을 버린 세계가 멸진처滅盡處이다. 한 제자가 '아무것도 갖지 않는데 어떻게 그런 세계가 있을 수 있습니까?' 라고 질문하자, 붓다는 '그 아무것도 없는 곳에 네 가지가 있다.'고 대답하면서 예를 들고 있다. 아무것도 없는 곳, 즉 가진 것이 없는 이 세계는 마치 하늘을 나는 새가 공중을 의지하면서도 그것을 의식하지 않음과 같다. 새에게는 공중을 의지하고 있다는 의식이 없다. 또한 아라한과 같은 성자는 눈에 보이지 않는 열반에 머물고 있으나 그것을 의식하지 못한다. 의식하지 않으면 마음속에 아무것도 가진 것이 없게 된다. 그런 세계에 이르러서야 사물의 실상이 알려진다. 관은 아무것도 소유하지 않는 멸진처에 이르러서야 비로소 나타나는 걸림 없는 세계이다. 사물의 실상을 보기 위해서는 주관이 객관을 대함에 있어 그 객관에 걸림이 없어야 한다.

도를 깨달아서 행하는 도인에게는 자신이 깨달은 진리가 눈에 보이거나 손에 잡히지 않는다. 그러나 그것은 그의 의지처가 된다. 도인은 그 도를 마음에 가지고 있지 않고 아무것도 없는 곳에서 도를 가지고 있는 것이다.

또한 법을 깨달은 사람은 보이지 않는 법에 의하여 살지만, 법을 마음속에 가지고 있지도 않다. 그 법은 천지의 만물 속에 그대로 있기 때문에, 만물을 올바르게 법 그대로 관함으로써 법에 의지하게 된다.

호흡도 마찬가지이다. 호흡이 바르게 행해져, 호흡에 의지하면서도 아무것에도 의지하지 않는 경지에 도달하면 그곳이 바로 멸진처이다.

6-4. 마음을 바로잡아야 한다

出息入息受五陰相者. 謂意邪念疾轉還正以生覺斷. 爲受五陰

相. 言受者. 謂受不受相也. 以受五陰相. 知起何所滅何所. 滅者爲受十二因緣人. 從十二因緣生. 亦從十二因緣死. 不念者爲不念五陰也. 知起何所滅何所. 謂善惡因緣起便復滅. 亦謂身亦謂氣生滅. 念便生不念便死. 意與身同等. 是爲斷生死道. 在是生死間. 一切惡事皆從意來也.

나가는 숨과 들어오는 숨이 오음의 모습을 받는다는 것은 곧 마음의 삿된 생각이 속히 바뀌어 올바르게 돌아오게 하는 것이다. 깨달음이 나타나서 끊으면 오음의 모습을 받게 된다. 받는다는 말은 받음이 받지 않은 모습이다. 오음의 모습을 받음으로써 어느 곳에서 일어나고 어느 곳에서 멸하는가를 안다. 멸하는 것은 열두 인연을 받은 사람이 열두 인연으로부터 생하고, 또한 열두 인연으로부터 죽는다는 뜻이다. 생각하지 않는 것은 오음을 생각하지 않음이다. 어느 곳에서 일어나고 어느 곳에서 멸하는가를 아는 것은, 곧 선과 악의 인연으로 일어났다가 곧 다시 없어지니, 또한 곧 몸과 기의 생멸을 말한다. 생각하면 곧 생하고 생각하지 않으면 곧 죽는다. 마음과 몸은 동등하니, 이것이 생사의 길을 끊게 된다. 생과 사 사이에서 일어나는 일체의 나쁜 일은 모두 마음으로부터 온다.

해설 들어오고 나가는 숨은 우리의 몸과 마음의 영향을 받고, 몸과 마음은 다섯 가지 요소인 색, 수, 상, 행, 식의 영향을 받는다. 호흡 또한 오온을 떠날 수 없으므로 오온을 받는다. 따라서 몸이나 마음이 나쁘면 호흡도 나빠지고, 마음이 기쁘고 쾌적하면 호흡도 고르게 된다. 그러므로 마음에 잡된 생각이 떠오르면 곧 속히 돌려보내 올바른 마음을 가지도록 해야 한다. 이 경우 마음을 바르게 하겠다는 자각이 필요하다. 물론 이러한 자각 역시 마음으로부터 일어나니, 마음이나 몸의 변화가 어디서부터 일어나고, 어디로 없어지는가를 알아야 한다.

붓다는 이 세계의 물질이나 정신의 모습을 통해서 열두 가지 인연의 도리를 발견하였다. 호흡이나 마음의 좋고 나쁨은 열두 가지 인연으로부터 일어나고, 열두 가지 인연에 따라 없어진다. 열두 가지 인연에 대해 다시 한번 정리해 보자.

인간의 생명은 무명無明에서 시작하여 생존 활동의 움직임〔行〕이 생겨나고, 다시 의식〔識〕이 일어나서 형태〔名, 色〕가 형성된다. 다시 이로부터 여섯 가지 감각 기관〔六處〕의 여섯 가지 감각 기능〔六根〕이 있고, 다시 이로부터 외계의 상황을 알게 된다〔觸〕. 다시 이로부터 애착〔愛〕이 생기고, 그것을 취하게〔取〕 되어 존재를 보고 드디어는 태어나서 늙고 죽는 현존재가 있게 된다. 이것이 인간의 생멸 과정이다. 호흡이나 마음의 생멸도 이 열두 가지 과정에서 벗어나지 않는다.

열두 가지 인연에 의하면 나쁜 마음은 무명으로부터 일어나기 때문에 속히 없애기 위해서는 무명의 원인인 탐진치를 없애야 한다. 이렇게 하면 마음이 올바른 상태로 돌아오고, 동시에 호흡도 바르게 된다. 열두 가지 인연은 무명으로부터 생하고 무명으로 돌아가서 없어진다. 그러므로 탐진치라는 나쁜 인연으로 생로병사가 있으니, 나쁜 인연을 좋은 인연으로 바꾸면 생로병사가 없는 세계를 얻을 수 있다. 탐진치의 세 가지는 연기의 도리를 몰라서 생기는 마음이다. 용수龍樹는 탐진치의 원인을 비여리작의非如理作意라고 설파했다. 인연의 도리에 맞지 않는 마음을 일으키지 않으면 그릇된 호흡이나 마음이 일어나지 않고, 생과 사를 떠나게 된다. 여기서 우리는 무명도 생각하는 데서 생하고 생각하지 않는 데서 멸한다는 사실을 알 수 있다.

우리 몸의 생사는 마음에 있고, 마음은 기氣라는 일종의 힘이다. 좋은 마음이나 나쁜 마음의 힘에 의해서 우리의 존재는 생겨날 수도 없어질 수도 있다. 그러므로 이 기를 잘 드러나게 하느냐 그렇지 못하느냐에 따라서 우리의 삶이 결정된다. 생사의 길을 끊고 절대 평온의 세계에 머물고자 한다면 나쁜 생각을 일으키지 말아야 한다. 붓다는 모든 나쁜 것은 마음에 의해 생겨나고 없어진다는 사실을 확실히 인식하고, 마음이 일어나는 과정과 그 원인을 살펴 무명을 없애라고 했다.

6-5. 나는 지금의 숨에 있다

今不爲前前. 不爲今者. 謂前所念已滅. 今念非前念. 亦謂前世所作今世所作各自得福. 亦謂今所行善非前所行惡. 亦謂今息非前息. 前息非今息也.

지금은 앞과 그 앞이 되지 않는다. 되지 않는 지금이란 앞에 생각한 바가 이미 멸한 것을 말한다. 지금의 생각은 앞의 생각이 아니다. 또한 전세에 지은 바는 각각 스스로 복을 얻어 금세에 지은 바(가 아니)다. 또한 지금 행한 선은 앞에 행한 악이 아니다. 또한 지금의 숨은 앞의 숨이 아니고 앞의 숨은 지금의 숨이 아니다.

해설 들숨이 없어지면 들숨 앞에 있었던 날숨이 생기고, 그것이 없어지면 다시 들숨이 들어온다. 호흡만이 아니라 마음도 마찬가지이다. 앞의 생각은 과거의 것이 되고 현재의 생각이 생긴다. 과거에 지은 죄는 없어지고 현재의 복이 생긴다. 과거의 악행은 없어지고 현재의 선행이 있을 수 있다. 마음이든 몸이든 호흡이든 모든 것은 생과 멸 속에 있다. 지금도 생과 멸은 계속되고 있으므므로 과거에 집착할 필요도 없고 현재에 끌릴 필요도 없다. 현재도 찰나에 생한 것이요, 찰나에 멸하고 있기 때문이다.

이와 같은 생멸의 연속 속에 무상無常이 보인다. 그러나 그 무상함이 지금의 삶을 누리게 한다. 그래서 지금 이 순간이 소중한 것이다. 오늘, 지금의 삶, 지금의 마음, 지금의 호흡이 중요하다. 그것은 과거로부터 생멸을 거듭한 끝에 이어져 온 것이다. 없어지고 말겠지만 또 생할 것이 틀림 없다. '나'라는 존재 역시 찰나에 생멸하는 존재라고 보면 지금의 '나'는 더없이 소중할 수밖에 없다.

지금 착한 마음으로 선행을 하면 그 과보로 복을 받게 될 것이다. 지금 먹은 마음, 지금 행한 일이 생멸을 거듭하면서 미래로 이어지므로 지금이 소중하다. 과거와 미래가 모두 현재로 와 있다. 지나간 과거는 잊어야 하고 오지 않은 미래는 생각할 필요가 없다. 과거는 현재로 이어지고, 현재는 미래로 이어지기 때문이다. 올바른 삶을 사는 사람은 과거나 미래에 집착하지 않고 현재를 성실히 살아 간다.

호흡도 마찬가지이다. 들숨과 날숨에 정신을 집중하여 '지금 들어온다. 지금 나간다.'고 생각하는 것이 중요하다. 지금 들어오고 나가는 숨을 자각하면 현재의 자기 자신을 알게 된다. 지금의 '나'라는 존재는 생멸하는 호흡에 의해 살고 있기 때문이다. 내가 지금 행하고 있는 호흡은 우주의 진리인 공과 인연의 실천이다. 지금 들어오는 숨, 나가는 숨은 바로 나 자신이라고 할 수 있다. 또한 우주 자체이다. 숨에서 '나'와 우주의 진리를 보아야 한다. 지금의 마음은 내 마음의 근본이며 지금의 내 행동은 내 삶이요 영원한 나의 삶이다.

6-6. 복을 짓는 삶을 살아야 한다

爲生死分別者. 爲意念生卽生念滅卽滅. 故言生死. 當分別萬物及身. 過去未來福爲索盡. 何以故. 盡以生便滅滅便盡. 已知盡當盡力求也.

생과 사를 분별한다는 것은 마음이 생하면 곧 생하고, 마음이 멸하면 곧 멸한다는 뜻이다. 그렇기 때문에 생사라고 말한다. 마땅히 만물과 몸을 분별할지니, 과거와 미래의 복을 찾아서 다할지니라. 다한다 함은 생하면 곧 멸하고, 멸하면 곧 다함이기 때문이다. 이미 다함을 알면 마땅히 힘을 다하여 구한다.

해설 앞에서 살아 있는 지금의 나를 보라고 가르쳤다. 그렇다면 살아 있다거나 죽었다는 분별 중 어떤 것이 바른가?

우리는 흔히 육체의 죽음을 죽음이라 하고, 육체의 살아 있음을 삶이라고 한다. 그러나 식물인간은 육체는 살아 있지만 죽은 사람이다. 식물인간은 의식이 없기 때문에 살아 있는 인간이라고 할 수 없다. 마음, 곧 의식이나 생각이 있으면 살아 있는 것이요, 의식이나 생각이 없으면 죽은 것이다. 삶과 죽음을 이와 같이 의식과 생각의 있고 없음으로 분별하는 것이 불교의 생사관이다. 이는 인간에게만 해당되는 것이 아니라 만물에 적용된다. 따라서 의식이나 생각을 영원히 가질 수만 있다면 그 존재는 영원히 살 수 있을 것이다. 이런 의미에서 붓다의 생각이나 의식은 인류의 마음속에 살아 영원히 남을 것이므로 붓다는 인류와 더불어 영원히 살고 있다고 말할 수 있다.

인간과 일체 만물에게 덕을 베풀면 그 과보로 복을 받게 된다. 복을 지으려고 자비를 실천하면 그 사람은 남과 더불어 영원히 살 수 있다.

생멸을 거듭하는 과거, 현재, 미래라는 시간 관념으로 볼 때, 과거의 복은 현재로 이어졌기 때문에 현재의 복이 더욱 소중하다. 그러나 현재의 복도 미래로 이어지게 되므로 현재의 복에만 만족하여 미래의 복을 바라지 않는다면 진리를 거역하는 것이다. 미래의 복을 구한다는 것은 현재의 복이 이어진다는 진리를 아는 것이다. 이런 이유에서 미래에 복이 생기도록 현재에 복을 짓는 생활을 해야 한다고 했다.

내가 영원히 살기 위해서는 생각을 올바르게 하고 복을 지어야 한다. 나를 알고, 자신에게 충실하며, 자신에게로 돌아온 사람은 선행을 통해 선의 공덕을 쌓아 복을 짓게 된다.

6-7. 생사 속에 생사가 없다

視上頭無所從來者. 謂人無所從來意起爲人. 亦謂人不自作來者. 爲有所從來. 人自作自得是爲無所從來也. 生死當分別者. 謂知分別五陰. 亦謂知分別意生死人意爲常. 知無有常亦爲分別也.

윗머리를 보면 좇아서 된 바가 없으니, 사람은 좇아서 된 바가 없는 마음이 일어나서 사람이 된다. 또한 사람은 스스로 지음이 없\
는 자는 좇아서 된 바가 있게 된다. 사람은 스스로 지어서 스스로 얻으니, 좇아서 된 바가 없는 것이다. 생과 사를 마땅히 분별한다고 함은 곧 오음의 분별을 아는 것이요, 또한 마음이 생하고 없어지는 분별을 알면 사람의 마음이 변함 없게 된다. 상이 없음을 알면, 또한 분별이 된다.

해설 사물이 있게 되는 시작과 종말을 알면 그 사물의 현재 모습을 알 수 있다. 우리의 마음이 어디서부터 일어나는가를 헤아려 볼 때, 어디에서 왔다고 확실히 말할 수는 없다. 인간의 마음이나 몸이 시작된 태초를 무명이라고 하고, 무명의 근원을 탐진치라고 하고, 탐진치의 근원을 잘못된 마음이라고 할 뿐, 그 마음의 시원은 무엇이라고 말할 수가 없다. 말이 끊어지고 사리 분별을 넘어선 것이라고 할 수 있을 뿐이다. 지금 있는 마음이 어디서부터 일어난다고 말할 수는 없지만 마음은 여전히 일어나며 움직이고 있다.

마음은 스스로 작용하는 것이 아니면서도 스스로 작용하고 있다. 절대적인 진리의 세계에서는 작용하는 것이 아니지만 현실 세계에서는 작용하고 있다. 생사의 분별도 이와 같으니, 본래 없는 것을 분별하는 것이므로 분별이 아니면서도 세속적으로는 분별이다. 분별 없는 무분별이 진정한 진리〔眞諦〕의 세계이지만, 또한 그 세계는 바로 분별의 세계인 세속적 진리〔俗諦〕도 된다. 진제와 속제는 서로 떠날 수 없으니, 무분별 속에 분별이 있고 스스로 지음이 없는 가운데 지음이 있다. 이렇게 보면 분별 없이는 무분별의 세계도 있을 수 없다.

우리는 마땅히 생사를 분별하여 그 참뜻을 알아야 한다. 그러면 생사의 분별이란 무엇인가? 생사의 분별이란 색, 수, 상, 행, 식의 다섯 가지 구성 요소를 아는 일이다. 이들 다섯 가지를 알면 우리의 마음이 일어나고 없어지는 이치를 알 수 있다. 곧 우리의 마음은 이것과 저것과의 관계에서 일어난다. 주관과 객관에 의해서 마음의 작용이 생기게 된다. 이것이 공이다. 《반야심경般若心經》은 '오온이 모두 공이다.'고 했다. '색은 곧 공이요, 공은 곧 색이다.'라며 색뿐만 아니라 수, 상, 행, 식이 모두 그와 같다고 했다. 따라서 오온의 분별을 알면 공을 아는 것이므로, 우리의 마음이 일어나고 없어지는 것을 알면 오온을 분별하여 알게 된다. 오온이 공임을 알면 우리 마음이 생멸의 무상함 속에 영원히 이어지고 있다는 것도 알게 된다.

무상無常이 속제라면 상常은 진제이다. 그러므로 우리의 마음은 찰나마다 생멸을 거듭하면서도 생멸을 떠난 영원으로 이어진다. 상常이 없다는 무상을 알면 그 무상이 바로 분별인 상이라는 것을 알 수 있다. 이런 뜻에서 '변함 없음을 알면 또한 분별이 된다.'고 했다.

나 자신으로 돌아온 환의 단계에서는 나의 몸과 마음과 호흡이 생멸을 거듭하면서 영원으로 이어진다는 사실을 알게 된다. 무상 속에 상이 있고, 상이 곧 무상임을 알게 되는 것이다.

6-8. 아라한의 마음이 된다

後視無處所者. 爲今現在. 不見罪人在生死會. 當得無有脫於罪故. 言後視無有處所. 未得道迹. 不得中命盡. 謂已得十五意不得中死. 要當得十五意便墮道. 亦轉上至阿羅漢也.

뒤에 아무것도 없음을 보는 것은 지금 나타나 있는 것이다. 죄인은 생과 사의 만남에 (죄가) 있음을 보지 못하므로 마땅히 죄에서 벗어나지 못한다. 뒤에 있는 바가 없음을 본다는 말은, 아직 도의 자취를 얻지 못한 것이니, 중을 얻지 못하면 생명이 다한다. 곧 이미 열다섯 가지 뜻을 얻었더라도 중을 얻지 못하면 죽는다. 마땅히 열다섯 가지 뜻만을 얻으면 곧 도에 떨어지니, 또한 바꾸어 위로 아라한에 이르러야 한다.

해설 불교는 모든 것이 연기의 법칙에 의해 존재한다고 본다. 앞으로 본다는 것은 사물의 시작이며, 뒤로 본다는 것은 사물의 생멸 과정이다. 뒤로 본다는 것은 시간적으로는 과거에서 현재로 이어지는 모습이요, 공간적으로는 중도의 도리에 의해 존재한다고 본다. 중도란 두 극단에 떨어지지 않고 인연에 따라서 이것도 되고 저것도 되니, 모든 존재는 중도 그대로이다. 이를 중도의 실상이라고 한다. 보여지는 그대로가 아니며 동시에 아닌 것도 아니다. 이를 여여如如한 법의 모습이라고 할 수 있다. 용수는 비실비비실非實非非實이 여여의 실상이라고 설파했다.

모든 존재는 시작도 없고 끝도 없다. 그러나 어느 한 곳에 머물러 있지도 않으니, 과거에 머물러 집착하지 않으므로 현재가 있다. 또한 현재에도 머물러 있지 않는다. 그럼에도 불구하고 과거, 현재, 미래에 집착하여 인연에 따른 자재를 모른다면 죄를 짓게 된다. 죄인은 태어나는 것과 죽는 것에 집착하면 죄가 된다는 사실을 모르기 때문에 그 죄에서 벗어나지 못한다. '생과 사의 만남'은 집착한다는 의미이다. 생사에 집착하여 생사 속에 있다면 생은 사로부터 있고, 사는 생으로부터 있기에 생사는 실체로서 존재하지 않는다는 사실을 모른다는 것이다. 따라서 삶만을 희구하고 죽음을 거역함으로써 죄를 짓게 된다.

도인의 행적은 과거에서 현재로 이어지고 현재에서 미래로 이어지면서 어디에도 걸리지 않는다. 즉 도인은 중도를 그대로 실천하는 사람이다. 중도를 실천하지 못하면 도가 완전히 이루어졌다고 할 수 없다. 이는 곧 구사론俱舍論에서 말하는 열다섯 가지 수행의 마음가짐에 지나지 않고, 최후의 한 마음을 얻지 못한 것이 된다. 최후의 한 마음이란 바로 중도이다. 여기서는 '중을 얻지 못하면 죽는다.'고 했다.

따라서 열다섯 가지의 견도심見道心을 얻는 데에 그치면 도를 보는 데에 그쳐 거기 떨어지고 만다. 여기서 다시 한 마음을 일으켜 제16의 마음을 세워 수도하면 드디어 아라한이라는 성자의 위치에 오르게 된다. 이 열여섯번째 단계의 한 마음을 흔히 욕계欲界・색계色界・무색계無色界의 모든 실상을 관하는 마음이라고 하며, 이 마음을 얻어야 비로소 모든 번뇌의 혹惑이 끊어지는 지혜를 얻는다.

요컨대 붓다는 호흡을 통해서 자기 자신으로 돌아오는 환의 단계에서 제16의 마지막 한 마음까지 갈 수 있다고 가르치고 있다. 호흡 수행이 여기에 이르면 모든 번뇌를 끊은 아라한의 위치에 오른다고 한 점에 유의할 필요가 있다. 이 아라한 *arahan*은 적적賊을 죽였다고 하여 살적殺賊이라고 번역한다. 적이란 곧 번뇌, 악 등의 그릇된 것으로, 이 적을 없애야만 비로소 올바른 호흡이 이루어진다. 수식, 상수, 지, 관을 거쳐 환에 이르러 마지막 한 마음을 얻는다. 한 마음을 얻으면 도를 깨달아 청정한 세계에 있게 된다. 이것이 마지막 정의 단계이다.

6-9. 중도를 얻는다

中得道迹不得中命盡. 爲息意身凡三事. 謂善惡意要當得道迹亦復中壞. 息死復生. 善意起復滅. 身亦不得中死也.

중을 얻되 도의 자취가 중을 얻지 못하면 목숨이 다한다. 숨과 마음과 몸의 예사로운 세 가지 일이 된다. 곧 착하고 악한 마음이 마땅히 도의 자취를 얻고, 다시 중이 무너진다. 숨이 죽고 다시 살아나며, 착한 마음이 일어나서 다시 없어지고, 몸도 또한 중을 얻지 못하고 죽는다.

해설 환의 단계는 중도로 돌아온 단계이다. 중도란 마치 물결을 타는 사람과 같이 어디에도 걸리지 않고 주어진 인연을 살린다. 생멸에 매이면 중도의 영원한 세계, 즉 절대계絶對界에 도달할 수 없다. 붓다가 비유했듯이 뗏목이 바다로 가면서 이 기슭 저 기슭에 걸리면 바다로 가지 못하는 것과 같다. 선과 악 사이, 기쁨과 괴로움 사이에서 어느 한 극단에 떨어지면 절대적으로 안온한 세계, 생멸이 없는 세계에 이르지 못한다. 이때 숨과 마음과 몸은 모두 그릇된 상태에 있게 된다. 즉 중도의 길이 무너진다. 그러면 목적지에 도달하지 못한다. 곧 숨이 죽고 다시 태어나게 되고, 착한 마음이 일어났다가 사라져 버린다. 몸 역시 죽고 만다.

  여기서 숨이 죽고 다시 태어난다는 말은 들어오고 나가는 숨에 마음이 따르지 못한다는 뜻이다. 그 숨은 죽은 숨과 산 숨의 되풀이일 뿐 결코 이어지는 숨이 아니다. 착한 마음은 한 번 일어나면 계속 유지되어야 한다. 중도를 얻으면 마음이 어디에도 끌리지 않기 때문에 항상 착한 마음을 유지할 수 있다. 몸도 마찬가지여서 건강하게 유지하려면 모든 생리기능이 제대로 이루어져야 한다. 환還이란 중中이라는 정正에 드는 일이다.

6 - 10. 깨끗함은 좋은 인연이다

  何等爲淨. 謂諸所貪欲爲不淨. 除去貪欲是爲淨. 何等爲五陰相. 譬喩火爲陰薪爲相也. 從息至淨是皆爲觀. 謂觀身相隨止觀還淨本爲無有. 內意數息外意斷惡因緣. 是爲二意也.

  어떤 것이 깨끗함인가? 곧 여러 가지를 탐하는 욕심이 깨끗하지 않음이니, 탐욕을 제거하면 깨끗해진다. 어떤 것이 오음의 모습인

가. 비유하면 불이 근본 요소가 되고 땔나무는 모습이 되는 것과 같다. 숨(을 헤아리는 것)으로부터 깨끗함에 이르면 이것이 모두 관이 된다. 곧 몸을 관하고, 서로 따르게 하고, 그치게 하고, 관찰하고, (근본으로) 돌아와서 깨끗해지는 것은 본래부터 있던 것은 아니다. 안의 마음은 수를 헤아리고 밖의 마음은 나쁜 인연을 끊는다. 이것이 두 마음이다.

해설 여섯 가지 단계의 마지막인 정에 대한 설명이다. 깨끗하다는 것은 더럽지 않다는 뜻이다. 더러움의 대표로는 탐욕을 들 수 있는데, 이 탐욕은 나 자신뿐만 아니라 남까지 해친다. 탐욕을 없애면 노여움도 없어지고, 사리를 볼 수 있는 지혜도 열리게 되어 어리석음에서 벗어나 밝은 세계로 나올 수가 있다.

그렇다면 이런 탐욕이나 노여움, 어리석음은 어떻게 나타나는가? 바로 오음의 모습으로 나타난다. 오음은 우리 인간을 구성하고 있는 색, 수, 상, 행, 식이라는 물질적·정신적인 요소이다. 이 오음에 의해서 탐진치라는 더러움이 모습을 나타내고 있다. 오음은 주관 세계를 형성하고 있으며, 불과 땔나무에 비유할 수 있다. 주관과 객관에 의해서 보고, 듣고, 생각하고, 느낄 수 있기 때문이다.

몸과 마음의 관계도 이와 같아서 몸이 나무라면 마음은 불이다. 마치 불과 땔나무에 의해 불이 타오르는 모습과 같이 마음은 원래 보이지 않으나 어떤 대상을 만나면 움직여서 모습을 갖추게 된다. 더러움인 번뇌도 이것과 저것의 인연에 의한 것으로 번뇌, 삼독도 모두 오음의 모습으로 불과 땔나무가 만나 불이 붙은 것과 같다. 불과 땔나무를 없애면 타오르는 불도 있을 수 없다. 만일 이것을 모르고 불이나 땔나무에 집착하면 타오르는 불이 우리를 태우고 말 것이다.

더러움과 괴로움의 씨앗을 없애는 수행은 얕은 곳에서 깊은 곳으로 가는 여러 단계를 거친다. 그 단계는 각각 다르지만 생각을 한결같이 가져야 한다는 점에서는 같다. 수식에서 지에 이르기까지 마음을 한결같이 집중해야 한다. 이것이 관觀이며, 수지상수지상受持想이라고 하는 이유도 여기에 있다.

더러움도, 깨끗함도 본래는 없는 것이다. 여섯 단계가 모두 이와 같다. 일체의 것은 연기의 도리에 따르므로 근본적으로는 실체가 없고 단지 방편일 뿐이라고 할 수 있다. 인연에 의한 방편이므로 있어야 할 조건이 사라지면 없어진다. 즉 인연이 없어지면 없어지고 인연이 생기면 생한다. 청정한 세계는 좋은 인연을 살려 궁극의 세계에 도달한 경지, 즉 깨달음이다. 그러나 깨달음도 실체로서 존재하는 것이 아니라 공의 도리가 그대로 나타난 것이므로 역시 하나의 방편에 지나지 않는다. 그러면서도 현실적으로는 인연에 따라 나타나는 마음이 있다. 밖으로 나타나는 수를 헤아리는 마음과 안으로 나타나서 악한 인연을 끊는 마음이 있다. 이러한 방편을 통해서 인연에 의해 나타나는 마음을 잘 다스리려면, 안으로는 정신집중력을 기르기 위해 수식을 하고, 밖으로는 나가는 마음을 다스리기 위해 악한 마음을 없애야 한다.

인연에 의해 생기는 마음은 우리를 괴롭히기도 하고 즐겁게 하기도 하므로 그 방편을 잘 살리는 것이 지혜이다. 이러한 지혜를 얻는 단계가 바로 정, 즉 깨끗함이다.

6-11. 호흡은 몸과 마음의 약이다

問何以故. 不先內外觀身體. 反先數息相隨止觀還淨. 報用意不淨故. 不見身意已淨. 便悉見身內外道. 行有十九. 行用人有

十九病故. 亦有十九藥.

문되, 어찌하여 안팎으로 신체를 관하는 것을 먼저 하지 않고, 반대로 수식, 상수, 지, 관, 환, 정을 먼저 합니까? 답하되, 마음이 깨끗하지 않기 때문이다. 몸과 마음이 이미 깨끗함을 보지 못하니 곧 몸의 안과 밖의 도를 모두 보아야 한다. (몸과 마음의) 움직임에는 열아홉 가지가 있으니, 사람이 움직여 열아홉 가지 병을 가지고 있는 데에는 또한 열아홉 가지 약이 있다.

해설 안과 밖의 몸을 관찰하기 전에 수식에서 정에 이르는 호흡의 관법을 가르치는 이유를 묻자 붓다는, 마음이 깨끗하지 않으므로 먼저 마음을 올바르게 가지는 길을 알아야 하기 때문이라고 했다. 즉 마음이 깨끗하지 않으므로 몸의 안팎을 살펴서 그 몸의 움직임이 잘못되었음을 알고, 그 잘못을 바로잡는 길을 먼저 알아야 한다는 뜻이다. 몸이나 마음이 깨끗하지 않으면 행동도 깨끗하지 않기 때문이다. 그러므로 몸과 마음의 밖으로 나타난 모습에 따라 약을 주어야 한다.

안반념법은 몸과 마음에 나타나는 모습을 보고 그 잘못을 고치는 약이다. 몸과 마음은 항상 같이 따라다닌다. 마음이 흔들리면 행동도 흔들리고, 마음과 몸이 잘못되면 마음과 몸에 병이 든다. 붓다는 이러한 병을 고치는 데에는 호흡 조절이 가장 중요하다고 가르치고 있다.

6-12. 호흡은 貪·瞋·癡를 없애는 약이다

觀身念惡露. 是爲止貪婬藥. 念四等心. 是爲止瞋恚藥. 自計本何因緣有. 是爲止愚癡藥. 安般守意. 是爲多念藥也.

몸을 관찰하는 것과 나쁜 것이 흐르는 것에 대한 생각은 탐음을 그치게 하는 약이 된다. 네 가지 평등심에 대한 생각은 노여움을 그치는 약이 된다. 스스로 근본과 어떤 인연으로 인한 것인지를 헤아리는 것은 어리석음을 없애는 약이 된다. 안반수의는 많은 생각의 약이 된다.

해설 여러 가지 병 중에서 가장 나쁜 것이 탐과 노여움과 어리석음이다. 몸을 관찰하는 것도 마음을 바로잡기 위한 방편이므로, 몸을 관찰하여 몸에서 나오는 더러움을 생각하는 것이 곧 탐심을 없애는 약이 된다.

네 가지 평등심을 생각하면 노여움을 없앨 수 있다. 자慈·비悲·희喜·사捨의 무량한 마음이 네 가지 평등심이다. 나와 남이 없는 평등한 마음으로 남에게 즐거움을 주는 자慈가 생기고, 괴로움을 없애 주는 비悲, 남의 즐거움을 보고 즐거워할 수 있는 희喜, 남을 미워하는 마음을 버리는 사捨가 생긴다.

또한 모든 것의 인연을 알고 그에 따라 행동하여 살리면 현명한 삶이 된다. 그러므로 인연을 헤아려 근본을 살필 수 있는 지혜는 어리석음을 없애는 좋은 약이 된다. 인연법은 현재 존재하는 것 속에 있어서 보이지 않으나 지혜로 헤아려 보면 알 수 있다. 잘못된 것에는 잘못된 인연이 있고, 잘된 것에는 좋은 인연이 있는 법이다.

헤아릴 수 없는 많은 고통은 모두 우리의 마음에서 비롯된다. 마음을 바로잡고 몸의 움직임을 바르게 하기 위해서는 먼저 호흡을 조절해야 한다. 호흡을 바르게 하는 안반념법은 몸과 마음의 모든 병을 가장 빨리 그치게 하는 약이 된다. 붓다는 안반념법이 탐진치로 대표되는 그릇된 마음을 바로잡는 가장 좋은 약이라고 강조하고 있다.

6-13. 淨은 몸과 마음의 깨끗함이다

內外自觀身體. 何等爲身. 何等爲體. 骨肉爲身. 六情合爲體也. 何等爲六情. 謂眼合色耳受聲鼻向香口欲味細滑爲身衰意爲種栽爲癡爲有生物也. 內外身體所以重出者何. 謂人貪求有大小有前後. 謂所欲得當分別觀. 觀者見爲念. 念因見觀者爲知也. 身體止者. 坐念起起念意不離. 在所行意所著爲識. 是爲身觀止也.

안과 밖으로 스스로 신체를 관함에 무엇이 신身이고, 무엇이 체體인가? 뼈와 살은 신이고, 여섯 가지 정이 합쳐 체가 된다. 무엇이 여섯 가지 정인가? 곧 눈은 색과 합하고, 귀는 소리를 받아들이고, 코는 향기로 향하고, 입은 맛을 바라고, 곱고 미끄러움은 몸이 되고, 마음의 쇠퇴는 종자를 심고, 어리석음이 생물을 있게 한다.
 안과 밖의 신과 체가 거듭하여 나오는 것은 어떤 이유에서인가? 곧 사람이 탐하고 구하는 데에는 크고 작음과 앞과 뒤가 있다. 곧 바라는 바를 마땅히 얻어서 분별하여 관하라. 관이란 보고 생각하는 것이다. 생각의 의지는 보는 것이고 관을 아는 것이다. 신과 체가 머물면 앉아서 생각을 일으키고, 일으킨 생각은 마음을 떠나지 않는다. 행하려는 마음이 있어서 집착이 있으면 식識이 된다. 이것이 몸이 그침을 관하는 것이다.

해설 인간이 정신과 육체로 이루어져 있다는 것은 상식이다. 여기서는 우리의 몸을 가리키는 신체라는 말이 그런 두 가지 의미를 지녔다고 설명하고 있다. 신은 육체요 체는 정신이다. 육체는 뼈와 살로,

정신은 여섯 가지 감각 기능으로 이루어져 있다. 여섯 가지란 눈, 귀, 코, 혀, 피부, 마음 등으로, 불교에서는 이를 육근六根이라고 한다. 이러한 육체와 정신의 기능이 합해져서 우리의 몸을 이루고 있다는 사실을 살피고 이들의 조화를 꾀하는 것이 수행이다. 육체와 정신에 있어서 가장 중요한 것은 마음이다. 안眼, 이耳, 비鼻, 설舌, 신身, 의意의 여섯 가지 중에서 의는 나머지 것들의 바탕이 된다. 곧 눈이 어떤 물질적 대상을 인식하거나, 귀가 어떤 소리를 받아들이거나, 코로 어떤 냄새를 맡거나, 혀로 맛을 알거나, 피부로 거친 것과 고운 것, 또는 매끄럽고 딱딱한 것을 감촉하는 데에는 의라는 정신기능이 근본이 된다. 이 의근意根의 움직임에 의해서 모든 감각 능력이 있고, 그에 의해서 대상을 받아들여 우리의 정신생활이나 생명현상이 일어난다. 또 의근이 쇠퇴하여 잘못된 곳으로 움직이면 그것이 씨앗이 되어서 어리석은 마음을 갖게 되고, 그 어리석음으로 인해 고뇌에 찬 삶이 시작된다. 이와 같이 우리의 몸은 밖으로 육체를 형성하고, 안으로 정신현상을 나타내는 능력을 가지고 있다.

마음을 안정하기 위해서, 즉 의근을 바로잡기 위해서는 잘못된 마음인 탐욕부터 없애야 한다. 탐욕을 없애려면 우선 탐욕의 성격을 잘 관찰하여 실상을 파악해야 한다. 탐욕이 나타난 모습을 살펴서 크고 작은 탐욕을 분별하고 또한 앞에 나타난 탐욕을 가려낼 필요가 있다. 이와 같이 분별하고 나면 결국 탐욕도 마음에서 일어난 것이요, 마음을 바로잡으면 사라진다는 것을 알게 된다. 탐욕은 항상 무언가를 갖고자 한다. 그러면 그런 생각은 어디에서 왔는가? 그것은 우리의 의근으로부터 온다. 의근의 움직임에 의해 인식작용이 있고, 또한 인식작용이 육체와 합해져서 우리의 몸을 이루기 때문이다. 그러므로 우리의 몸과 마음을 깨끗하게 하려면 우선 마음의 근본인 의근을 다스려야 한다.

몸과 마음이 건강하면 안정된 삶을 누릴 수 있다. 올바른 삶을 누리기 위해서는 우리의 몸을 올바르게 볼 수 있어야 한다. 육체와 정신 사이의 인연 관계를 바르게 보는 일이 곧 관이다. 본다고 함은 올바르게 안다는 뜻이다. 청정한 세계는 무엇이든 그릇된 점을 바로잡아 올바르게 만드는 것에서부터 시작한다. 사실 탐욕이 있으면 눈이 제대로 보지 못하고, 귀도 제대로 듣지 못하며, 코도 냄새를 잘 맡지 못하고, 혀도 맛을 모르고, 피부도 감촉을 느낄 수 없으며, 의식작용도 올바르게 행해지지 않는다. 우리의 몸과 마음을 깨끗하게 만들려면 모든 사물의 실상을 정확하게 보고 생각하여 욕망을 억제해야 한다.

여기서는 청정한 세계인 정은 올바른 관찰을 떠나서는 있을 수 없고, 올바른 관찰 또한 올바른 지를 떠나서는 있을 수 없다는 점을 강조하고 있다. 안반념법에서의 지와 관은 정을 이루기 위해 반드시 닦아야 할 수행의 단계이다. 이 단계들은 서로 분리되지 않고, 일관성을 가지고 앞과 뒤, 크고 작음을 조화시켜 올바른 호흡과 삶을 이루기 위한 방편이다.

6-14. 淨은 숨과 마음이 끊어진 세계이다

出息入息念滅時. 何等爲念滅時. 謂念出入氣盡時. 意息滅出息入息念滅時. 譬如畵空中無有處生死意道意俱爾也. 出息入息念滅時. 亦不說息意息說. 滅時出息入息念滅時. 物從因緣生. 斷本爲滅時也.

나가는 숨과 들어오는 숨이라는 생각이 멸할 때, 언제가 생각이 멸하는 때입니까? 곧 나가고 들어오는 기운이 다할 때가 마음과 숨이 없어지고 나가는 숨과 들어오는 숨의 생각이 없어지는 때이다. 비유하면 공중에 그린 그림은 그린 곳이 없는 것처럼 삶과 죽음에 대한 의식이나 도에 대한 의식도 모두 이와 같다. 나가는 숨과 들어오는 숨이라는 생각이 멸할 때도 숨과 마음을 말하지 않고 숨을 말한다. 나가는 숨과 들어오는 숨이 없어질 때가 생각이 없어지는 때이다. 사물은 인연으로부터 생하나니, 근본을 끊는 것이 없어지는 때이다.

해설 숨이 있으면 생각도 있다. 들어오는 숨에 따라 '들어온다'는 생각이 있고, 나가는 숨에 따라 '나간다'는 생각이 있다. 들어오고 나가는 숨이 없으면 마음도 없다. 숨이 나간다는 생각이나 들어온다는 생각은 숨과 생각이 인연에 의해 생멸한다는 점과 관계가 있다. 숨이 있으면 생각이 있고, 숨이 없으면 생각도 없다. 마치 공중에 그린 그림과 같다. 공중에 그린 그림은 그린 곳이 없기 때문에 그림도 없다. 그럼에도 불구하고 공중에 그림을 그린다고 말한다. 이는 말뿐이지 어떤 사실이 아니다. 허망한 것을 있다고 착각한 것뿐이다.

삶과 죽음도 마찬가지이다. '산다'는 생각은 삶에 따라서 있고, '죽는다'는 생각도 죽음에 따라서 있으니, 삶이 없으면 삶이라는 생각도 없고 죽음이 없으면 죽음이라는 생각도 없다. 그러므로 본래 삶이나 죽음은 실체가 없는 허망한 것인데 어찌 삶이나 죽음이라는 생각이 있을 수 있겠는가?

나가는 숨과 들어오는 숨이 없어졌을 때가 그 생각이 없어지는 때이다. 숨과 생각은 둘인 것 같지만 둘이 아니며, 하나인 것 같지만 하나가 아니다. 오로지 인연에 의해 서로 존재하고 있을 뿐이다. 그러므로 그 인연을 없애면 그로 인해 생겨난 것 또한 없어진다. 이런 관점에서 볼 때, 숨에 대한 생각을 없애는 것이 지止와 관觀이고, 숨과 생각이 하나가 되어 생각에 따라 숨이 들어오고 나가는 것이 환還이며, 생각까지 없어지는 것이 정淨의 세계라고 연결해 생각해 볼 수 있다. 하지만 이러한 청정한 세계에서는 '생각이 없어졌다.'는 자체도 존재하지 않는다. 숨이 들어오지만 숨이 들어온다는 생각이 없고, 나가지만 숨이 나간다는 생각도 없는 경지이다. 그렇게 되면 호흡이 순조롭게 되어 현법現法에 낙주樂住할 수 있게 된다.

요컨대 숨의 들어오고 나감에 생각을 집중시키는 것이 수식이요, 상수였다. 그리고 지와 관도 의식적으로 생각을 한 곳에 집중시킨다. 지와 관을 의식과 숨이 하나가 되는 과정이라고 한다면 환은 하나로 된 의식만이 있는 경지이다. 정은 생각이 없는 경지이다. 그런데 다시 생각이 없는 상태가 되었다는 점이 이해하기 어렵다. 이런 경지를 어떻게 이해할 것인가?

보통 호흡은 무의식적으로 행해진다. 그러나 이 호흡을 의식적으로 통제하고 조절했다가 다시 무의식화한다. 생리학적으로 말하면 무의식적인 호흡이란 연수延髓에서 반사적으로 행해지는 호흡을 말한다. 이 호흡은 폐의 내부에 있는 구심성求心性 신경의 반사에 의해 연수로 전달되어 호흡운동을 일으킨다. 운동신경의 지배를 받고 있는 것이다. 그러므로 호흡의 리듬을 의식적으로 변경할 수 있다. 우리가 늘상 행하는 무의식적인 호흡은 선천적으로 인간에게 주어진 반사능력을 이용하고 있으므로, 대뇌는 호흡을 하느라 애쓰지 않아도 자유자재로 정신활동을 할 수 있다. 따라서 우리의 호흡을 선천적으로 주어진 그대로 내버려두되 정신활동을 방해하는 요소만 제거해 주면 그만이다. 이것이 안반수의법의 요체이다. 방해 요소는 바로 마음이다. 마음의 불안, 탐욕 등 갖가지 잘못된 생각이 자연적으로 이루어지는 무의식적인 호흡을 방해한다.

 의식적으로 정신을 집중한 끝에 정신적인 장애를 없앤 경지가 바로 정이라고 불리는 청정淸淨의 단계이다.

7. 안반수의의 위대한 공덕

7-1. 사물의 근본을 안다

內外痛痒見觀者. 爲見痛痒所從起. 便觀是爲見觀也. 內外痛痒者. 謂外好物爲外痒. 外惡物爲外痛. 內可意爲內痒內不可意爲內痛. 在內爲內法. 在外因緣爲外法. 亦謂目爲內色爲外. 耳爲內聲爲外. 鼻爲內香爲外. 口爲內味爲外. 心爲內念爲外. 見好細滑意欲得是爲痒. 見矗惡意不用是爲痛. 俱墮罪也.

안과 밖의 아프고 가려움을 본다고 함은 아프고 가려움이 일어나는 곳을 보는 것이다. 곧 관은 보는 것이다. 안과 밖의 아프고 가려움이란, 곧 밖의 좋은 물건이 밖의 가려움이 되고, 밖의 나쁜 물건은 밖의 아픔이 된다. 안의 마음에 드는 것이 안의 가려움이 되고, 안의 마음에 들지 않는 것이 안의 아픔이 된다. 안에 있음이 안의 법이 되고, 밖에 있는 인연이 밖의 법이 된다. 또한 곧 눈은 안이 되고 물질은 밖이 된다. 귀는 안이 되고 소리는 밖이 된다. 코는 안이 되고 향기는 밖이 된다. 입은 안이 되고 맛은 밖이 된다. 마음은 안이 되고 생각은 밖이 된다. 좋고 고운 매끄러움을 보는 마음이 얻고자 하는 것은 가려움이 되고, 거칠고 나쁨을 보는 마음이 쓰이지 않으면 아픔이 된다. 모두 죄에 떨어진다.

해설 안과 밖의 사물에 의해서 간지럽거나 좋게 느껴지는 것은 누구에게나 있을 수 있는 일이다. 그러나 여기에서는 그 사물을 보고 관한다는 것을 말하고자 한다. 보는 것은 어떤 사물을 아는 것이요, 관한다는 것은 그것을 생각하는 것이다. 아는 데에 그치지 않고 그것을 분별하여 생각한다. 그래서 견관見觀이라고 했다. 따라서 어떤 사물을 보고 그것이 어디에서 비롯되었는지의 인연의 도리를 알면 견관이 된다. 인연을 알게 되면 아픔과 가려움에 끌려서 아픔이나 가려움에 빠져 괴로워하지 않는다. 아픔은 그 원인을 제거하면 없어지기 때문이다. 아프거나 가렵다는 감정은 인연에 의해서 생겼으므로 어느 것에도 걸려서는 안 된다. 우리의 모든 정념은 안에 있는 감각 기능이 바깥의 대상을 만나서 작용하기 때문이다. 좋은 것을 보거나 들으면 갖고 싶어진다. 즉 양痒이다. 가려우면 갖고 싶어지는 병이다. 갖고 싶다는 정념은 무엇을 바라고 있는 것이다. 무엇을 바란다는 것은 마음에 드는 것을 의식하고 있다는 뜻이다. 그러므로 '바깥의 좋은 물건은 바깥의 가려움이 되고, 안의 마음에 드는 것은 안의 가려움이 된다.'고 했다.

우리는 좋은 것을 보면 그것을 마음에 받아들이고, 나쁜 것은 피하려고 한다. 이런 현상은 내부의 마음과 외부 사물과의 관련 속에서 생긴다. 이 역시 인연법에 지나지 않는다. 인연법이기 때문에 실체가 없어 집착할 바가 못된다. 우리의 감각 기능이 안에서 작용하고 좋거나 나쁜 사물이 밖에서 작용한다는 사실을 모르고, 그것이 참된 나의 마음인줄 알고 집착하면 곧 죄가 된다. 외부의 좋은 것을 대하여 기뻐하고, 외부의 나쁜 것을 대하여 싫어하면 그것은 안과 밖의 것에 이미 끌렸기 때문이다.

마음이 불쾌하면 그렇게 만드는 연유를 알아보아야 한다. 그 원인을 제거하기 위해서 참고 노력하면 불쾌감이 사라지고 쾌감이 찾아온다. 마음이 즐거울 때도 연유를 살펴 보면, 즐거움이 본래 있는 것이 아니라 안팎의 두 인연에 의해서 나타났음을 알게 되어, 거기에 빠져들지 않게 된다. 좋다거나 나쁘다는 것은 평범한 세속의 가치이다. 그러나 절대적이 아님을 알아야 한다. 그러므로 불교에서는 선과 악이 아닌 세계, 즉 선에도 빠지지 않고 악에도 끌리지 않는 중도를 가르친다.

본능이나 관능에 떨어지지 않고, 사물이 생하고 멸하는 인연의 도리에 비추어 사물의 실상을 보는 것이 견관이다. 보는 견見은 사물의 외형을 볼 뿐이지만, 다시 보고 생각하는 관觀은 보이지 않는 존재의 실상을 본다. 안이나 밖으로 나타나는 아픔이나 가려움이라는 선과 악의 정념을 대할 때, 마음을 고요히 하여 그것을 바라보면 가려움이 가려움이 아니며, 아픔도 아픔이 아님을 알게 된다. 일어나는 정념을 억제하고 그것의 실상을 바라볼 수 있는 마음의 상태가 관의 세계이다.

7 - 2. 마음에 집착이 없어진다

痛痒觀止者. 若人臂痛意不作痛. 反念他一切身痛如是. 以意不在痛爲止痛. 亦可念亦不可念. 念痛無所著. 自愛身當觀他人身. 意愛他人身當自觀身亦爲止也.

아프고 가려움의 그침을 관한다는 것은, 만일 사람이 팔이 아프더라도 마음에 아픔을 느끼지 않고 오히려 다른 일체의 몸의 아픔을 생각하여, 이와 같은 아픔이 없는 마음으로써 아픔을 그치게 한다는 것이다. 또한 생각하거나 생각하지 않더라도, 아픔을 생각하여 집착하는 바가 없다. 스스로 몸을 사랑하면 마땅히 다른 사람의 몸을 관하라. 마음이 다른 사람의 몸을 사랑하여, 마땅히 자신의 몸을 관하면 또한 그침이 된다.

해설 건드릴수록 아픈 느낌은 더해진다. 또한 가려움은 무엇인가를 바라는 마음이니, 가려울 때 건드려 주면 만족감을 느낀다. 이 느낌에는 만족이 포함되어 있기 때문에 쾌감에 속한다. 아픔이나 쾌감 등은 마음의 안이나 밖의 인연에 의해서 나타나는 두 가지 극단이다. 이들은 우리를 그릇된 길로 가게 하므로 붓다는 이를 힘을 다하여 경계하라고 했다. 그러나 실제로 우리는 아픔과 쾌감을 느낀다. 양 극단에 빠지면 안 되지만 그렇게 하기는 쉽지 않다. 쾌감은 제쳐두더라도 아픔을 극복하기란 매우 어렵다. 어느 곳이 아프면 흔히 약을 먹거나 외부적으로 치료하면 되지만 마음이 아플 때는 어떻게 해야 하는가?

마음의 아픔을 없애기 위해 마취제를 맞거나 몸의 아픔을 없애기 위해 약을 복용하면 부작용이 일어나는 경우가 많다. 예를 들어 관절염이나 신경통의 치료제로 쓰이는 부신피질 호르몬제는 부작용을 일으킬 위험이 많기 때문에 사용하지 않는 것이 좋다. 뿐만 아니라 현대 의약품 중 부작용 위험이 없는 약품은 거의 없다고 해도 과언이 아니다. 그러나 붓다는 몸이나 마음의 아픔을 없애는 방법으로서 약품 따위에 의한 외부적 치료가 아닌, 마음을 바꾸는 방법을 가르치고 있다.

팔이 아플 때 마음을 팔에 집착하면 더욱 아파진다. 그러나 마음을 다른 사람의 몸으로 옮겨 그 사람의 아픔을 생각하면, 마음이 내 팔에 없으므로 아프다는 생각이 없어져서 아픔이 그친다. 이런 사례는 일상적으로 심심찮게 일어날 수 있다. 나의 아픔을 남의 아픔으로 생각하면 아픔이 그치는 경우를 얼마든지 경험할 수 있다. 하여튼 아프거나 가려울 때 그에 집착하지 않으면 그 느낌을 그치게 할 수 있다는 사실을 잊어서는 안 된다.

 나의 아픔을 그치기 위해서 다른 사람의 아픔을 생각하는 것은 중도의 실천이며 청정한 정심을 가지는 일이다. 나의 팔이 아프다는 느낌은 내 마음과 아픈 부위에 의해서 생겨났으니, 내 마음에 느낌이 없으면 아픔도 그친다. '나의 팔'은 '남의 팔'에 대한 상대적인 말이므로, '나의 팔'의 아픔이 없어지려면 '남의 팔'로 마음을 옮겨야 한다. '이것'에 대한 집착을 떠나 '저것'으로 가야 한다. 마음은 '저것'으로 가고 있지만 거기에 또한 집착하지 않는다. '저것'에 대한 집착이 없으면 '이것'에 대한 집착도 없으니, 팔의 아픔이 없어진다.

 중도란 이것과 저것의 중간이 아니고 이것과 저것을 모두 떠나서 존재한다. 이것을 떠나기 위해 저것으로 가지만 실제로는 저것으로부터도 떠나게 된다. 뗏목으로 바다로 나아갈 때, 이쪽이나 저쪽의 어느 기슭에 이리저리 닿으면 바다에 닿지 못한다. 중간의 물길로 가야 한다. 뗏목이 이쪽 기슭에 닿았을 때에는 저쪽 기슭으로 밀어 주어야 가운데의 물길로 갈 수 있다. 요컨대 이쪽이나 저쪽의 어느 한 곳에도 집착하지 않겠다는 마음만 있으면, 내 몸의 아픔을 남의 몸으로 옮길 수도 있고, 반대로 남의 아픔을 내 몸으로 옮길 수도 있다. 이렇게 되면 나와 남은 별개의 존재이면서도 별개가 아닌 불일불이不一不二의 중도가 이루어진다. 중도란 나의 아픔을 남의 아픔으로 바꾸고, 남의 아픔을 나의 아픔으로 바꾸는 마음이기도 한다. 이른바 자비심이다. 집착이 없는 청정한 경지는 바로 중도요, 공의 세계이다. 여기서 '생각하거나 생각하지 않더라도 집착하는 바가 없다.'고 한 구절에 주목할 필요가 있다. 생각하든 생각하지 않든 관계없다. 오로지 그 아픔이라는 사실을 그대로 받아들이되 집착하지 않을 뿐이다. 사실을 사실대로 받아들이면서 집착하지 않는 냉정함과 고요함이 바로 청정이다.

7 – 3. 고락을 있는 그대로 받아들인다

內外痛痒所以重出者何. 謂人見色愛有薄厚. 其意不等觀. 多與少異故. 重分別觀道. 當內觀有癡. 當外觀以自證也. 身心痛痒各自異. 得寒熱刀杖痛極. 是爲身痛. 得美飯載車好衣身諸所便. 是爲身痒. 心痛者. 身自憂復憂他人及萬事. 是爲心痛. 心得所好及諸歡喜. 是爲心痒也.

안과 밖의 아픔과 즐거움을 거듭하여 드러내는 이유는 무엇인가? 곧 사람이 사물을 보고 좋아함에 엷고 두터움이 있다. 그 마음이 같이 관하지 않는다. 많고 적음이 다르기 때문이다. 다시 분별하여 도를 관함에 마땅히 내관內觀하여 어리석음이 있으면 마땅히 외관하여 스스로 밝혀야 한다. 몸과 마음의 아픔과 즐거움은 각각 스스로 다르다. 추위나 더움, 칼이나 매杖를 맞아 아픔이 지극하면, 이것은 몸의 아픔이 되고, 맛있는 음식, 수레에 실은 좋은 옷, 몸의 여러 가지 편한 것을 얻으면 몸의 즐거움이 된다. 마음의 아픔이란 몸이 스스로 근심하고 다시 남이나 만사를 근심하면 이것이 마음의 아픔이다. 마음이 좋은 것이나 여러 기쁨을 얻으면 이것이 마음의 즐거움이 된다.

해설 마음의 괴로움이나 즐거움에 대해서 강조하는 이유를 설명하고 있다. 몸과 마음의 괴로움이나 즐거움은 사람들이 사물을 대하는 마음가짐에 따라서 차이가 있다. 곧 괴로움도 그 깊이나 크기에 차이가 있고 즐거움도 마찬가지이다. 이처럼 괴로움이나 즐거움에도 차이가 있어서, 너무 큰 괴로움이나 즐거움을 마음으로 바꾸는 일이 쉽지 않다고 생각할 수 있다. 앞에서 괴로움도 마음을 돌리면 없앨 수 있다고 말한 바 있다. 그러나 추위나 더위, 또는 칼로 베는 아픔이나 매를 맞는 아픔은 마음을 바꿔도 사라지지 않는다는 의문이 생길 수 있다. 사실 크고 깊은 아픔이나 즐거움으로부터 마음을 돌리기란 어렵다. 그러나 그 아픔과 즐거움을 잘 분별하여 있는 그대로 받아들임으로써 그것을 극복할 수 있다. 다시 말해 사실보다 더 괴로워하거나 즐거워하면 그 마음이 괴로움이나 즐거움을 더해주기 때문에 마음을 돌리기가 어렵다. 무엇이 나를 아프게 하는지를 보고 그것을 있는 그대로 받아서 처리해야 한다. 마음으로 보기만 하고 사물의 실상을 보지 못하면 어리석은 것이다. 어리석은 사람은 괴로움이나 즐거움이 사실보다 크게 된다. 예를 들면 방망이가 나무나 쇠가 아니라 고무로 만들어 물렁물렁하다는 것을 알면 맞아도 별로 아프지 않게 느껴진다. 아픔이나 즐거움 등은 아파하거나 좋아하는 마음에 따라서 결정되므로, 사물의 실상을 있는 그대로 알면 선입관으로 인해서 일어나는 마음의 움직임에 집착해 사실 이상으로 괴로워하거나 즐거워하지 않게 된다.

몸이나 마음의 괴로움과 즐거움을 다시 강조하는 이유도 여기에 있다. 마음과 몸의 현상은 그 현상을 있게끔 한 주체와 객체에 관련되어 있으므로 주체와 객체에 대한 올바른 이해가 필요하다. 범인은 괴로움이 아닌 것을 괴로움으로 알아서 괴로워하고, 즐거움이 아닌 것을 즐거움으로 알아서 즐거워한다. 그래서 붓다는 괴로움과 즐거움은 마음에서 유래되며 실체가 없는 허망한 것이라고 가르쳤다.

괴로움은 실체가 없는 이것과 저것에 의해 있게 되었다. 괴로울 때 그 느낌이 어디에서 비롯되었는지를 관찰하여 원인을 없애는 지혜를 가져야 하고 괴로움과 즐거움을 있는 그대로 받아들이기 위해서는 그 실상을 보는 눈을 가져야 한다. 이러한 지혜와 눈은 마음을 호흡에 집중하여 드디어는 집중하고 있다는 마음까지도 없어진 삼매의 청정한 경지에 이르러야 얻어진다.

7-4. 마음이 마음을 본다

意相觀者有兩因緣. 在內斷惡念道. 一者謂五樂六衰當制斷之. 觀者自觀身. 身不知麤細. 以得乃覺是爲意意相觀. 意意相觀息亦是意. 數亦是意. 數時觀息爲意意相觀也.

마음의 모습을 관한다는 것은 두 가지 인연이 있다. 안에 있어서 악을 끊고 도를 생각하고, 또 하나는 다섯 가지 즐거움과 여섯 가지 쇠퇴를 마땅히 제거하여 끊는다. 관은 스스로 몸을 보는 것이지만 몸은 거칠고 미세함을 알지 못한다. 이것을 깨달아 얻음으로써 마음과 마음의 모습을 관한다. 마음과 마음의 모습을 관하는 숨 또한 마음이다. 헤아리는 것도 마음이니, 헤아릴 때 숨을 관하는 것도 마음과 마음의 모습을 관하는 것이다.

해설 마음의 모습을 관한다는 것은 마음을 관찰하여 그 마음이 올바르게 나타났는지 아닌지를 아는 것이다. 이런 의상관意相觀을 하는 데에는 두 가지 이유가 있다. 하나는 안으로 자신의 마음이 악하게 나타난 것을 없애고 진리를 생각하기 위함이다. 둘째는 다섯 가지 즐거움과 참된 본성을 쇠퇴시키는 여섯 가지에 끌리지 않고 그것을 억제하기 위함이다. 다섯 가지 즐거움이란 출가하여 도를 깨치면 세간의 고통을 영원히 없애는 즐거움, 선정에 들어 욕심을 떠난 즐거움, 산란한 마음을 없애고 고요 속에서 얻는 즐거움, 무상도를 이룩하여 법을 얻는 즐거움, 생과 사의 고통을 떠난 열반의 즐거움이다. 여섯 가지는 곧 눈, 귀, 코, 혀, 몸, 마음이라는 여섯 가지 감각 기관을 말한다. 이처럼 오락五樂과 육쇠六衰를 억제하고 조절하기 위해서는 우리 마음의 모습을 잘 관찰해야 한다. 따라서 관찰한다는 말은 스스로 우리 자신을 관찰한다는 의미이다. 여기서는 '도를 생각하는 것'이라고 했다.

마음은 수시로 일어나는 심리현상이나 생리현상을 보고 알 수 있으나 몸은 그렇지 않다. 마음은 인식능력이 있으나 몸은 없기 때문이다. 인식능력은 크고 작음을 알지 못하나 몸에 있는 감각기관은 다르다. 몸은 물질이지만 감각기능은 정신이기 때문이다. 그러므로 마음의 모습을 관하는 것은 몸을 관한다는 의미가 아니라 마음이 마음의 모습을 보는 것이다. 마음이 없으면 마음의 모습도 없으므로 볼 수도 없다. 숨도 마음이 숨의 들어오고 나가는 모습을 관했을 때에야 있게 된다.

수를 헤아리는 것도 마음을 헤아리는 것이므로 수 또한 마음이다. 숨의 출입을 관찰하는 주체도 마음이니 안반념법은 마음이 마음을 관찰하는 방법이라고 할 수 있다.

7-5. 그릇됨을 없앤다

意觀止者. 欲婬制不爲欲瞋恚制不怒欲癡制不作欲貪制不求諸惡事一切不向. 是爲觀止. 亦謂以知三十七品經. 常念不離爲止也.

마음이 그침을 관찰하는 것은 음행하려는 욕구를 억제하여 하지 않고, 노여움을 억제하여 노하지 않고, 어리석음을 억제하여 짓지 않고, 탐욕을 억제하여 구하지 않고, 모든 악한 일은 구하지 않고 일체 향하지 않는다. 이것이 그침을 관찰하는 것이다. 또한 곧 삼십칠품경을 앎으로써 항상 생각이 떠나지 않으면 그침이 된다.

해설 마음속에서 일어나는 그릇됨을 없애려면 마음의 움직임을 억제해야 한다. 그릇된 마음 중에서 우리를 매우 심하게 해치는 것이 네 가지 있는데, 음행과 노여움과 탐욕과 어리석음이다. 악의 대표격인 이 네 가지 외에도 마음에 일어나는 일체의 악함을 억제하기 위해서는 마음의 움직임을 그치게 하는 수행이 필요하다. 움직임이 그친 고요하고 정지된 마음은 악을 생각하지 않는다. 마음을 고요히 한 곳에 머물게 하는 것이 止이다. 고요히 관찰하면 악이 있는 잘못된 마음의 움직임을 볼 수 있다. 수행을 통해 고요한 마음을 가지게 되면 자연히 악한 마음이 억제된다. 이러한 수행이 안반념법이다.

　마음을 그치는 방법이 소극적이라면 악한 마음을 끊고 깨끗하고 착한 마음을 가질 수 있는《삼십칠품경》의 서른일곱 가지 수행은 적극적인 방법이다. 나쁜 요소를 제거하는 일은 깨끗한 본래의 성품으로 돌아오게 하는 것이나, 지혜를 얻는 수행을 닦으면 적극적으로 그것을 얻는다. 본래의 청정한 세계, 곧 지혜를 얻을 수 있다는 점에서는 어느 쪽이나 마찬가지나 단지 조건에 따라 선택되어질 뿐이다.

7-6. 청정하고 고요함을 얻는다

出息入息盡定便觀者. 盡謂罪盡. 定謂息止意. 定觀者謂觀止

還淨也. 盡止者謂我能說是曉是遍更是. 是爲盡止也.

나가는 숨과 들어오는 숨이 다하여 정定해지면 곧 관이니, 다한다 함은 잘못이 다한 것이다. 정이란 숨이 그친다는 뜻이다. 정을 관함은 그침을 관하고 깨끗함으로 돌아온 것이다. 다하여 그침은 내가 능히 설하여 밝히고 다시 펼친 것이니, 이것이 다하여 그친 것이다.

해설 숨이 다 들어오면 다시 나간다. 나간 숨이 다하면 들어오는 것이 자연의 법칙이다. 오면 가고 가면 오는 연기의 도리이다. 오는 것이 있는 것이라면 가는 것은 없어지는 것이니 생사의 도리이기도 하다. 우리의 생명도 이런 도리에 의해서 살고 죽는다. 숨도 이 도리를 그대로 행한다. 숨을 쉬면서 숨이 들어오고 나가는 것을 관찰하면 마음에 일어나는 그릇됨을 없앨 수 있다. 숨이 다할 때에 그것이 다시 일어나지 않는 상태는 들어온 숨이 다하고 나가게 되는 순간이니, 이 순간은 들어오고 나감이 없으므로 정지하고 있는 상태이다. 정지된 상태는 움직임을 기다린다. 고요 속에 움직임이 있으므로 숨이 다시 나간다. 숨이 나가면 다시 움직임이 있다. 여기에는 또한 지극히 고요한 정지가 따른다. 숨의 들어오고 나감은 지극히 고요한 데서 그친다.

우리의 마음이나 죄도 드디어는 그친다. 숨의 그침을 보고 우리의 죄를 그치게 하면 도에 따르는 것이다. '정이란 곧 숨이 그친다는 뜻이다.'라고 했다. 숨이 그침으로써 다시 일어난다. 그침이 없으면 움직임도 없다. 숨의 들어오고 나감을 보면 나가고 들어오게 되는 근원이 정定임을 알게 된다. 정에서 새로운 움직임이 시작될 뿐만 아니라 움직임이 돌아온다. 그러므로 정을 관하는 것은 숨이 그치고 깨끗한 근본으로 돌아오는 일이다.

  들숨이 충분히 들어오지 못하면 날숨도 충분히 나가지 못해 산소 공급이 부족해진다. 그러면 건강을 유지하지 못하고 정신활동도 제대로 이루어지지 않는다. 들어오는 숨이 그쳐야 할 때 그치게 하고, 나가는 숨이 그쳐야 할 때 그치게 하면 호흡은 자연스러워지고 산소의 흡수와 탄산가스의 배출도 원활하게 이루어진다.

  붓다는 안반수의법의 극치에 있는 청정을 얻기 위해서는 숨이 다하여 극치에 이르는 정에 도달하는 방법, 즉 숨이 다하여 그치는 방법이 가장 올바르다고 강조하고 있다. 요가의 쿰바카 Kumbhaka 호흡에서는 들어온 숨을 참았다가 다시 나가게 한다. 그러나 여기에서는 인위적으로 숨을 참는 것이 아니라 길게 나간 숨이 극치에 이르러 자연스럽게 잠시 멈추도록 한다.

7-7. 죄의 업력을 없앤다

所起息若布施作福一切善法. 已起便滅更意念耶. 向習罪行亦無數. 古世今世意不如是相隨. 他人亦爾. 已知覺當斷已斷. 爲內外意意觀止也.

일어난 숨은 보시로 복을 짓는 것과 같으니, 일체의 선법이 이미 일어나면 곧 멸한다. 하물며 다시 다음의 생각이랴? 익혀진 죄행이 또한 무수한 옛 세상에서 현세로 향하였으나 마음은 이와 같지 않음이 상수이다. 다른 사람도 이와 같아서 이미 깨달아 안 것은 마땅히 끊는다. 이미 끊은 것은 안과 밖의 마음을 마음이 관하여 그친 것이다.

해설 보시는 복을 짓는 선행이다. 그러나 일체의 선행도 영원한 복을 짓는 행위는 아니다. 일체의 선법도 한 번 일어나면 없어지기 마련이다. 그러므로 마음으로 복을 짓지만 그 마음도 일어나면 없어지기 마련이다. 그러니 우리의 마음을 일으킬 때 일으키고, 없앨 때 없앨 수 있어야 한다. 생과 멸이 무상한 속에서 생과 멸을 뜻대로 하는 것이 바로 상수이다. 숨이 들어오면 나가고, 나가면 들어오는 것에 따라서 마음도 나가고 들어오므로 숨의 생멸에 따르게 된다. 우리의 마음도 이와 같이 법에 따라야 한다. 그럼에도 불구하고 우리의 마음이 무엇인가에 집착하면 법을 따르지 못한다. 가령 죄를 짓는 버릇이 생기면 그 버릇이 과거에서부터 현재까지 이어지면서 죄를 떠나지 못한다. 이는 마음의 생멸법에 따르지 않아서 잘못을 범했기 때문이다.

또한 지식에도 매이지 않아야 한다. 지식도 끊을 때는 끊어야 하니, 관념의 노예가 되지 않기 위해 지식까지도 끊으면 곧 마음이 마음을 관찰하여 그치게 한 것이다. 마음이 마음을 관하여 임의로 마음을 일으키고 없앨 수 있게 하기 위해서는 마음을 호흡에 따르게 하여, 호흡이 있다가 없어지고 없어지면 다시 생기는 도리를 확실히 터득해야 한다. 그것을 마음 자체의 모습으로 익혀야 한다. 안반수의법은 이러한 힘을 얻는 호흡 명상법이다.

7-8. 나와 남의 대립이 없어진다

內外法法者. 內法謂身. 外法謂他人. 有持戒法有不持戒法. 是爲內外法法也. 內法謂行點不離三十七品經. 一切餘事意不墮中. 行道得道. 是爲內法. 外法謂墮生死謂生死行. 便得生死不脫一切當斷已斷. 爲內外法觀止也.

안과 밖의 법이 있다. 안의 법은 자신이요 밖의 법은 남이다. 계戒와 법法을 가짐이 있고, 계와 법을 가짐이 없으면, 이것이 안과 밖의 법이 된다. 안의 법이란 곧 지혜롭게 행하여 서른일곱 가지 가르침을 떠나지 않는 것이다. 일체의 나머지 일은 마음이 (잘못된 곳으로) 떨어지지 않고 적중하니, 도를 행하여 도를 얻으면 안의 법이 된다. 밖의 법은 생사에 떨어진 것이니, 생사로 간다. 곧 생사를 얻어서 일체를 벗어나지 못하면 마땅히 끊어야 하니, 이미 끊으면 안과 밖의 법의 그침을 관하게 된다.

해설 내 문제와 남의 문제는 서로 관련되어 있다. 나는 계를 잘 지키지만 남이 잘 지키지 않으면 도를 행하는 데 지장이 생긴다. 안의 법이란 나 자신의 법이요, 밖의 법이란 나 이외의 다른 사람의 법이다. 남의 계는 지키지 않고 나의 계만 잘 지키면 안과 밖이 각각 떨어져 있는 것이므로 도가 행해진다고 할 수 없다. 내가《삼십칠품경》의 가르침을 잘 지켜서 깨달음으로 가는 길을 잘 실천하면 일체의 나머지 일도 잘못되지 않고 안의 법에 부합된다. 이렇게 되면 그대로 행하여 도를 얻는 것이니, 곧 안으로 나 자신의 법을 지킨 것이 된다.

한편 남과 더불어 남을 버리지도 말고 남에게 끌리지 않고 자기 자신의 길을 닦아 나가야 한다. 일체 속에서 일체를 끊음이 바로 안과 밖의 법에 끌리지 않고 법 그대로를 보는 것이다. 일체란 안팎의 모든 것이다. 깨달음으로 가는 길은 중도에 떨어지지 않고 중도를 걷는 것이다. 중도를 걸으려면 나와 남의 관계가 연기의 도리 그대로 있어야 한다. 나와 남이 다같이 바른 길을 가야 한다. 안과 밖이 대립되고, 나와 남이 각각 다른 길을 간다면 중도가 아니다.

호흡도 마찬가지이다. 숨의 출입과 마음이 함께하고 리듬이 맞아야 한다. 몸과 정신, 숨과 마음, 나의 계법과 남의 계법이 각각 나누어지지 않고 깨달음의 길을 같이 가면 그것이 도를 얻음이요 도가 행해지는 것이며 생과 사를 떠난 것이다. 생과 사를 떠난다는 것은 생과 사 속에서 생과 사에 걸리지 않는다는 뜻이다. 일체를 벗어나지 않고 일체를 끊음이 바로 중도이다.

나의 지계持戒와 남의 지계가 맞아서 각기 나누어지지 않으면 남과 나는 하나가 된다. 나와 남의 구별이 없으니 나의 법과 남의 법도 있을 수 없다. 나의 법이 그치고 남의 법이 그치면 나와 남이 없는 청정한 세계가 나타난다.

7-9. 사물의 진실을 본다

法觀止者. 一切人皆自身爲身. 諦校計非我身. 何以故. 有眼有色. 眼亦非身色亦非身. 何以故. 人已死有眼無所見. 亦有色無所應. 身如是但有識亦非身. 何以故. 識無有形. 亦無所輕止. 如是計眼耳鼻舌身意亦爾. 得是計爲法觀止. 亦謂不念惡爲止. 念惡爲不止. 何以故. 意行故也.

법의 그침을 관한다는 것은, 일체의 사람이 모두 자신의 몸을 몸으로 삼는 것이다. 살펴 헤아리면 나의 몸이 아니다. 눈이 있어서 색이 있으니, 눈도 몸이 아니고 색 또한 몸이 아니기 때문이다. 사람이 죽으면 눈이 있어도 보지 못하기 때문이다. 또한 색이 있어도 응하는 바가 없다. 몸도 이와 같다. 그러나 식식이 있어도 몸이 아니다. 식은 형상이 없고 또한 가벼워서 그치지 않기 때문이다. 이와 같이 눈과 귀와 코와 혀와 몸과 마음을 헤아려도 마찬가지이다. 이런 헤아림을 얻으면 법의 그침을 관하게 된다. 또한 악을 생각하지 않으면 그침이고, 악을 생각하면 그침이 아니다. 마음이 움직이기 때문이다.

해설 법의 그침을 관하는 것에 대해서 다시 설명하고 있다. 법의 그침은 걸림 없이 일체 존재의 실상을 있는 그대로 관한다는 의미이다. 법이란 일체의 사물로써 형태가 있는 것과 없는 것, 모두 법이다. 법을 보고 마음이 한 경계에 머물러서 움직이지 않으면 그친 것이다.

사물의 실상을 올바르게 알려면 마음이 고요히 가라앉아 움직이지 말아야 한다. 예를 들어 모든 사람은 자신의 몸을 자기라고 생각하지만 사실 내 몸은 내 몸이 아니다. 내 몸이 나의 것이 아니라는 사실을 알면 곧 나를 안 것이다. 나의 몸이란 있을 수 없기 때문이다. 나는 남에 의해 존재하는 것이다. 이것이 있으면 저것이 있는 연기의 도리 때문이다.

나의 몸이 나의 몸이 아니므로 눈 또한 마찬가지이다. 눈이 있으므로 색이 있다. 반대로 색, 즉 사물이 있으므로 눈이 있다. 그러므로 눈도 나의 것이 아니고 사물도 나의 것이 아니다. 눈이 없으면 보는 대상도 있을 수 없다. 눈이 없으면 사물이 있어도 눈이 그것을 파악하지 못하니 사물이 없는 것이다. 이와 같이 눈뿐만 아니라 몸의 모든 감각기관, 또한 인식작용인 식識도 나의 것이 아니다. 인식작용도 항상 움직이고 변하기 때문에 실체가 없다.

이처럼 물질이나 정신의 모든 것이 실체가 없음을 알면 그것이 법의 그침을 보는 것이다. 법이 인연으로 이루어져 있다는 사실을 알면 어디에도 걸리지 않는다. 마음에 악한 생각이 일어나는 것 역시 법에 걸려 있기 때문이다. 악한 생각을 갖지 않으면 악한 마음이 움직이지 않고 마음이 고요히 그치게 된다.

　모든 법에 끌리지 않고 법 그대로를 관찰하는 것이 호흡법이다. 이 법의 그침을 관하는 호흡이 안반수의이다. 호흡을 하되 호흡과 하나가 되면 마음과 숨이 하나가 되어 들어오고 나가는 숨이면서 나가고 들어옴이 없고, 마음과 숨이 없는 상태에 이른다. 이러한 경지가 곧 청정한 호흡이다.

제 2 부

《大念處經》의 명상

《大念處經》 해제

《대념처경》의 팔리pāli 어 원제목은 '마하사티팟타나 숫탄타 Mahāsati-paṭṭāna-suttanta'이다. '절대적인 가치를 지닌 올바른 생각으로 대상을 관찰하는 법을 가르치는 경전'이라는 뜻이다.

한역漢譯으로 된 《대념처경》은 중아함中阿含에 속해 있고, 《남전대장경南傳大藏經》의 제7권 장아함부長阿含部에 번역되어 있다. 이 경은 중생들이 근심이나 걱정, 슬픔, 노쇠를 없애고 올바른 도리를 터득하여 열반의 안락한 세계에 머물도록 하는 가르침이다. 특히 이 경전은 미얀마(구 버마), 태국 등 남방 불교권에서 매우 소중히 여겨 승려들이 아침 저녁으로 염송하며 명상수행의 근본 경전으로 받들고 있다.

《대념처경》은 안반수의를 비롯하여 불교의 다섯 가지 기초 수행법인 오정심관을 닦은 다음, 그보다 더 나아가기 위한 수행 방법을 담고 있다. 또한 우리의 마음을 깨끗이 하여 근심을 없애고 올바른 법을 얻어 깨달음에 이르게 하는 유일한 명상법에 대한 가르침이 담긴 경전이다. 모든 정신적·물질적 대상을 있는 그대로 관찰하여 그 실상을 깨닫게 하는 명상법으로 역시 붓다에 의해서 개척된 것이다.

이 경전은 호흡이나 몸의 구성에서부터 정신작용에 이르기까지, 그 실상을 꿰뚫어보는 힘이 올바른 명상에서 비롯된다고 가르치고 있다.

그러므로 우리의 삶에 있어서 대상이 되는 모든 것은 명상의 대상이 되며, 그 대상과 하나가 됨으로써 참모습을 제대로 알고 그에 집착하지 않게 되어 절대 안온한 열반의 세계에 안주할 수 있다고 한다.

또한 몸, 감수작용, 상념, 일체의 대상 등 사념처에 대한 명상으로부터 시작하여 탐욕, 노여움, 수면, 어리석음과 걱정, 의혹이라는 다섯 가지 번뇌인 오개五蓋, 우리를 형성하고 있는 정신과 물질의 다섯 가지 요소인 오온五蘊, 눈, 귀, 코, 혀, 피부, 의식이라는 여섯 가지 감각기능인 내외육처內外六處, 선악을 구별하는 지혜인 염법念法의 힘, 선악의 진실을 가리는 택법擇法의 힘, 게으르지 않게 수행하는 정진精進의 힘, 마음에 선함을 얻어 기뻐하는 희喜의 힘, 그릇됨을 없애고 올바른 것을 행하는 식息의 힘, 잘못된 것을 과감히 버리고 다시는 그에 집착하지 않는 사捨의 힘, 정신통일로 망상을 일으키지 않는 정定의 힘 등 일곱 가지 깨달음인 칠각지七覺支를 가르치고 있다.

또한 이 세상의 모든 것이 내 뜻대로 되지 않는 고苦와 그 원인인 집集, 그 원인을 없앤 멸滅, 멸에 도달하는 여덟 가지 길인 도道 등 사제四諦에 대해 명상하여 이들을 사실 그대로 직관함으로써 잘못된 생각 등으로 인한 고뇌를 없애는 길을 가르치고 있다.

이 중 첫째인 몸에 대한 가르침을 보면, 들숨과 날숨, 몸의 여러 곳에 대한 직관을 통해 정신집중이 이루어지면 드디어 올바른 견해를 얻어 몸에 대한 잘못된 생각으로 인해 생긴 고뇌를 멸하게 된다고 되어 있다. 이처럼 사물을 있는 그대로 관찰하여 깊은 선정에 들면 그 사물의 실상을 알게 되어 구경지究竟智에 이를 수 있게 된다는 것이다. 이른바 지止와 관觀이 동시에 이루어진 것으로서, 정정과 혜혜가 모두 닦아진다.

흔히 우리는 화두話頭라는 공안公案을 이용하여 선을 통해 정과 혜의 경지를 닦으려고 하지만, 이 경은 이러한 방편을 통하지 않고 직관으로 깨달음에 이르는 방법을 소개한다. 따라서 계戒와 정과 혜를 분리하지 않고 동일시하고 있다.

붓다의 명상은 이와 같이 어떤 방편을 통해서 사물의 실상을 아는 깨달음에 도달하는 것이 아니라, 고요히 일체의 법이 되어 있는 모습 그대로를 바로 알아내는 것이다. 바로 현법現法에서 구경지를 얻는 가르침이 담겨 있다. 붓다가 6년 고행을 포기하고 나이란자나 강 기슭에서 깊은 명상에 들어 모든 것이 있게 되거나 없게 되는 참된 모습을 있는 그대로 알아내고자 했을 때, 이 경전에서 설법한 명상을 실행했을 것이다. 그러므로 이 경전은 깨달음에 이르게 된 명상인 동시에 깨달음 그 자체이기도 하다.

1. 설법의 네 가지 목적

나는 이와 같이 들었다.

한때 부처님께서 구루국狗樓國에 머무셨다. '캄마사담마'라 불리는 구루국의 도읍에서 부처님께서는 여러 비구들에게 말씀하셨다.

"비구들이여, 이것은 중생을 청정하게 하고, 근심과 슬픔을 없애고, 올바른 이치를 알게 하며, 열반을 얻기 위해서는 꼭 가야 할 유일한 길이니, 곧 네 가지를 올바르게 생각하는 것이다.

무엇이 네 가지인가 하면, 비구들이여, 몸에 대하여 몸을 관하여 머물고, 부지런히 애써서 올바른 지혜와 올바른 생각으로 세상의 욕망과 고뇌를 버리라.

감수하는 것에 대하여, 감수기능을 관찰하여 머물고 부지런히 애써서 올바른 지혜와 올바른 생각으로 세상의 욕망과 고뇌를 버리라.

마음에 대하여, 마음을 관찰하여 머물고 부지런히 애써서 올바른 지혜와 올바른 생각으로 세상의 욕망과 고뇌를 버리라.

법에 대하여, 법을 관찰하여 머물고 부지런히 애써서 올바른 지혜와 올바른 생각으로 세상의 욕망과 고뇌를 버리라."

해설 붓다는 비구들을 가르칠 때, 먼저 '비구여!' 하고 불렀다고 전해진다. 친근감 있는 이 호칭은 듣는 이들에게 경각심을 일깨우면서도 그들을 아끼는 자비로운 마음을 담고 있다. 비구들은 '세존이시여!'라고 일제히 응답했다. 세존世尊은 붓다의 열 가지 별칭 중 하나로 세상에서 가장 존귀한 분이라는 뜻이다. 이 호칭을 통해서 붓다의 위대함을 짐작할 수 있을 뿐만 아니라 사제간의 사랑도 엿볼 수 있다.

붓다는 먼저 자신이 설법하는 내용에는 네 가지 목적이 있다고 제시했다. 첫째는 중생을 깨끗이 하여 죄를 짓지 않게 하고자 함이요, 둘째는 중생들의 근심과 슬픔을 없애주기 위함이요, 셋째는 허덕이게 하는 수많은 고뇌를 없애기 위함이요, 넷째는 올바른 진리를 깨달아서 사물을 올바르게 보게 하기 위함이다. 궁극적으로 이것들은 열반을 얻게 하기 위한 것이다.

또한 이렇게 하기 위해 마음을 머물게 하여 대상을 관찰하는 방법으로서 더없이 바른 네 가지 길을 제시한다. 수행하는 비구가 이 네 가지, 곧 몸과 감수작용과 마음과 대상을 관찰하는 방법을 닦으면 앞의 네 가지가 성취된다고 했다. 첫째, 몸을 관찰한다. 마음을 한결같이 집중하여 부지런히 닦아서 올바른 지혜를 얻는 것이다. 생각이 올바르면 나를 괴롭히는 욕심과 고뇌가 사라진다. 둘째, 감수작용을 관찰한다. 어떤 사물을 대할 때 그것을 받아들이는 감수작용이 잘못되어 괴로운 것이므로 있는 그대로 잘 관찰하여 그것을 통해 고뇌를 없애야 한다. 셋째, 마음을 관찰한다. 마음 때문에 괴로운 것이므로 마음의 실체를 잘 관찰하면 그것을 통해서 마음을 알고 고뇌에서 벗어날 수 있다. 넷째, 모든 사물을 관찰한다. 사물을 올바르게 관찰함으로써 그로 인해 받게 되는 고뇌를 없앨 수 있다. 이들 네 가지는 몸이나 정신작용과 일체의 법을 어떻게 관찰할 것인지에 대한 가르침이다.

깨달음의 길은 가까이에 있다. 나를 바르게 알고 남을 바르게 알면 이 세상의 모든 것을 알게 된다. 나는 몸과 마음으로 이루어졌으니 나의 몸과 정신작용을 있는 그대로 관찰하면 나의 모든 것을 알게 된다. 다음, 일상적으로 늘 대하는 일체 대상의 법을 알면 세상을 알게 된다. 가장 가까운 나로부터 내 주위에 있는 모든 사물이 나의 스승임을 알고, 나의 갈 길이 그곳에 있음을 알아야 한다. 눈을 떠서 가장 가까운 자신을 보라.

2. 몸에 대한 관찰

2-1. 숨에 대한 관찰

그러니 비구들이여, 비구는 어떻게 몸에 대하여 몸을 관찰하여 머물 것인가? 비구들이여, 비구는 숲으로 가서, 혹은 나무 밑으로 가서, 혹은 공터로 가서 결가부좌하고 몸을 곧게 하여 생각을 가다듬고 앉는다.

　마음을 바르게 하여 숨을 들이쉬고, 마음을 바르게 하여 숨을 내쉬고, 혹은 길게 들이마시면서 '나는 숨을 길게 들이마신다.'라고 생각하고, 또한 숨을 길게 내쉬면서 '나는 숨을 길게 내쉰다.'라고 감지한다. 또한 숨을 짧게 들어오게 하면서 '나는 숨을 짧게 들이마신다.'라고 알아차리고, 또한 숨을 짧게 내쉬면서 '나는 숨을 짧게 내쉰다.'라고 감지한다.

　'나는 온몸을 인지하고 숨을 들이마신다.'고 익히고, '나는 온몸을 인지하고 숨을 내쉰다.'고 익혀 닦는다. '나는 몸의 움직임을 그치고 숨을 들이마신다.'고 닦고 '나는 몸의 움직임을 그치고 숨을 내쉰다.'고 닦는다.

비구들이여, 마치 숙련공 고패 장인(오지 그릇을 만들 때 발로 물레를 돌려 모양과 균형을 잡는 사람)이나 그의 제자가 천천히 깊게 고패를 돌리면서 '나는 길게 돌린다.'고 알아차리고, 혹은 빠르고 짧게 돌리면서 '나는 빠르고 짧게 돌린다.'고 알아차리듯이 비구들이여, 비구는 이와 같이 숨을 들이마시면서 '나는 숨을 길게 들이마신다.'고 알아차리고, 또한 숨을 길게 내쉬면서 '나는 숨을 길게 내쉰다.'고 알아차리고, 혹은 숨을 짧게 들이마시면서 '나는 숨을 짧게 들이마신다.'고 알아차리고, 또한 숨을 짧게 내쉬면서 '나는 숨을 짧게 내쉰다.'고 알아차린다.

'나는 온몸을 인지하고 숨을 들이마신다.'고 익혀서 닦고 '나는 온몸을 인지하고 숨을 내쉰다.'고 닦는다. '나는 몸의 움직임을 그치고 숨을 들이마신다.'고 닦고 '나는 몸의 움직임을 그치고 숨을 내보낸다.'고 닦는다.

이와 같이 혹은 안으로 몸에 대하여 몸을 관찰하여 머물고, 혹은 밖으로 몸에 대하여 몸을 관찰하여 머물며, 또한 안과 밖이 다 같이 몸에 대하여 몸을 관찰하여 머문다.

혹은 몸에서 생하는 것을 관찰하여 머물고, 또한 몸에서 없어지는 것을 관찰하여 머물며, 또한 몸에서 생하고 멸하는 것을 관찰하여 머문다.

또한 지식으로 안 것과 잊혀지지 않고 기억되는 것에 대해서도 마찬가지로 '내 몸에 있다.'고 생각하여 머물면 의지함이 없이 머물고 세상의 어떤 것에도 집착하지 않게 된다.

비구들이여! 이와 같이 비구는 몸에 대하여 몸을 관찰하여 머문다.

해설 나는 작은 우주이다. 그러므로 나를 떠나서 달리 찾을 것이 없다. 또한 나는 나 외의 일체와 다르지 않다. 나와 만물은 다르면서도 같으므로 내 속에서 나를 보면 우주의 비밀도 모두 알게 된다. 내 몸과 내 마음, 내 모든 움직임이 나인 동시에 진리 자체이기 때문이다.

나의 호흡은 우주의 숨이다. 내 몸을 고요히 안정시키고 마음을 가다듬어 조용한 곳에 결가부좌하고 앉으면 몸과 마음이 가라앉는다. 마음은 몸에 따르고 몸은 마음에 따른다. 몸을 곧게 하여 중심을 아랫배에 두고 척추를 펴고 앉으면 마음과 몸이 바르게 된다. 특히 결가부좌가 가장 안정된 자세이다.

호흡을 떠나서는 내가 존재할 수 없으므로 숨의 들어오고 나감과 마음이 서로 떠나지 않으면 나 자신으로 돌아온 것이다. 나를 관찰하여 나를 알기 위해서는 나 자신으로 돌아와야 한다. 길게 나가는 숨, 짧게 나가는 숨, 길게 들어오는 숨, 짧게 들어오는 숨에 마음을 일치시키면 인지할 수 있게 된다. 나는 나의 숨을 보고 나의 몸을 알고 내 정신의 움직임을 안다. 숨의 움직임은 몸의 작용이다. 몸의 작용은 마음과 관련이 있다. 항상 마음과 숨이 함께하여 숨의 출입을 감지하는 것은 나를 관觀하는 수행이다.

붓다는 숨만이 아니라 어떤 것을 보면 '내가 지금 본다.'고 인지하고, 어떤 소리를 들으면 '내가 지금 소리를 듣는다.'고 인지할 수 있도록 노력하라고 가르치고 있다. 뿐만 아니라 몸의 안팎에서 일어나는 모든 움직임이나 현상을 있는 그대로 관찰하여 마음을 거기에서 떠나지 않게 하되 집착하지 않아야 한다. 마음을 매어 두면서도 집착하지 않는 것이 바로 관이다. 범어로 위파샤나 *vipasyana*인 관은 사물을 분별하여 달리 집착하지 않는 것이다. 따라서 '의지함이 없이 머물고 또한 세상의 어느 것에도 집착하지 않는다. 비구들이여! 이와 같이 비구는 몸에 대하여 몸을 관하여 머문다.'고 한 것이다.

몸에서 일어나는 일, 몸에서 사라지는 일 등 생멸법生滅法을 그대로 알면 이 세상 모든 것의 생멸법을 알게 된다. 숨이 들어오는 것은 생의 법이요, 나가는 것은 멸의 법이다. 생멸은 되풀이된다. 생에 집착하지 않으므로 숨이 나가고, 멸에 끌리지 않으므로 다시 들어온다.

생멸의 법 속에 있으면서도 그에 집착하지 않고 머물기 때문에 자재의 상태에서 자연 그대로의 리듬을 타며 호흡한다. 호흡은 무의식 중에 행하지만 의식을 집중해서 호흡이 잘 조절되면 무의식 속에서도 자연의 법대로 올바른 호흡이 이어진다. 이것이 몸의 법을 보고, 몸의 법 그대로 살며, 나를 보는 동시에 나를 살리는 것이다. 붓다는 가장 친근한 나의 몸과 마음을 관하는 명상으로부터 우주의 이치를 보는 명상법으로 나아갈 것을 가르치고 있다.

마음을 가라앉히고 곧게 앉아서 호흡을 하면 아랫배가 꺼지면서 숨이 나가고, 배가 불러오면서 숨이 들어온다. 이때 마음은 코 끝에 머물러 있으므로 숨이 나가는 과정과 들어오는 과정만 인식하게 된다. 그러나 익숙해지면 숨이 끝나고 시작되는 것까지 인식되므로, '나는 숨을 길게 들이마신다.' '나는 숨을 짧게 들이마신다.' '나는 숨을 길게 내보낸다.' '나는 숨을 짧게 내보낸다.'고 인식하면서 역으로 마음에 따라 숨이 길게도 되고 짧게도 되어 숨과 마음이 하나가 된다.

이처럼 신체에서 일어나고 사라지는 것을 관찰하여 그것을 통해 연기와 공의 도리를 깨닫는다. 이를 '몸에 대한 관찰*kāyā nupassa*'이라고 한다. 숨이 생멸하는 것을 보는 지혜를 얻는다고 하여 '우다야와야팟사나냐나*udayavayapassananañana*'라고 한다. '우다야'는 생이요, '와야'는 멸이며 '팟사나'는 보는 것이고 '냐나'는 지혜이다.

의지함이 없이 머물러 집착이 없으므로 중생이 청정해지고, 생과 멸의 도리를 알게 되므로 근심과 슬픔이 없어지고, 생과 멸의 도리를 통해서 공의 인연을 알면 고뇌가 없어져서 인연에 따라서 인연을 살리는 삶을 살게 된다. 그리하여 올바른 도리를 얻고 드디어는 어디에도 걸리지 않고 안온한 세계에서 즐기게 되므로 열반을 얻게 된다.

2-2. 몸의 동작에 대한 관찰

다음에 또한 비구들이여, 비구는 가면 '나는 간다.'고 알아차리고 머물면 '나는 머문다.'고 알아차리고, 또한 앉으면 '나는 앉는다.'고 알아차리고, 누우면 '나는 눕는다.'고 알아차린다. 또한 이 몸이 어떤 상태에 놓였더라도 그와 같이 이것을 알아차린다.

이와 같이 안으로 몸에 대하여 몸을 관찰하여 머물며, 또한 밖으로 몸에 대하여 몸을 관찰하여 머물며, 또한 안팎이 같이 몸에 대하여 몸을 관찰하여 머문다.

혹은 몸에 대하여 생하는 법을 관찰하여 머물고, 또한 몸에 대하여 멸하는 법을 관찰하여 머물고, 또한 몸에 대하여 생하고 멸하는 법을 관찰하여 머문다.

또한 지식으로 안 것과 잊지 않고 기억되는 것을 대하면 이와 같이 '몸이 있다.'는 생각이 나타난다. 그러나 의지함이 없이 머물고 또한 세상의 어느 것에도 집착하지 않게 된다.

비구들이여, 이와 같이 비구는 몸에 대하여 몸을 관찰하여 머문다.

해설 몸과 마음이 각각 달리 움직이면 몸의 움직임이 잘못되기 쉽고 마음도 멋대로 움직이게 된다. 예를 들어 술에 취한 사람은 정신이 집중되지 않기 때문에 비틀거린다. 운동신경을 조절하는 기능이 마비되었기 때문이다. 몸과 마음은 떠날 수 없는 관계에 있다. 외부로부터 들어온 자극으로 인한 마음이 중추신경을 자극하여 명령을 내려 몸을 움직이게 한다는 주장도 있고, 마음으로부터 외부의 자극이 일어난다는 주장도 있지만, 여하튼 몸이 먼저냐 마음이 먼저냐는 쉽게 해결될 수 없는 문제이다. 그러나 마음이 몸의 움직임과 함께하지 않으면 그 움직임이 잘못될 수 있다는 것만은 틀림없는 사실이다. 그러므로 몸의 움직임에 마음이 함께하는 수행을 쌓으면 드디어 몸과 마음이 함께하여 마음에 따라 움직이는 주체적인 행동이 이루어진다.

몸과 마음이 함께하면 몸과 마음이 둘이면서 하나가 된다. 이렇게 차별이 없는 상태가 계속되면 몸의 움직임을 떠나지 않고 마음을 삼매의 세계에 안주하게 할 수 있다. 또한 마음이 밖에 있는 다른 것으로 달려나가지 않고 몸의 움직임도 마음의 명령에 따르므로 멋대로 움직이지 않는다. 움직이기 시작하면서부터 끝날 때까지 항상 순일한 행동과 순일한 심경을 유지할 수 있으니 이 세상 어느 것에도 걸리지 않게 된다. 걸림이 있다는 것은 무엇인가에 집착한다는 뜻으로 마음이 몸의 움직임을 떠났을 때에 생긴다. 몸과 마음의 조화, 움직임과 고요함의 조화야말로 우리를 생명의 근원적인 모습으로 돌아가게 한다. 몸의 움직임 속에 고요히 함께하는 마음이 계속될 때 삼매가 이루어진다. 몸과 마음이 하나가 되면 자연과도 하나가 되고, 생과 사도 하나가 되며, 일체가 나와 다르지 않게 된다. 여기에 이르면 일체의 고뇌가 사라지고 모든 행동이 법을 벗어나지 않는 정도正道를 얻으며 마음이 한결같이 고요해져 열반에 이르게 된다.

내가 갈 경우 '나는 간다.'고 알아차리면, 처음에는 '나'와 '간다'는 동작이 대립한다. 그러나 '간다'는 동작에 머물게 되면 둘은 대립하지 않고 하나가 된다. 그러면 오직 '간다'만 남게 되어 어떤 상념도 떠오르지 않으므로 가는 것이 힘들다거나 싫다는 생각이 없다. '나'라는 주관이 존재하지 않기 때문에 객관만 있다. '간다'는 객관이 절대적인 가치를 가지므로 가는 행위가 집착이 없는 청정한 상태에 있어 발걸음이 가볍고, 힘들다는 생각도 없다. 그러므로 고통이 없고 가야 할 곳까지 가서 자연스럽게 그친다. 즉 바른 도리를 얻은 것이다.

또한 '간다'는 생각까지도 없으니 가면서도 가는 것이 아니고, 가는 것이 아니면서도 가고 있는 것이다. 앉아 있을 때나 누워 있을 때도 마찬가지이다. 뿐만 아니라 마음에 지식이나 잊혀지지 않는 기억 등 심리적인 현상이 떠오를 때에도, 그것에 마음을 두어 하나가 되면 지식이나 기억과 '나' 자신이 서로 대립하지 않으므로 집착하지 않게 되어 지식이나 기억만이 살아 움직인다. 이러한 지식이나 기억은 우리의 삶을 그르치지 않는다. 지식이나 기억이 나와 대립되어 있을 때만이 나를 괴롭게 하거나 마음을 혼란하게 한다.

몸의 움직임에 마음을 두어 관하는 이런 수행은 그 움직임을 부정하여 다른 곳으로 가고자 함이 아니다. 그대로 긍정 속에 부정이 있어서 부정과 긍정이 동시에 존재하는 것이다. 즉 절대 긍정인 것이다.

2-3. 모든 생활에 대한 관찰

다음에 또한 비구들이여, 비구는 가든지 오든지 올바른 지혜로써 행동한다. 굽히거나 펴거나 올바른 지혜로써 행동한다. 가사袈裟나 의발衣鉢을 취할 때에도 올바른 지혜로서 행하며, 먹고 마시고 씹고 맛볼 때에도 올바른 지혜로써 행한다.

이와 같이 혹은 안으로 몸에 대하여 몸을 관찰하여 머물고, 또한 밖으로 몸에 대하여 몸을 관찰하여 머물고, 또한 안과 밖으로 모두 몸에 대하여 몸을 관찰하여 머문다.

혹은 몸에 대하여 생하는 법을 관찰하여 머물고, 또는 몸에 대하여 멸하는 법을 관찰하여 머물고, 또한 몸에 대하여 생하고 멸하는 법을 관찰하여 머문다.

또한 지식으로 안 것과 잊지 않고 기억되는 것에 대해서도 마찬가지로 '몸이 있다.'고 생각하여 머물면 의지함이 없이 머물러서 세상의 어떤 것에도 집착하지 않게 된다.

비구들이여, 이와 같이 비구는 몸에 대하여 몸을 관찰하여 머문다.

해설 수행인은 길을 가든지 오든지, 앞을 보든지 뒤를 보든지, 몸을 굽히든지 펴든지, 옷을 입든지 벗든지, 음식을 먹든지 마시든지, 또는 대소변을 보든지간에 올바른 법에 따라서 행해야 한다.

갈 때 가고, 볼 때 보고, 굽힐 때 굽히고, 펼 때 펴야 한다. 옷을 입고 벗는 데에도 절도가 있고, 음식을 먹을 때도 때와 장소를 정해 절도 있게 하며, 대소변을 볼 때에도 지혜롭게 행한다. 이와 같이 행行·주住·좌坐·와臥의 모든 행동을 지혜롭게 해야 하므로 그 행동 자체에 마음을 집중하여 하나가 되도록 노력해야 한다. 그러면 모든 행동이 인연에 따라 움직이고 법도에 맞게 된다.

불교에서 말하는 지혜로운 행동이란 인연법에 따라 행동 하나하나에 절도가 있는 그릇됨이 없는 행동이다. 마음과 함께하지 않는 행동은 제멋대로 움직여서 끝내는 후회를 가져오지만 마음과 함께하는 행동은 생각하는 바에 따라서 행동하되 도리를 벗어나지 않을 뿐 아니라 무의식적으로 행동해도 마음과 함께하므로 무의식 속에 의식이 있다. 삼매를 떠나지 않은 의식적인 행동이 지혜로운 행동이다. 고요한 삼매를 떠나지 않고 사물을 관찰하여 그것과 함께하는 것이 관찰이다. 그러므로 지止에서 관觀으로 나아감으로써 사물을 올바르게 관찰할 수 있다.

인연은 주어진 조건이다. 주어진 조건은 객관의 세계이다. 지혜는 주관이 객관을 떠나지 않고 그 객관을 살리는 것이다. 객관이 살아나면 주관도 살아난다. 주관이 항상 살아 있으면 그것이 바로 자재이다.

모든 행동에 마음이 따라 떠나지 않게 되려면 나와 행동 사이에 간격이 생기지 않게 해야 한다. 내 마음과 행동이 밀착되어 일체가 되면 나는 곧 행동이요, 행동은 곧 내가 되므로 어떤 행동을 하더라도 나를 떠나지 않으니, 내 뜻대로 움직이면서도 도리에 맞게 지혜로워진다.

'먹고 마시고 씹고 맛볼 때에도 올바른 지혜로써 하라.'는 먹고, 마시고, 씹고, 맛보는 것에 집착하지 말라는 뜻이다. 먹는 데에 지나치게 애착을 갖거나 마시고 맛보는 데에 지나치게 욕심이 많으면, 그것은 먹고 마시고 맛보는 것이 아니다. 먹고 마시는 이유는 생명을 유지하고 삶을 보람있게 하기 위함이다. 그러므로 먹기 위해서 먹는 것이 아니라 살기 위해서 먹는 것이다. 맛에 지나치게 집착하는 사람은 맛이 본래 가지고 있는 가치와 이상을 추구하고 있는 것이 아니다. 지나쳐도 안 되고 부족해도 안 된다. 지혜로움은 있는 그대로의 맛을 살리는 것이므로 맛에 빠지거나 맛을 멀리하는 양 극단이 아니다.

음식을 먹을 때 씹으면서 '씹는다'고 생각하고 고소하면 '고소하다'고 생각한다. 그러면 그 행동과 내가 하나가 되므로 마음의 혼란이 없어진다. 고소하거나 시고 단맛 등은 혀의 감수작용으로 인해 느껴지므로 인연에 의해서 감수되는 것을 주어진 인연 그대로 살리는 것이 지혜로움이다. 사물의 있는 그대로가 아닌 모습을 보고 마치 진실인양 생각하거나 그에 따라 행동하면 어리석은 것이다.

어리석음은 사물을 볼 때 마음이 함께하지 않기 때문에 생긴다. 지혜로움은 그와는 정반대이다. 용수龍樹라는 이름으로 널리 알려진 나가르주나Nāgarjuna는 무명無明을 비여리작非如理作이라고 했다. 이치에 맞지 않게 마음을 일으키는 것을 뜻하니, 인연의 도리에 맞지 않게 생각하고 행동하면 어리석은 것이다.

2-4. 몸의 안과 밖에 대한 관찰

다음으로 또한 비구들이여, 비구는 가죽으로 덮여 있고 여러 가지 깨끗하지 않은 것들로 가득찬 이 몸을, 위로는 머리 끝에서 밑으로는 발바닥까지 관찰하여 '이 몸에는 머리카락, 머리털, 입술, 이빨, 가죽, 살, 힘줄, 뼈, 뼛속 기름, 콩팥, 심장, 간장, 늑막, 비장, 허파, 창자, 장간막, 위, 배설물, 담즙, 담, 고름, 피, 땀, 기름, 눈물, 임파액, 점액, 관절액, 오줌 등이 있다.'고 감지한다.

비구들이여, 마치 눈을 가진 사람이 포대 속에 여러 가지 곡물, 곧 벼, 멥쌀, 녹두, 콩, 깨, 매줍쌀 등으로 가득 차 있는 것을 알아차리고 '이것은 벼다, 이것은 멥쌀이다, 이것은 녹두다, 이것은 콩이다, 이것은 깨다, 이것은 매줍쌀이다.'라고 관찰하듯이 비구들이여, 이와 같이 비구는 가죽으로 덮인 깨끗하지 않은 것으로 채워진 이몸을 위로는 머리 끝에서부터 아래로는 발바닥까지 관찰하여 '이 몸에는 머리카락, 머리털, 입술, 이빨, 가죽, 살, 힘줄, 뼈, 뼛속 기름, 콩팥, 심장, 간장, 늑막, 비장, 허파, 창자, 장간막, 위, 배설물, 담즙, 담, 고름, 피, 땀, 기름, 눈물, 임파액, 점액, 관절액, 오줌 등이 있다.'고 안다.

이와 같이 혹은 안으로 몸에 대하여 몸을 관찰하여 머물고, 또한 밖으로 몸에 대하여 몸을 관찰하여 머물고, 또한 안과 밖을 모두 몸에 대하여 몸을 관찰하여 머문다.

혹은 몸에 대하여 생하는 법을 관찰하여 머물고, 또한 몸에 대하여 멸하는 법을 관찰하여 머물고, 또한 몸에 대하여 생하고 멸하는 법을 관찰하여 머문다.

또한 지식으로 안 것과 잊지 않고 기억되는 것에 대해서도 이와 같이 '몸이 있다.'고 생각하여 감지하면 의지함이 없이 머물고 이 세상의 어떤 것에도 집착하지 않게 된다.

비구들이여, 이와 같이 비구는 몸에 대하여 몸을 관찰하여 머문다.

해설 우리의 몸을 관찰하는 것은 나 자신이 어떤가를 아는 첫걸음이 된다. 나를 이루고 있는 모든 요소들을 관찰하면 그것들이 깨끗하지 않다는 사실을 알 수 있다. 깨끗하지 않다는 것은 더럽다는 뜻이 아니다. 불교에서 말하는 깨끗함은 절대 가치의 세계를 뜻한다. 따라서 우리 몸의 모든 요소들은 상대적인 가치의 세계에 속한다.

머리카락에서부터 발 끝에 이르기까지 모든 기관이나 부분은 시간과 공간의 제한 속에 있으니 있다가 없어질 것들이다. 그러므로 우리의 몸은 영원하지 않으며 절대 가치를 지닌 것도 아니다. 이 사실을 알면 우리의 몸을 있는 그대로 알게 되는 것이다. 영원하지 않은 것을 영원하다고 보면 잘못이다. 우리 몸의 안과 밖에 있는 모든 것을 관찰하여, 비록 지금은 그것들이 나를 이루고 있으나 언젠가는 없어질 것이라고 아는 일이 중요하다. 실체가 없음을 알면 우리의 몸이 인연으로 모인 것이므로 인연이 다할 때까지 소중히 여기고, 몸의 움직임을 따라서 인연법을 살리는 생활을 하게 된다. 실체가 없는 것이 이렇게 내 몸으로 존재하고 있다는 것은 변하는 와중에서도 변치 않는 법이 있음을 말한다. 변화 속에서 변치 않는 법을 보면 거기에 집착하지 않게 된다.

상대적인 가치를 지닌 깨끗하지 않은 우리 몸의 모든 것은 그 자체로 가치가 있다. 깨끗하지 않은 것만 보면 부정에 떨어지고, 깨끗한 것만을 보아도 긍정에 떨어진다. 부정 속에서 긍정을 보고, 긍정 속에서 부정을 보아야 집착하지 않게 된다. 깨끗하지 않은 우리의 법 외에 달리 깨끗한 것이 있을 수 없다. 우리의 몸은 여러 물질적·정신적 요소로 되어 있으므로 공의 도리를 떠나지 않는다. 깨끗하지 않은 것들이 깨끗함도 된다. 깨끗함을 보기 위해서는 깨끗하지 않음을 보아야 한다. 깨끗하지 않다는 말 속에 이미 깨끗함이 들어 있기 때문이다. 깨끗하지 않은 이 몸을 통해서 깨끗한 법을 본다. 그러므로 법은 깨끗하면서도 깨끗하지 않다. 깨끗함이 곧 깨끗하지 않음이다.《반야심경》에서 말한 색즉시공色卽是空, 공즉시색空卽是色이다. 색은 깨끗하지 않은 몸이요 공은 깨끗한 몸이다. 깨끗함과 깨끗하지 않음이 함께 존재한다.

우리의 몸은 우주의 법 그대로이므로 몸을 통해서 우주를 본다. 보이는 우리의 몸을 통해서 보이지 않는 우주의 생멸법을 본다. 진리는 멀리 있지 않고 가까이에 있다. 보이지 않는 영원한 법인 진리는 보이는 무상한 내 몸 속에 있다. 나를 통해서 남을 알고 나와 남을 통해서 우주의 법을 안다. 우주는 나와 남이기 때문이다. 이것과 저것이 어우러져서 집착 없는 생과 멸을 되풀이한다.

'몸이 있다.'는 지각은 나에 대한 지각이며 나를 알고 법을 아는 것이다. 몸을 관찰하여 마음이 머물면 몸의 부정함과 동시에 청정함을 알 수 있다. '몸이 있다.'는 것을 알면 몸이 공임을 알게 된다. 공이란 '있다'와 '없다'를 떠난 것이면서 '있다'와 '없다'가 모두 같이 존재하는 세계이다.

2-5. 있는 그대로에 대한 관찰

또한 비구들이여, 비구는 요소에 따라 있는 그대로, 주어진 그대로 이 몸을 관찰하여 '이 몸에는 땅의 요소, 물의 요소, 불의 요소, 바람의 요소가 있다.'고 안다. 비구들이여, 마치 숙련된 도우자屠牛者나 혹은 그 제자가 소를 죽여 거리에서 조각조각 나누어 각을 뜨듯이 비구들이여, 이와 같이 비구는 요소에 따라서 있는 그대로, 주어진 그대로 이 몸을 관찰하여 '이 몸에는 땅의 요소, 물의 요소, 불의 요소, 바람의 요소가 있다.'고 안다.

이와 같이 혹은 안으로 몸에 대하여 몸을 관찰하여 머물고, 또한 밖으로 몸에 대하여 몸을 관찰하여 머물고, 또한 안팎으로 몸에 대하여 몸을 관찰하여 머문다.

혹은 몸에 대하여 생하는 법을 관찰하여 머물고, 또한 몸에 대하여 멸하는 법을 관찰하여 머물고, 또한 몸에 대하여 생하고 멸하는 법을 관찰하여 머문다.

또한 지식으로 안 것과 잊지 않고 기억되는 것에 대해서도 이와 같이 '몸이 있다.'고 생각하여 나타내면 의지함이 없이 머물고 이 세상의 어떤 것에도 집착하지 않게 된다.

비구들이여, 이와 같이 비구는 몸에 대하여 몸을 관찰하여 머문다.

해설 우리의 몸은 고체성의 지地, 액체성의 수水, 열火, 운동〔風〕 등의 네 가지 요소로 이루어져 있다고 한다. 이 학설은 고대 인도에서 통용되던 것이나 불교에서도 이러한 사대설四大說을 받아들이고 있다.

우리의 위나 폐, 심장이나 팔, 다리 등 몸의 모든 기관은 굳게 뭉쳐지고, 물기가 있어서 서로 관련되어 작용하며, 발산시켜서 다시 새로운 것으로 만들고, 성장하고 없어진다. 이같은 네 가지 근본 요소가 있기 때문에 우리의 몸이 태어나서 자라고 유지된다.

우리의 몸이 지·수·화·풍의 네 가지 요소로 되어 있다는 것을 알면 되어진 그대로, 있는 그대로 살릴 수가 있고, 어디에도 집착하지 않게 된다. 네 가지 요소가 인연에 따라서 우리의 몸을 이루었다는 것을 알면 어떻게 살아야 하는지도 알게 된다. 있게 된 인연과 어떻게 될 것인가를 알면, 지금 이 순간을 어떻게 살아야 하는지도 알게 된다. 불교는 지금 어떻게 사느냐를 가르치는 종교이다. 어디서 와서 어디로 가는지는 문제가 되지 않고, 오로지 어떻게 살 것인가를 해결하여 올바르고 멋지며 행복하게 사는 길을 가르친다.

네 가지 요소로 되어 있으므로 이 네 가지를 살리는 삶이 올바른 삶이다. 몸을 관찰하여 생긴 모습, 이루어진 상태에 끌리지 말고 그것이 어떻게 되어진 것인가를 알아야 한다. 굳은 것은 굳은 대로, 더운 것은 더운 대로, 움직이는 것은 움직이는 그대로 살려야 한다. 혈액은 쉬지 않고 움직인다. 혈액순환이 잘 되도록 하는 것은 풍의 요소를 살리는 것이다. 몸이 더운 것은 화의 힘이니, 몸을 덥게 유지하기 위해서 영양 있는 식사를 하여 에너지를 공급해 주어야 한다.

몸을 움직여서 건강을 유지하고, 주어진 지식을 살려서 문화 창조에 이바지하고, 잊혀지지 않는 기억을 살려서 보다 나은 삶을 꾸려 나가는 것은 네 가지 요소를 있는 그대로, 되어진 그대로 살리는 삶이다.

우리는 겉에 나타난 모습만을 보고 그 모습에 집착한다. 그러나 나타난 모습을 보면서 그것을 이룩한 네 가지 요소가 있음을 알아야 한다. 다시 더 나아가 그 네 가지 요소도 실체가 있는 것이 아니라 단지 공의 도리에 의해서 인연법으로 모였다는 사실을 알지 않으면 안 된다. 인연으로 모인 것이니, 어느 것에도 의지할 필요가 없고 어느 것에도 집착할 필요가 없다.

앞에서 예로 든 바와 같이, 도살자가 소를 잡아서 온몸을 칼로 베어 각을 뜨듯이 우리 몸의 모든 기관들도 여러 가지 요소로 이루어져 있음을 알아야 한다. 소를 잡아서 각을 떠 놓으면 그것은 이미 소가 아니듯이 궁극적으로는 우리의 몸도 내가 아니다. 오직 네 가지 요소요·공일 뿐이다. 따라서 의지할 것이 무엇이며 집착할 것이 무엇이랴. 그러나 그러한 것이기에 더욱 소중하므로 허무에 떨어지거나 실존적인 관념에 떨어져서는 안 된다. 네 가지 요소를 보는 것은 절대 관념을 끊기 위해서이고, 몸을 관찰하여 있는 그대로, 되어진 그대로를 관찰하는 것은 허무에 빠지지 않기 위해서이다. 진실은 있는 것도 아니고 없는 것도 아니다. 유有에 떨어져서도 안 되고, 무無에 떨어져서도 안 된다. 몸을 관찰하여 사대四大를 보고, 사대를 보아 몸을 관찰하면서 유와 무에 떨어지지 않고 중도에 머물면 그것이 참된 관찰이다.

밥을 먹을 때에 밥을 관찰하고 먹는 맛을 관찰하면 그 식사는 알맞은 식사가 될 수 있다. 지나친 욕심이나 맛에 끌리지 않기 때문이다.

잊혀지지 않는 기억이나 지식도 되어진 것이요, 얻어진 것이므로 거기에 집착하여 노예가 되지 말아야 한다. 관념의 노예가 되어서는 안 된다. 물질적인 것이든 정신적인 것이든 그것이 이루어진 인연을 알고, 그것에 집착하지 않아야 올바른 삶을 살 수 있다. 그러한 수행이 바로 몸의 모든 기관을 위에서 아래로, 아래에서 위로, 안과 밖으로 관찰하는 것이다. 또한 생하고 멸하고, 생과 멸이 동시에 이루어지고 있는 모든 법을 있는 그대로 관찰하는 것이다.

2-6. 죽으면 썩을 몸에 대한 관찰

다음으로 또한 비구들이여, 비구는 마치 묘지에 버려진 시체가 죽은 뒤 하루나 이틀 내지는 사흘이 지나서 부어 오르고 검푸르게 변하고 썩어 문드러짐을 보는 것과 같이, 이 몸을 관찰하여 '이 몸이야말로 이러한 법, 이러한 것이요, 이런 모습을 면할 수 없다.'고 안다.

이와 같이 혹은 안으로 몸에 대하여 몸을 관찰하여 머물고, 또한 밖으로 몸에 대하여 몸을 관찰하여 머물고, 또한 안팎으로 몸에 대하여 몸을 관찰하여 머문다.

혹은 몸에 대하여 생하는 법을 관찰하여 머물고, 또한 몸에 대하여 생멸의 법을 관찰하여 머물고, 또한 지식으로 안 것과 잊지 않고 기억되는 것에 대해서도 이와 같이 '몸이 있다.'고 생각하여 나타내면 의지함이 없이 머물고, 세상의 어떤 것에도 집착하지 않게 된다. 비구들이여, 이와 같이 비구는 몸에 대하여 몸을 관찰하여 머문다.

해설 일상적으로 우리는 몸이 있으며 이 몸이 형태를 갖추고 있다고 의식하고 있지만, 사실은 몸이 없으며 형태를 갖추고 있는 것도 아니라는 사실을 알아야 한다.

우리가 어떤 것을 '안다'고 할 때, 그것이 어디서 와서 어디로 가는지까지 알지 않으면 그것을 진실로 안 것이 아니다.

실로 어떤 것이 존재한다는 사실은 그것이 곧 없어질 것임을 알게 한다. '있다'는 또한 '없다'를 포함하고 있기 때문이다. '없다'가 있기 때문에 '있다'도 있게 된다. '있다'와 '없다'는 항상 서로 따른다. 그럼에도 불구하고 우리는 무엇이 있을 때 그것이 항상 있을 것이라고 착각하여 없어지면 놀라고 슬퍼한다. 실제로 우리의 몸을 이루고 있는 세포도 찰나에 생하고 찰나에 멸하면서 생사를 거듭하고 있다. 어디까지가 삶이고, 어디까지가 죽음이라고 분별할 수 없다. 우리의 마음도 이와 같다. 어떤 생각이나 마음이 일어나면 순간에 없어지고, 없어지면 또다시 일어나면서 계속 흐르고 있다.

 몸을 있는 그대로 있게 하거나 되어진 그대로 되게 하려면 살아 있는 몸에서 몸이 없어지는 것을 보고, 살아 있을 때 없어지고 있는 상태를 그대로 두지 않으면 안 된다. 없어지는 것을 막을 도리가 없기 때문이다. 그러면 우리의 몸은 왜 죽는가? 죽으면 왜 해체되어 검푸르게 썩고, 형체를 찾을 길 없이 공허하게 되는가? 없던 것이 생겼기 때문에 생긴 것이 죽는 것이다. 또한 우리의 몸은 네 가지 요소가 모여서 이루어져 있으므로 그 요소는 인연이 다하면 다시 돌아간다. 또한 인연에 의해 형체를 형성하고 있었으나 인연도 실체가 없기 때문에 근본으로 돌아가는 것이다. 생기는 법, 없어지는 법에 머물면 우리의 몸이 썩어서 없어진다는 사실을 알게 된다. 생하고 멸하는 법을 알면 생과 멸이 다르지 않음을 안다. 삶이 죽음과 다르지 않다는 것을 알면 법을 안 것이다. 우주의 법에는 죽음과 삶이 다르지 않고 인연에 따라서 형체가 나타난다. 법은 본래 실체가 없기 때문이다. 이와 같이 알면 어디에도 의지하지 않고, 어떤 것에도 집착하지 않으면서 주어진 몸을 최대한으로 살리는 보람된 삶을 살게 된다.

 항상 죽음 앞에 서서 죽음과 대결하는 삶은 순간을 영원으로 승화시키고 작은 이 몸을 우주로 확대시키는 삶이다. 흔히 '죽으면 썩을 몸인데 무엇이 아까우랴.'라고 말하는 사람이 있다. 그러나 이렇게 자포자기하는 태도는 생명에 대한 반역이다. 죽으면 썩어 버리므로 살아 있는 이 몸이 귀중한 것이며, 썩는다는 사실도 존엄한 것이다. 만일 죽어도 썩지 않거나 태어나서 죽지 않는다고 가상해 보라.

우리는 어떤 것이 있음으로 해서 '없다'는 보이지 않는 사실을 알게 된다. '있다'와 '없다'는 절대적인 것이 아니므로 의지하거나 집착할 필요가 없다. 의지할 것은 법뿐이다. 법에 의지하여 살고 법에 의지하여 죽을 뿐이다. 그러므로 붓다는 자신의 임종 때 슬퍼하며 의지할 곳을 묻는 제자에게 '법을 의지하고 법을 등불로 삼아라.'라고 훈계했다.

이 말은 있는 그대로, 되어진 그대로 살라는 뜻이다. 살아 있는 몸에서 죽음을 보고, 다시 죽으면 썩어 없어진다는 사실을 보라고 했다. 죽음을 보는 데에 그치면 죽음이 실재한다고 여겨 삶에 집착하게 된다. 죽음도 없어야 비로소 어디에도 집착하지 않게 된다. 법은 실로 '있다'와 '없다'를 떠난 것이니, 결국 썩어서 없어진다는 것도 있을 수 없다. 어찌 무어라고 입을 벌릴 수 있으며 어떻다고 생각할 수 있으랴.

2-7. 썩으면 버려질 몸에 대한 관찰

다음으로 또한 비구들이여, 비구는 마치 묘지에 버려진 시체가 까마귀에게 쪼아 먹히고, 혹은 매에게 쪼아 먹히고, 혹은 독수리에게 쪼아 먹히고, 혹은 늑대에게 먹히고, 내지는 여러 생류에게 먹히는 것을 관찰하듯이, 이 몸을 직시하여 '이 몸이야말로 이런 법, 이런 것으로서 그것을 벗어날 수 없다.'고 안다.

이와 같이 혹은 안으로 몸에 대하여 몸을 관찰하여 머물고, 또한 밖으로 몸에 대하여 몸을 관찰하여 머물고, 또한 안팎으로 모두 몸에 대하여 몸을 관찰하여 머문다.

또한 몸에 대하여 생하는 법을 관찰하여 머물고, 또한 몸에 대하여 멸하는 법을 관찰하여 머물고, 또한 몸에 대하여 생하고 멸하는 법을 관찰하여 머문다.

또한 지식으로 안 것과 잊지 않고 기억되는 것에 대해서도 이와 같이 '몸이 있다.'고 생각하여 나타내면 의지함이 없이 머물고, 또한 어떤 대상에도 집착하지 않게 된다.

비구들이여, 이와 같이 비구는 몸에 대하여 몸을 관찰하여 머문다.

해설 살아 있는 몸을 보면서 죽어서 썩을 것이라고 보기는 어렵다. 하물며 그 썩은 몸을 짐승들이 뜯어먹는 것까지 보기란 더욱 어려운 법이다. 그러나 여기까지 보지 못하면 몸을 관찰한 것이 아니다. 우리는 몸이 영원히 살아 있을 것으로 착각하고 애착에 빠져 헛되이 꾸미며 죄를 짓고 있다. 그 몸이 죽고, 해체되어 썩는 모습까지 보려면 애착이 없고, 사물의 진실을 꿰뚫어보는 눈이 생겨야 한다.

우리의 몸은 죽으면 썩는다. 짐승이 그 썩은 고기를 먹으면 '나'라는 존재가 없음이 증명되는 것이다. '나'라는 존재가 없다는 것은 남과의 관계 속에 있다는 뜻이니, 짐승은 남이다. 모든 것은 나와 남, 이것과 저것의 관계 속에서 존재한다. 이렇게 생각하면 나의 몸은 남을 위해서 있고, 남의 몸은 나를 위해서 있는 것이다. 살아 있는 동안에도 나와 남의 관계 속에서 살다가 죽어서도 그대로 돌아간다.

이런 의미에서 붓다가 가르친 제법무아諸法無我는 진실이다. 제행무상諸行無常이기 때문에 나면 죽고, 죽으면 썩는다. 짐승이 내 살을 먹는다. 나와 남의 관계를 충실히 지키고 있는 것이다. 그러므로 죽은 시체를 불에 태우거나 물에 띄우는 것은, 엄격히 따지자면 자기 중심적인 욕망의 발로이니, 끝내는 법을 무시하는 처사이다. 불교의 화장火葬

은 이제까지 쌓아온 무상한 번뇌를 모두 살라 버리고 영혼의 해탈을 얻기 위함이다. 힌두교의 수장은 갠지스 강의 성스러운 물에 정화된 몸이 범천에 다시 태어나 영원한 삶을 누리기 위한 종교적인 욕망을 표현한 것이다. 땅에 묻혀 썩지 않기를 바라거나 명당에 묻혀 뼈만이라도 영구히 남게 되기를 바라는 것은 인간적인 욕망에 지나지 않는다. 만약 신이 인간을 창조했다면 신은 이러한 인간의 욕망을 받아들이지 않을지도 모른다.

근대 인도의 성자였던 요가 행자 라마크리슈나 *Rāmakṛṣṇa*(1836~1886?)의 제자인 비베카난다 *Vivekananda*(1863~1902)는 엄격한 수행을 통해 신을 본 사람이다. 그는 인간 속에서 신을 찾고, 인간 속에서 사는 신이 되고자 했다. 그가 수행하며 방황하던 때의 일이다. 굶주림과 피로에 찌든 몸을 이끌고 숲속을 헤매다가 밤이 되어 한 나무 기둥에 기대어 앉아 힘 없이 쉬고 있었다. 그때 호랑이 한 마리가 다가왔다. '호랑이도 나도 모두 배가 고프다. 이 몸은 인류에게 아무런 봉사도 한 적이 없으니, 이 주린 호랑이에게 내 몸을 바쳐 그를 만족시키자.'라고 생각한 그는 그냥 고요히 앉아 있었다. 그러나 호랑이는 그를 건드리지도 않고 그냥 가버렸다.

삼매의 상태에서는 나와 남의 구별이 없다. 신의 뜻은 평등하다. 비베카난다는 자신의 몸을 호랑이에게 줄 수도 있었다. 그러나 신은 호랑이보다 비베카난다의 도에 더 관심이 많았다.

법은 시체를 썩게 한다. 법은 짐승이 나의 몸을 먹게 할 수도 있다. 짐승에게 먹히는 인연이 주어지면 그대로 먹혀야 한다. 이것이 있는 그대로, 되어진 그대로 사는 사람의 행위이다. 화장, 수장, 풍장 등에는 모두 개인의 욕망이 개입되어 있다. 그러나 나무에 매달려 까마귀에게 먹게 하거나, 매나 독수리나 개나 늑대에게 먹게 하는 것에는 개인의 욕망이 개입되어 있지 않다.

　시체가 버려지면 이와 같이 비참하게 되고, 버려지지 않으면 뼈만 남는다. '나'라는 존재는 아무것도 남지 않는다. 인연에 따라서 태어나고, 인연이 다하면 죽고, 버려질 인연이 있으면 짐승들의 밥이 되고, 버려질 인연이 없으면 뼈만 남는다. 그러나 그 뼈 역시 나는 아니다. 내 뼈란 있을 수 없다. 이 세상에 존재하는 것은 오직 이 몸을 있게 하고 죽게 하는 법뿐이니, 우리의 몸은 이 법을 벗어날 수 없다.

2-8. 해골과 뼈에 대한 관찰

　다음으로 또한 비구들이여, 비구는 마치 묘지에 버려진 시체가 피와 살이 힘줄로 연결된 해골인 것을 관찰하듯이, 이 몸을 직시하여 '이 몸이야말로 이런 법, 이렇게 되어진 것이니, 그것을 벗어날 수 없다.'고 안다.

　다음으로 또한 비구들이여, 비구는 마치 묘지에 버려진 시체가 살이 없이 피가 붙어서 힘줄로 연결된 해골인 것을 관찰하듯이, 이 몸을 직시하여 '이 몸이야말로 이런 법, 이렇게 되어진 것이니, 그것을 벗어날 수 없다.'고 안다.

　다음으로 또한 비구들이여, 비구는 마치 묘지에 버려진 시체가 피도 살도 없이 힘줄만으로 연결된 해골인 것을 관찰하듯이, 이 몸을 직시하여 '이 몸이야말로 이런 법, 이렇게 되어진 것이니, 그것을 벗어날 수 없다.'고 안다.

　다음으로 또한 비구들이여, 비구는 마치 묘지에 버려진 시체가 관절이 풀려 흩어져서 이곳에 팔뼈가 있고, 저곳에 다리뼈가 있고, 이곳에 무릎뼈, 저곳에 정강이뼈, 이곳에 엉치뼈, 저곳에 등뼈, 저곳에 두개골이 있음을 관찰하듯이, 이 몸을 직시하여 '이 몸이야 말로 이런 법, 이렇게 되어진 것이니, 그것을 벗어날 수 없다.'고 안다.

　이와 같이 사방팔방으로 흩어진 뼈를 관찰하듯이, 이 몸을 직시하여 '이 몸이야말로 이런 법, 이렇게 되어진 것이니, 그것을 벗어날 수 없다.'고 안다.

　해설　죽어도 뼈는 오래도록 남는다. 그렇다고 해서 그 뼈가 나의 것은 아니다. 살아 있는 내 몸이 아니라는 말이다. 죽으면 다른 사람의 뼈와 내 뼈는 서로 구별이 없어진다. 뼈 역시 영원할 수는 없다. 그러므로 영원한 나의 것은 있을 수 없다. 뼈가 굳은 것은 네 가지 요소 중에서 지地의 작용 때문이다. 지, 수, 화, 풍의 네 가지 요소는 누구에게나 있으며, 모든 것이 네 가지 요소로 되어 있으므로 죽으면 네 가지 요소로 돌아간다. 있는 것은 오직 네 가지 요소뿐이다. 이 네 가지 요소에 집착할 필요는 없다. 내 몸을 통해서 굳은 뼈가 땅의 요소로 이루어져 있음을 알고 그 요소로 돌아갈 때까지 부지런히 수양해야 한다. 죽으면 뼈만 남는다는 것을 관찰하여 뼈에도 집착하지 않고 되어진 이 몸을 살려야 한다. 몸을 관찰하여 머물면 몸을 살리게 된다.

　살아 있으면서 죽음을 보고, 그 후의 버려진 뼈를 본다는 것은 너무도 무서운 관견觀見이며, 그 허무감이 우리를 괴롭힐 것이다. 그러나 영원하지 않은 나를 영원하다고 짐짓 꾸며서 생각할 수는 없다. 자기 기만이며 거짓이기 때문이다. '나'라는 주체가 없다면 꿈도 의욕도 없을 것이다. 그렇다고 해서 없는 것을 있다고 속여서 자신을 위로하는 것은 환상일 뿐, 사실을 사실대로 인정해야 그것을 넘어설 수 있다. 붓다도 생로병사를 면할 수 없다는 사실을 깨달았기 때문에, 그것을 초월할 수 있었던 것이다. 사실을 있는 그대로 알면 괴로움이나 실망이 없다. 사실을 알면 큰 기쁨이 있고, 기쁨은 곧 생명의 신비에 동참하는 체관諦觀으로 이어진다. 죽으면 뼈만 남는다는 사실을 알면 오늘 하루가 백년같이 소중하고, 두려움이 없어져 용감해지며, 어떤 괴로움도 참을 수 있고, 남을 위해 이 생명까지 바칠 수 있는 관대함이 생기게 된다.

티벳의 수행자들은 사람의 뼈로 만든 염주를 지니고 다닌다. 또한 승려들은 자기 어머니의 정강이뼈를 베개로 삼기도 한다. 이는 죽음과 함께하는 삶을 보이는 것이다. 항상 죽음을 각오하는 삶은 그 한순간, 한순간이 더없이 소중하다.

우리의 몸은 법에 의해서 이루어졌으니 법의 몸이요, 몸은 죽을 것이니 법의 것이다. 법을 알면 살아 있는 부처가 될 수 있다. 붓다는 법을 알았기에 붓다가 되었고, 이를 설법하였으므로 여래如來가 되었다. 여래는 법 그대로 오며〔如來〕 법 그대로 간다〔如去〕.

2-9. 부서진 뼈를 통한 법의 관찰

다음으로 또한 비구들이여, 비구는 묘지에 버려진 시체가 소랏빛과 같은 백골임을 보듯이, 이 몸을 직시하여 '이 몸이야말로 이러한 법, 이와 같이 되어진 것으로 그것을 벗어날 수 없다.'고 안다.

다음으로 또한 비구들이여, 비구는 묘지에 버려진 시체의 뼈가 일년이 넘은 퇴적한 것임을 보듯이, 이 몸을 직시하여 '이 몸이야말로 이러한 법, 이와 같이 되어진 것으로 그것을 벗어날 수 없다.'고 안다.

다음으로 또한 비구들이여, 비구는 묘지에 버려진 시체가 삭아서 부서진 뼛조각인 것을 보듯이, 이 몸을 직시하여 '이 몸이야말로 이러한 법, 이와 같이 되어진 것으로 그것을 벗어날 수 없다.'고 안다.

이와 같이 혹은 안으로 몸에 대하여 몸을 관찰하여 머물고, 또한 안팎으로 모두 몸에 대하여 몸을 관찰하여 머문다.

혹은 몸에 대하여 생하는 법을 관찰하여 머물고, 또한 몸에 대하여 멸하는 법을 관찰하여 머물고, 또한 몸에 대하여 생하고 멸하는 법을 관찰하여 머문다.

또한 지식으로 안 것과 잊지 않고 기억되는 것에 대해서도 이와 같이 '몸이 있다.'고 생각하여 나타낸다.

비구들이여, 이와 같이 비구는 몸에 대하여 몸을 관찰하여 머문다.

해설 우리가 죽어서 썩으면 뼈만 남지만, 그 뼈도 세월이 가면 부서져서 가루가 되고, 가루도 어디론가 사라져 버린다. 그러므로 나의 몸이라는 실체는 어디에서도 찾을 수가 없게 된다.

내 몸 안에 있는 내장이나 밖에 있는 기관의 어느 것도 '나'라고 할 수 있는 것은 아무것도 없다. 육체만이 아니라 '나'라고 할 정신적인 요소도 실체가 없다. 모두 인연인 공의 도리가 있을 뿐이다.

몸을 보고 마음을 보아서 이 사실을 꿰뚫어보아야 비로소 나를 안 것이다. '나'라고 할 어떤 것도 없는 속에서 '나'는 이렇게 존재함을 알아야 한다. 이것이 머문다는 뜻이다. '관찰한다'는 있는 그대로 보는 것이요, 보이지 않는 법을 보는 것이니, 몸을 관찰하여 무상과 무아와 고苦를 받고 있는 이 몸을 통해 고가 없는 즐거움을 간직해야 한다.

3. 감수 작용에 대한 관찰
— 느끼는 대로 받아들여 하나가 된다

그리하여 비구들이여, 어떻게 비구가 감수하는 것에 대하여 감수한 것을 관찰하여 머물 것인가? 비구들이여, 비구는 즐거움을 느끼면 '나는 즐거움을 감수한다.'고 알아차리고, 괴로움을 느끼면 '나는 괴로움을 감수한다.'고 알아차리고, 괴롭지도 않고 즐겁지도 않은 느낌을 감수하면 '나는 괴롭지도 않고 즐겁지도 않은 느낌을 감수한다.'고 알아차린다.

혹은 육체의 괴로움을 느끼면 '나는 육체의 괴로움을 느낀다.'고 알아차리고, 또한 정신의 괴로움을 느끼면 '나는 정신의 괴로움을 느낀다.'고 알아차린다.

혹은 육체의 괴롭지도, 즐겁지도 않은 느낌을 받으면 '나는 육체의 괴롭지도 않고 즐겁지도 않은 느낌을 받는다.'고 알아차린다.

이와 같이 혹은 안으로 받아들이는 느낌에 대하여 감수작용을 관하여 머물고, 또한 밖으로 받아들이는 느낌에 대하여 감수작용을 관하여 머물고, 또한 안팎의 모든 느낌에 대하여 감수작용을 관하여 머문다.

혹은 감수작용에 대하여 생하는 법을 관하여 머물고, 또한 감수작용에 대하여 멸하는 법을 관하여 머문다.

또한 지식으로 안 것과 잊지 않고 기억되는 것에 대해서도 마찬가지로 '감수작용이 있다.'고 생각하면 의지함이 없이 머물고 세상의 어떤 것에도 집착하지 않게 된다.

비구들이여, 이와 같이 비구는 느낌에 대하여 감수작용을 관하여 머문다.

해설 우리의 주관이 객관 세계를 대하면, 그것으로부터 받는 자극에 의해 어떤 감수작용이 일어나서 괴롭거나 즐거움, 또는 괴롭지도 않고 즐겁지도 않은 느낌을 갖게 된다. 그런데 우리는 이러한 느낌에 매달려서 스스로 괴로워하거나 즐거워한다.

그러나 그런 감수작용은 주관인 나 자신과 객관인 대상의 세계에 의해서 일어나며, 주관과 객관의 조건이 바뀌면 사라진다. 그러나 이런 감수작용을 통해서 우리의 정서생활이 이루어지고 있다. 이러한 감수작용을 그대로 받아들이면서 이에 끌리지 않는 것이 바람직하다. 이렇듯 감수된 느낌을 있는 그대로 받아들이기 위해서는 그 실체를 관찰할 필요가 있다. 그것이 주관과 객관에 의해 받아들여진 감수작용이라는 사실을 알면 그것에 대한 부정이나 긍정에 떨어지지 않게 된다. 감수작용은 이것과 저것의 인연에 의해서 생긴 것이니, 있는 그대로 받아들여서 그것을 긍정하고, 인연으로 인해 있게 되었으니, 인연에 의해 없어질 것이므로 부정할 수 있다. 긍정과 부정을 동시에 가지고 있다. 긍정 속에 부정이 있으므로 집착이 없고, 부정 속에 긍정이 있으므로 그대로 머문다. 이렇게 함으로써 괴로움을 극복하고 즐거움에 빠져들지 않게 된다.

괴로움이 느껴지면 '나는 괴로움을 느낀다.'고 감지하여 마음을 괴로움에 집중하면 나와 그것이 하나가 되어 괴로움이 사라진다. '나'라는 존재가 대상에 대한 느낌과 대립하고 있기 때문에 괴로움이나 즐거움을 느끼는 것이므로, 이것과 저것이 하나가 되면 괴로움이나 즐거움은 사라져 버린다.

 감수된 느낌에 마음을 집중하여 그것이 생겨나게 된 법과 사라질 법을 볼 수 있으려면 그것을 멀리해서는 안 되고, 그것과 대결하지 않으면 안 된다. 괴로움을 피하려고 하면 더욱 괴로워지기 마련이다. 괴로움을 괴로움으로 받아들이면 그것을 극복할 수 있는 길이 열리게 된다. 괴로움은 실체가 없다는 사실을 깨닫게 되기 때문이다. 즐거움도 마찬가지이다.

 주어진 느낌을 거역하지 말고, 또한 그에 집착하지도 말고 있는 그대로 받아들이는 것이 비구의 수행 목표이다. 괴로울 때 괴로워하되 마음이 아프지 않고, 즐거울 때 즐거워하되 즐거움에 빠지지 않는 것이 중도의 길이다.

4. 마음에 대한 관찰
── 마음을 보고 마음에 머문다

그리하여 비구들이여, 비구는 어떻게 마음에 대하여 마음을 관찰할 것인가? 비구는 마음이 탐을 내면 '마음이 탐낸다.'고 알아차리고, 마음이 탐내지 않으면 '마음이 탐내지 않는다.'고 알아차린다. 또한 마음이 성을 내면 '마음이 성낸다.'고 알아차리고, 마음이 성내지 않으면 '마음이 성내지 않는다.'고 알아차린다. 또한 마음이 어리석으면 '마음이 어리석다.'고 알아차리고, 마음이 어리석지 않으면 '마음이 어리석지 않다.'고 알아차린다. 또한 마음이 전도되면 '마음이 전도된다.'고 알아차리고, 마음이 전도되지 않으면 '마음이 전도되지 않는다.'고 알아차린다. 또한 마음이 넓고 크면 '마음이 넓고 크다.'고 알아차리고, 마음이 좁고 작으면 '마음이 좁고 작다.'고 알아차린다. 또한 마음이 위가 있으면 '마음이 위가 있다.'고 알아차리고, 마음이 위가 없으면 '마음이 위가 없다.'고 알아차린다. 또한 마음이 안정되면 '마음이 안정되어 있다.'고 알아차리고, 마음이 안정되지 않으면 '마음이 안정되지 않는다.'고 알아차린다. 또한 마음이 해탈했으면 '마음이 해탈했다.'고 알아차리고, 마음이 해탈하지 않으면 '마음이 해탈하지 않는다.'고 알아차린다.

　이와 같이 혹은 안으로 마음에 대하여 마음을 관찰하여 머물고, 또한 밖으로 마음에 대하여 마음을 관찰하여 머물고, 또한 안팎으로 마음에 대하여 마음을 관찰하여 머문다.

　혹은 마음에 대하여 생하는 법을 관찰하여 머물고, 또한 마음에 대하여 멸하는 법을 관찰하여 머물고, 또한 마음에 대하여 생하고 멸하는 법을 관찰하여 머문다.

　또한 지식으로 안 것과 잊지 않고 기억되는 것에 대해서도 마찬가지로 '마음이 있다.'고 생각을 떠올리면 의지함이 없이 머물고, 세상의 어떤 것에도 집착하지 않게 된다.

　비구들이여, 이와 같이 비구는 마음에 대하여 마음을 관찰하여 머문다.

해설 마음은 볼 수도 만질 수도 없지만 분명히 존재한다. 마음이 나타나면 있는 것이고, 나타나지 않으면 없는 것이니, 있다고도 할 수 없고 없다고도 할 수 없다. 그렇기 때문에 생각할 수 없다. 마음은 육체와 상대되는 개념으로 존재한다. 마음과 물질은 한계를 그을 수 없을 정도로 서로 깊은 관련을 맺고 있다.

　그렇다면 이러한 마음은 어떻게 나타나는가? 인간은 이러한 마음으로 인해 괴로움을 당하고 반대로 즐거움도 느낄 수 있다. 마음의 참된 모습은 어떤 것인가? 마음을 올바르게 보면 몸을 볼 수 있고, 마음이나 몸을 올바르게 보면 나를 알게 되고, 나를 알게 되면 우주의 진실을 알게 된다. 나의 진실은 나타난 마음 그것이요, 우주의 진실은 나타난 만상萬像 그 자체이다.

　마음을 보는 것이 수행자의 공부이다. 수행자는 마음을 관찰하여 있는 그대로 알아야 한다. 탐심이 일어나면 '탐심이 일어났다.'고 아는 것이 바로 마음을 보는 것이다. 마음을 보고 마음을 바르게 쓰는 사람이 성자이다. 탐심이 일어나면 일어나지 않아야 될 것이 일어났다고 생각하여 그것을 거부할 필요는 없다. 일어날 인연이 있어서 일어난 것이므로 없어질 인연이면 곧 없어진다. 탐심이 일어나고 없어지는 것을 있는 그대로 관찰하여 잘못된 마음이면 고쳐야 하고 올바른 마음이면 더욱 고양시켜야 한다.

마음은 크고 넓게도 나타나고 좁고 작게도 나타난다. 또한 더없는 극치에 도달한 마음도 있고, 그렇지 못한 마음도 있다. 고요히 안정된 마음도 있고, 안정을 잃은 혼란스러운 마음도 있다. 어디에도 걸리지 않는 해탈의 경지에 이른 마음도 있고, 그렇지 못한 마음도 있다. 이런 수많은 마음들을 일어나는 대로 관찰하여 그것이 어떤 인연에 의해 일어났으며 어떻게 없어지는가를 알면, 그 마음에 집착하지 않고 마음을 자유자재로 부릴 수 있게 된다.

여기서 언급한 마음의 현상은 다음의 몇 가지로 분류할 수 있다.

곧 탐, 진, 치의 삼독이 일어나고 없어지는 현상, 잘못된 착각인 전도된 마음이 일어나고 없어지는 현상, 크고 넓은 마음과 좁고 작은 마음, 순수성의 차이에서 볼 때 위가 있는 마음과 위가 없는 마음이 일어나고 없어지는 현상, 안정된 마음과 불안한 마음, 또한 해탈한 마음과 해탈하지 못한 마음이 일어나고 없어지는 현상 등이다.

마음에 대한 관찰을 통해서 그것이 그릇된 것인지 아닌지를 살펴보고, 넓거나 좁거나 크거나 작은 마음을 가려 봄으로써 궁극적으로는 해탈에 이르는 마음에까지 도달할 수 있다. 해탈한 마음이든 탐, 진, 치의 삼독이든 그것이 마음이라는 점에는 다를 바가 없다. 그러나 삼독의 오염된 마음이 해탈의 청정한 마음으로 바뀌어야 한다는 것을 알아야 한다.

  마음은 실체가 없기 때문에 더없이 깊고, 넓고 큰 마음을 갖기 위해서는 청정한 본심으로 돌아가야만 한다. 청정본심은 허공같이 넓고 바다같이 깊고 거울 같은 마음이기 때문이다. 사실 이런 청정본심이 일상적으로 일어나는 마음과 다른 것은 아니다. 비유하자면 물과 물결의 관계와 같다. 마음을 관조하면서 마음에 머물면 그 자리가 바로 청정본심인 것이다. 관찰하는 마음과 관찰당하는 마음이 만나서 하나가 되었으므로 주와 객이 없는 진실 그대로의 본심으로 돌아가게 된다. 마음을 보려는 찰나에 이미 보는 마음과 보여지는 마음이 만난 것이다.

  흔히 선禪에서는 견성성불見性成佛이라고 하지만 본성을 보는 마음은 따로 있을 수 없으며, 보여지는 마음의 본성 역시 따로 있는 것이 아니다. 불심과 중생심도 다르지 않다. 나의 마음을 보면 부처의 마음을 볼 수 있다. 나의 마음에서 탐심이 일어나고 또한 없어진다는 것을 알면, 이미 그 마음은 탐심이 아닌 불성이요 해탈한 마음이다.

  마음은 넓은 바다와 같다. 바다는 큰 파도, 작은 파도, 거친 물결, 잔잔한 물결, 맑은 물, 탁한 물 등 모든 물을 떠나서는 존재할 수 없다. 물결을 물결로 보는 자는 잔잔한 바닷물을 볼 수 있다.

  우리의 본래 마음은 깨끗하고 넓고 크며 곧아서 걸림이 없으나, 탐내고 성내며 어리석고 좁고 얕으며 걸림이 있는 것으로부터 떠나지 않는다. 번뇌가 곧 깨달음이기 때문이다. 진眞과 속俗이 둘이 아니니, 속俗을 보고도 속을 떠나지 않으면서 그것에 집착하지 않으면 그대로 진이 된다. 마음을 있는 그대로 관찰하면서 마음이 일어나고 없어지는 법을 보는 명상은 바로 깨달음으로 가는 길이다.

5. 법에 대한 관찰

5-1. 다섯 가지 장애물에 대한 관찰

그리하여 비구들이여, 어떻게 비구가 법에 대하여 법을 관찰하는가? 이에 비구들이여, 비구는 법, 곧 다섯 가지 장애에 대하여 법을 관찰하여 머문다. 또한 비구들이여, 비구가 어떻게 법, 곧 다섯 가지 장애에 대하여 법을 관찰하여 머물 것인가? 이에 비구들이여, 비구는 혹은 안으로 탐욕이 있으면 '나는 안으로 탐욕이 있다.'고 알아차리고, 안으로 탐욕이 없으면 '나는 안으로 탐욕이 없다.'고 알아차린다. 혹은 아직 나타나지 않은 탐욕이 일어나는 그대로를 알아차리고, 이미 나타난 탐욕이 없어지는 그대로를 알아차리고, 또한 탐욕이 미래에도 일어나지 않는 그대로를 알아차린다. 혹은 안에 노여움이 있으면 '내 안에 노여움이 있다.'고 알아차리고, 안에 노여움이 없으면 '내 안에 노여움이 없다.'고 알아차린다. 또한 아직 나타나지 않은 노여움이 나타나는 그대로를 알아차리고, 또한 이미 없어진 노여움이 미래에도 나타나지 않는 그대로를 알아차린다. 혹은 안으로 졸음이 있으면 '내 안에 졸음이 있다.'고 알아차리고, 안에 졸음이 없으면 '내 안에 졸음이 없다.'고 알아차린다. 그리하여 아직 나타나지 않은 졸음이 생기는 그대로를 알아차리고, 또한 이미 없어진 졸음이 미래에 생겨나는 그대로를 알아차린다. 혹은 안으로 한탄하는 것이 있으면 '내 안에 한탄하는 것이 있다.'고 알아차리고, 안으로 한탄하는 일이 없으면 '내 안에 한탄하는 일이 없다.'고 알아차린다. 그리하여 아직 생기지 않은 한탄이 생기는 그대로를 알아차리고, 또한 이미 생긴 한탄이 없어지는 그대로를 알아차리고, 또한 이미 없어진 한탄이 미래에 생겨나는 것을 그대로 알아차린다.

혹은 의혹이 있으면 '내 안에 의혹이 있다.'고 알아차리고, 안으로 의혹이 없으면 '내 안에 의혹이 없다.'고 알아차린다. 그리하여 아직 생기지 않은 의혹이 생겨나는 그대로를 알아차리고, 또한 이미 생겨난 의혹이 없어지는 그대로를 알아차리고, 또한 이미 없어진 의혹이 미래에 생겨나는 그대로를 알아차린다.

이와 같이 혹은 안으로 법에 대하여 법을 관찰하여 머물고, 또한 밖으로 법에 대하여 법을 관찰하여 머물고, 또한 안팎으로 모두 법에 대하여 법을 관찰하여 머문다.

혹은 법에 대하여 생하는 법을 관찰하여 머물고, 또한 법에 대하여 멸하는 법을 관찰하여 머물고, 또한 법에 대하여 생하고 멸하는 법을 관찰하여 머문다.

또한 지식으로 안 것과 잊지 않고 기억되는 것에 대해서도 마찬가지로 '법이 있다.'고 생각을 나타내면 의지함이 없이 머물고, 세상의 어떤 것에도 집착하지 않게 된다.

비구들이여, 이와 같이 비구는 법, 곧 다섯 가지 번뇌에 대하여 법을 관찰하여 머문다.

해설 다섯 가지 방해되는 것을 판차바라나니 pañcavaranani라 하여 오개五蓋나 오장五障이라고 한다. 우리의 마음을 덮어서 좋은 마음이 나타나지 못하게 하는 번뇌이다. 탐욕, 노여움, 어리석음, 혼침 혹은 졸음, 회한, 의혹, 들뜨거나 후회 등이 우리의 마음을 덮어 좋은 마음이 나타나는 것을 방해한다.

탐욕이 생기면 마음속에 생긴 탐욕을 그대로 알아차려 그것에 마음을 집중하여 머물면 탐욕이 실체가 아님을 알게 된다. 따라서 자연히 사라진다. 생긴 탐욕만이 아니라 사라지는 탐욕도 사라진다고 알면, 그 탐욕으로 인해서 생긴 고뇌를 알게 되어 다시는 그런 탐욕을 부리지 않게 된다. 그러나 어떤 인연으로 다시 일어날 경우도 있으니, 그럴 때는 일어나는 그대로의 인연을 알면 없앨 수 있다.

탐욕만이 아니라 노여움이나 어리석음, 졸음 등도 그 실상을 관찰하여 알면, 그것이 있다가도 없어진다. 곧 사라지면 다시 생기는 현상이라는 것을 알 수 있게 된다. 이러한 현상을 있는 그대로 보게 되면 이에 끌리거나 두번 다시 그것을 일으키지 않게 된다.

졸음이 올 경우에도 '지금 나에게 졸음이 온다.'고 알아차리면 그 졸음이 사라진다. 깨어 있는 내가 졸음을 알아차리므로 이미 졸음이 없어지는 것이다. 노여움, 탐욕, 어리석음 등이 나쁘다는 것을 알면 그것은 이미 사라져 버린다. 노여움이나 탐욕이 나쁘다는 사실을 모르기 때문에 노여워하고 탐욕을 부리게 된다.

회한이나 의혹도 실체가 있는 것이 아니라 단지 마음에 나타났다가 없어지는 것이다. 있게 된 인연이 사라지면 없어지고, 생길 인연이 일어나면 다시 일어난다.

이상은 깨달음으로 가는 길에 방해가 된다. 이를 없애지 못하는 이유는 이것들이 사실은 우리의 마음에서 일어나고 사라지는 현상일 뿐이라는 것을 정확히 알지 못하기 때문이다. 결국 지금 있는 마음의 상태는 실체가 없는 것이 일어나고 사라지는 것이므로, 그럴 수 있는 인연법을 아는 것이 비구의 수행이며 깨달음의 지혜이다.

5-2. 다섯 가지 요소에 대한 관찰

다음으로 또한 비구들이여, 비구는 법, 곧 몸과 정신의 다섯 가지 요소에 대하여 법을 관찰하여 머문다. 그리하여 비구들이여, 어떻게 비구는 법, 곧 다섯 가지 요소를 관하여 머무는가?

이에 비구들이여, 비구는 '물질은 이러이러하고, 물질이 생하는 것은 이러이러하고, 물질이 멸하는 것은 이러이러하다.' '감수작용은 이러이러하고, 감수작용이 일어나는 것은 이러이러하고, 감수작용이 없어지는 것은 이러이러하다.' '지각 표상은 이러이러하고, 지각 표상이 생하는 것은 이러이러하고, 지각 표상이 없어지는 것은 이러이러하다.' '의지의 움직임은 이러이러하고, 의지의 움직임이 생하는 것은 이러이러하고, 의지의 움직임이 멸하는 것은 이러이러하다.' '인식작용은 이러이러하고, 인식작용이 생하는 것은 이러이러하고, 인식작용이 멸하는 것은 이러이러하다.'고 알아차린다.

이와 같이 혹은 안으로 법에 대하여 법을 관찰하여 머물고, 또한 밖으로 법에 대하여 법을 관찰하여 머물고, 또한 안과 밖으로 법에 대하여 법을 관찰하여 머문다.

혹은 법에 대하여 법이 생하는 것을 관찰하여 머물고, 또한 법에 대하여 멸하는 것을 관찰하여 머물고, 또한 법에 대하여 생하고 멸하는 것을 관찰하여 머문다.

또한 지식으로 안 것과 잊지 않고 기억되는 것에 대해서도 이와 같이 '법이 있다.'고 생각하면 의지함이 없이 머물고, 세상의 어떤 것에도 집착하지 않게 된다.

 이와 같이 비구들이여, 비구는 법, 곧 오취온五取蘊에 대하여 법을 관찰하여 머문다.

해설 인간을 형성하는 다섯 가지 구성 요소를 오음 또는 오온이라고 한다. 더 정확하게는 오취온이라고 하는데, 이에 대한 설명은《안반수의경》해설에서 자주 했으므로 여기서는 생략하기로 한다.

 앞에서 말한 사대四大는 보다 작은 요소요 다섯 가지 모임은 오온이 모여서 각 요소가 되고, 그 각각의 요소가 모여서 '나'라는 존재, 곧 법이 이루어진 것이다. 우리는 이 다섯 가지 요소로 이루어져 있다는 사실을 잘 인식해야 한다. 그러지 않으면 '나'라는 존재에 집착하게 되기 때문이다. 오온을 '오취온'이라고 부르는 것은 이들 다섯 가지 요소를 취해서 이루어졌기 때문이다.

 물질인 색이나 수, 상, 행, 식이 절대적인 존재라고 긍정하기만 해도 잘못이지만 허망하다고 부정만 하는 것도 잘못이다. 다섯 가지 요소인 색은 어떤 성질이 있고, 어떻게 생겼으며 어떻게 없어지는가를 있는 그대로 알아야 한다. 물질은 긍정도, 부정도 할 수 없는 존재이다. 물질을 관찰하면 그것이 정신과 떠날 수 없음을 알 수 있으며 인연에 의해서 생기고 없어진다는 사실도 알 수 있다. 감수작용이나 지각 표상이나 의지의 활동도 어떤 조건에 의해서 있게 된 것이며, 또한 조건이 사라지면 없어진다는 것을 알게 된다. 이들을 있는 그대로 관찰하면 이들에게 의지할 필요도 없고, 집착할 필요도 없다.

 물질이나 정신도 현상으로 나타난 것이므로 하나의 존재로써 있는 그대로 보아야 한다. 그러나 그것이 생기고 없어지는 것을 관찰하면,

그것은 긍정될 성질이 아니라 부정될 성질의 것임을 알게 된다. 그러므로 모든 존재는 긍정과 부정을 동시에 지니고 있으니 결국 공임을 알게 된다. 그러면 어찌하여 오온이 모두 공인가? 인연에 의해서 있고, 인연에 의해서 없어지기 때문이다.

이와 같이 모든 사물을 관찰하여 그 사물과 하나가 되면 그것이 어떻게 이루어지고 어떻게 없어지는지를 알게 된다. 《반야심경》은 '오온개공五蘊皆空'이라고 말하고 있다. 오온이 모두 공임을 알면 일체의 고액苦厄이 없어진다고 한 것은 바로 이런 이유에서이다.

색이면서 색이 아니고, 수이면서도 수가 아니고, 상이면서 상이 아니고, 행이면서 행이 아니고, 식이면서 식이 아니라는 것을 관찰하려면 그것들에 대한 일체의 집착이 없어야 한다.

5-3. 열두 가지 대상에 대한 관찰

다음에 또한 비구들이여, 비구는 법, 곧 여섯 가지 안과 밖의 대상에 대하여 법을 관찰하고 머문다.

그리하여 비구들이여, 비구는 어떻게 법, 곧 여섯 가지 안과 밖의 대상에 대하여 법을 관찰하고 머물 것인가? 이에 비구들이여, 비구는 눈을 알고 색을 알고 또한 그 둘에 의지해서 생긴 결과임을 안다. 그리하여 아직 생하지 않은 결과가 일어나고 있는 그대로를 알아차리고, 또한 이미 생한 결과가 없어지고 있는 그대로를 알아차리고, 또한 이미 없어진 결과가 미래에도 생하지 않고 있는 그대로를 알아차린다.

또한 귀를 알고, 소리를 알고 또한 그 둘에 의지해서 생긴 결과임을 안다. 그리하여 아직 생하지 않은 결과가 일어나고 있는 그대로를 알아차리고, 또한 이미 생한 결과가 없어지고 있는 그대로를 알아차리고, 또한 이미 없어진 결과가 미래에도 생하지 않고 있는 그대로를 알아차린다.

코를 알고, 향기를 알고 또한 그 둘에 의지해서 생긴 결과임을 안다. 그리하여 아직 생하지 않은 결과가 일어나고 있는 그대로를 알아차리고, 또한 이미 생한 결과가 없어지고 있는 그대로를 알아차리고, 또한 이미 없어진 결과가 미래에도 생하지 않고 있는 그대로를 알아차린다.

혀를 알고, 맛을 알고 또한 그 둘에 의지해서 생긴 결과임을 안다. 그리하여 아직 생하지 않은 결과가 일어나고 있는 그대로를 알아차리고, 또한 이미 생한 결과가 없어지고 있는 그대로를 알아차리고, 또한 이미 없어진 결과가 미래에도 생하지 않고 있는 그대로를 알아차린다.

몸을 알고, 접촉을 알고 또한 그 둘에 의지해서 생긴 결과임을 안다. 그리하여 아직 생하지 않은 결과가 일어나고 있는 그대로를 알아차리고, 또한 이미 생한 결과가 없어지고 있는 그대로를 알아차리고, 또한 이미 없어진 결과가 미래에도 생하지 않고 있는 그대로를 알아차린다.

뜻을 알고, 법을 알아서 그 둘에 의지해서 생기는 결과임을 알아차린다. 그리하여 아직 생하지 않은 결과가 생기고 있는 그대로를 알고, 또한 이미 없어진 결과가 미래에도 생하지 않고 있는 그대로를 알아차린다.

이와 같이 혹은 안으로 법에 대하여 법을 관찰하여 머물고, 또한 밖으로 법을 관찰하여 머물고, 또한 안팎의 모든 법에 대하여 법을 관찰하여 머문다.

혹은 법에 대하여 생하는 법을 관찰하여 머물고, 또한 법에 대하여 멸하는 법을 관찰하여 머물고, 또한 법에 대하여 생하고 멸하는 법을 관찰하여 머문다.

또한 지식으로 안 것과 잊지 않고 기억되는 것에 대해서도 이와 같이 '법이 있다.'고 생각하여 나타내면 의지함이 없이 머물고, 세상의 어떤 것에도 집착하지 않게 된다.

비구들이여, 이와 같이 비구는 법에 대하여 법을 관찰하여 머문다.

해설 안으로 눈과 귀와 코와 혀와 몸과 마음의 기능, 밖으로 이들의 대상이 되는 물질과 소리와 냄새와 맛과 감촉과 경계 등의 열두 가지는 모두 법의 범주에 속한다. 불교에서는 전자를 육근六根, 후자를 육경六境이라 하고, 합해서 십이처十二處라고 부른다.

이러한 안과 밖의 존재들을 관찰함으로써 안과 밖에 존재하는 모든 것이 어떻게 존재하고 변천하여 없어지는지를 알게 된다. 눈은 볼 사물이 없으면 존재 의의가 없다. 볼 물질 세계가 있으므로 눈이 존재하는 것이다. 귀는 소리가 있어 존재하며 코는 냄새, 혀는 맛, 몸은 감촉, 마음은 경계를 대상으로 하여 존재하는 것이니, 안의 여섯은 그 대상인 밖의 여섯과 어울려 그 결과로써 존재하게 된다.

있게 된 것과 없어지는 것도 이들 안과 밖의 인연에 의한 것이요, 없던 것이 있게 되는 것도 마찬가지이다. 현재 존재하는 것, 앞으로 존재하게 될 것, 지금은 존재하지만 장차 없어질 것 등의 모든 존재는 안과 밖의 이것과 저것의 관계 속에 있다. 곧 인연에 의해서 있고, 인연에 의해서 없어진다.

이 열두 가지의 상호 연관에 의해서 현실의 괴로움이나 즐거움도 존재하는 것이니, 괴로움의 조건을 없애면 괴로움이 없어지며, 즐거움도 그 조건을 없애면 사라진다는 사실을 알아야 한다.

눈을 있는 그대로 관찰하여 눈에 대해 알아차리면, 눈이 어떤 것을 보고 있으며 그 보는 행위는 대상이 있기 때문임을 알게 된다. 그러므로 대상이나 눈이 없으면 '본다'는 것도 있을 수 없다. 소리를 듣는 것도 마찬가지이고, 맛을 아는 것도, 냄새를 맡는 것도 그렇다. '괴롭다'는 것도 마음이 있고 마음의 대상인 경계가 있기 때문에 생긴 것이다. 경계가 없고 마음이 없으면 괴로움도 없다. 그러므로 '괴롭다' '즐겁다'는 느낌은 본질적으로 존재하는 것이 아니므로 공이요 연기의 도리에 의한 것이며, 가현假現된 것임에 지나지 않는다.

눈을 관찰하는 것은 눈에서 눈의 대상을 보고, 그것이 생하고 멸하는 것까지 꿰뚫어보는 것이다. 그렇게 하기 위해서는 마음이 눈에 머물러서 눈과 하나가 되어야 한다. 그렇게 되면 눈이 법 그대로 보인다. 다른 것들도 역시 마찬가지이다. 우리의 마음을 관찰하여 마음의 대상을 동시에 보고, 그들의 연기 관계를 보아서 생하고 멸하는 것까지 꿰뚫어보아야 한다. 지금 있는 법을 통해서 있어야 할 법을 보고, 없어질 법을 보는 것이다. '관찰하여 머문다.'가 바로 이런 뜻이다. 마음으로 실상을 보는 것이 관찰이다. 관찰하여 머물면 법 그대로 있게 된다. 이것이 깨달음이다.

5-4. 일곱 가지 깨달음에 대한 관찰

다음으로 또한 비구들이여, 비구가 법, 곧 일곱 가지 깨달음의 길에 대하여 법을 관찰하여 머문다. 그리하여 비구들이여, 비구가 어떻게 하여 법, 곧 일곱 가지 깨달음의 길에 대하여 법을 관찰하여 머무는가?

　이에 비구들이여, 비구가 혹은 안으로 한결같은 생각으로 깨달음으로 가고 있으면 '나는 안으로 한결같은 생각으로 깨달음으로 가고 있다.'고 알고, 안으로 한결같은 생각으로 깨달음으로 가고 있지 않으면 '나는 안으로 한결같은 생각으로 깨달음으로 가고 있지 않다.'고 알아차린다. 그리하여 한결같이 깨달음으로 가는 생각이 아직 생겨나지 않은 그대로를 알아차리고, 또한 이미 생겨난 깨달음으로 가는 생각이 더욱 더해 가는 그대로를 알아차린다.

　혹은 안으로 지혜로써 모든 법을 살펴서 선악을 가리면 '나는 안으로 지혜로써 모든 법을 살펴서 선악을 가리고 있다.'고 알고, 안으로 지혜로써 모든 법을 살펴서 선악을 가리지 않으면 '나는 안으로 지혜로써 모든 법을 살펴서 선악을 가리지 않는다.'고 알아차린다. 그리하여 지혜로써 법을 살리는 생각이 아직 생겨나지 않은 그대로를 알아차리고, 또한 이미 생겨난 지혜로써 법을 살피는 생각이 더욱 더해 가는 그대로를 알아차린다.

　혹은 안으로 용맹한 마음으로 정진하고 있으면 '나는 안으로 용맹한 마음으로 정진하고 있다.'고 알고, 안으로 용맹한 마음으로 정진하지 않으면 '나는 안으로 용맹한 마음으로 정진하고 있지 않다.'고 알아차린다. 그리하여 용맹한 마음으로 정진하는 생각이 아직 생겨나지 않은 그대로를 알아차리고, 또한 이미 생겨난 용맹한 마음으로 정진하는 생각이 더욱 더해 가는 그대로를 알아차린다.

　혹은 마음에 좋은 법을 얻어서 깨달음으로 가고 있으면 '나는 안으로 마음에 좋은 법을 얻어서 깨달음으로 가고 있다.'고 알고, 안으로 마음에 좋은 법을 얻어서 깨달음으로 가지 않으면 '나는 안으로 마음에 좋은 법을 얻어 깨달음으로 가고 있지 않다.'고 알아차린다. 그리하여 마음의 좋은 법을 얻어 깨달음으로 가는 생각이 아직 생겨나지 않은 그대로를 알아차리고, 또한 이미 생겨난 마음에 좋은 법을 얻어 깨달음으로 가는 생각이 더욱 더해 가는 그대로를 알아차린다.

혹은 안으로 그릇된 견해나 번뇌를 끊고 올바르게 깨달음으로 가고 있으면 '나는 안으로 그릇된 견해나 번뇌를 끊고 올바르게 깨달음으로 가고 있다.'고 알고, 안으로 그릇된 견해나 번뇌를 끊고 올바르게 깨달음으로 가지 않으면 '나는 안으로 그릇된 견해나 번뇌를 끊고 올바르게 깨달음으로 가고 있지 않다.'고 알아차린다. 그리하여 그릇된 견해나 번뇌를 끊고 올바르게 깨달음으로 가는 생각이 아직 생겨나지 않은 그대로를 알아차리고, 또한 이미 생겨난 그릇된 견해나 번뇌를 끊고 깨달음으로 가는 생각이 더욱 더해 가는 그대로를 알아차린다.

혹은 안으로 삼매에 들어서 망상을 일으키지 않으면 '나는 안으로 삼매에 들어서 망상을 일으키지 않는다.'고 알고, 안으로 삼매에 들어서 망상을 일으키고 있으면 '나는 안으로 삼매에 들어서 망상을 일으키고 있다.'고 알아차린다. 그리하여 삼매에 들어서 망상을 일으키지 않는 생각이 아직 생겨나지 않은 그대로를 알아차리고, 또한 이미 생겨나 삼매에 들어서 망상을 일으키고 있는 생각이 더욱 더해 가는 그대로를 알아차린다.

혹은 그릇된 것을 버리고 올바른 길로 가고 있으면 '나는 안으로 그릇됨을 버리고 올바른 길로 가고 있다.'고 알아차리고, 안으로 그릇됨을 버리고 올바른 길로 가지 않으면 '나는 안으로 그릇됨을 버리고 올바른 길로 가고 있지 않다.'고 알아차린다. 그리하여 아직 생겨나지 않은 그대로를 알아차리고, 또한 이미 생겨난 것이 더욱 더해 가는 그대로를 알아차린다.

　이와 같이 혹은 안으로 법에 대하여 법을 관찰하여 머물고, 또한 밖으로 법에 대하여 법을 관찰하여 머물고, 또한 안팎으로 법에 대하여 법을 관찰하여 머문다.

　혹은 법에 대하여 생하는 법을 관찰하여 머물고, 또한 법에 대하여 멸하는 법을 관찰하여 머물고, 또한 법에 대하여 생하고 멸하는 법을 관찰하여 머문다.

　또한 지식으로 안 것과 잊지 않고 기억되는 것에 대해서도 이와 같이 '법이 있다.'고 생각하면 의지함이 없이 머물고, 세상의 어떤 것에도 집착하지 않게 된다.

　비구들이여, 이와 같이 비구는 법, 곧 일곱 가지 깨달음의 길에 대하여 법을 관찰하여 머문다.

해설　한역漢譯으로 칠각지七覺支, 혹은 칠각분七覺分이라고 하는 일곱 가지 깨달음의 길을 조목조목 살펴보기로 하자.

　한결같은 생각으로 깨달음의 길을 가는 것을 염각지sati sambojjhanga라고 한다. 불도를 닦음에 있어서 삼학三學이라 불리는 계戒·정定·혜慧를 한결같이 생각하여 자신의 마음가짐을 잘 관찰하여 살피는 것이다.

　마음은 있다가도 없어지고 없다가도 생기는 법이니, 일어난 마음이 한결같은 삼학의 길인가를 알기 위해서는 마음을 관찰하여 한결같이 머물러야 한다. 그러면 마음을 일으키기도 하고, 더욱 증진시킬 수도 있다.

　옳고 그른 법을 가려서 선을 택하는 것은 깨달음으로 가는 조건이 된다. 이를 택법각지擇法覺支 dhamma vicayasambojjhanga라고 한다. 깨달음을 얻는 가장 확실하고 좋은 법을 선택하기 위해서는 지혜가 필요하므로, 선배나 스승의 말을 듣고 올바른 길을 선택하는 것이 좋다. 가장 확실하고 올바르다고 생각되면 더욱 굳게 하여 흔들리지 않도록 해야 한다. 그러나 올바른 길도 변하기 마련이다. 길이 있으면 없어질 수도 있고, 또한 없다가도 있게 된다. 그러므로 정해져 있는 절대적인 법은 없다. 항상 상황에 따라서 지혜로 가장 좋은 길을 택하면 된다. 과거의 법을 고수하지도 말고 현재의 법에 집착하지도 말아야 한다. 지혜의 등불로 수처隨處에 작주作主하는 일이 중요하다. 때에 따라서 응하고 장소에 따라서 가장 좋은 방편을 써야 한다. 그러기 위해서도 자신이 택한 길이 어떠하며, 어떻게 생기고, 어떻게 없어지는가를 관찰하여 그것과 하나가 됨으로써 그것에 끌리지 않아야 한다.

용맹스러운 마음으로 부지런히 정진하는 것을 정진각지精進覺支 *viriya sambojjhanga*라고 한다. 굳은 신념과 무서운 의지력으로 부지런히 애쓰는 것 또한 깨달음의 조건이다. 붓다도 오직 정진함으로써 깨달음을 얻었다. 꾸준한 인내와 부지런한 노력도 마음가짐에 달렸으니, 정진하는 바가 있으면 그것을 관찰하여 게을러지지 않도록 애써야 한다. 또한 쓸데없는 행위에 물들지 않고, 선법을 얻어서 기쁨으로 정진해야 한다. 여기서는 인생의 무상함을 느껴야 한다. 죽음이 우리를 덮칠 것이기 때문이다. 깨닫지 않고 죽으면 윤회의 고통을 면할 수가 없다. 깨달음으로 가겠다는 원願을 세우고 선법을 얻어 즐겁게 나아가면 게을러지지 않는다.

기쁨은 희각지喜覺支 *piti sambojjhanga*라고 한다. 마음에 좋은 법을 얻어서 깨달음으로 가면 기쁨이 있다. 기쁨을 느끼면 수행에 진전이 있게 된다. 이때에는 얻는 법에 따라서 확신이 생기고, 자신이 걸어가는 길에 자신이 생기게 된다. 이때의 기쁨은 상대적이고 세속적인 기쁨이 아니라 삼매에서 얻어진 기쁨이기 때문에 절대적이다. 법열法悅이란 이런 것이다. 기쁨이 생기면 사라지지 않도록 해야 하고, 사라지면 다시 일어나게 해야 한다. 기쁨이 크면 클수록, 오래가면 오래갈수록 그만큼 깨달음에 가까워진다.

　기쁨에 차 깨달음의 길을 가면서 기쁨을 있는 그대로 관찰하여 머물면 그 기쁨을 버릴 수 없게 된다. 따라서 점점 성취되어 간다는 것을 스스로 알게 될 터이니, 이것이 바로 희각지의 법을 보는 길이다.

　다섯번째는 제각지除覺支이며, 식각분식覺分 passadhi sambojjhanga이라고도 한다. 그릇됨과 번뇌를 제거하고 선법을 얻으면 걱정이 사라지고 몸이 쾌적해져 마음이 평온해진다. 이런 경험을 하면 이에 마음을 두어 그것을 관찰하면서 계속 지속시키려고 하게 된다. 마음과 몸이 평안하게 되고 마음이 가라앉으면 삼매의 세계로 들어가서 깨달음을 얻게 된다. 스스로 잘 점검하면서 사라지면 생기게 하고 생기면 사라지지 않게 하여 법을 살려야 한다.

　여섯번째는 정각지定覺支 samadhi sambojjhanga이다. 모든 일에 마음을 집중하여 그것과 하나가 되면 망상이 들어올 틈이 없어진다. 외부의 자극도 받지 않고, 안으로는 망상도 일어나지 않게 되니, 이때 고요하고 순일한 상태에 다다르게 된다. 이러한 상태가 삼매, 곧 정定이다. 이와 같은 삼매의 깊은 체험은 마음의 가장 깊은 곳에 있는 깨달음이 솟아나는 샘이다. 깨달음을 얻고자 하는 수행인은 반드시 이러한 세계를 경험해야 한다. 이런 경지에 도달하면 번뇌와 망상이 끊어지고, 마음에서 일어나는 모든 현상이 지혜와 자비로움으로 나타나며, 과거의 망상이 깨달음으로 바뀐다. 꽃의 꿀은 벌에게는 꿀이 되지만 어리석은 다른 벌레에게는 꿀이 되지 못하는 것과 같다.

　그러나 이 단계에서 깨달음은 다시 관찰하는 힘을 얻어야 한다. 이 힘은 삼매로부터 나오기 때문에 이런 관찰을 위빠싸나 *vipasyana*라고 한다. 위빠싸나 상태에서는 정신이 고요하며 항상 또렷하게 깨어 있다.

마지막으로 사각지捨覺支, 또는 평등각지平等覺支 *upekkha sambojjhanga*가 있다. 이것은 외부의 대상에 집착하던 마음과 과거의 그릇됨을 추억하는 마음을 버리는 것이다.

위와 같은 깨달음의 길에 장애가 되는 것들은 모두 과감히 버려야 한다. 오직 깨달음의 길로만 정진하기 위해서는 위의 일곱 가지를 면밀히 살펴서 법에 따라 정법을 보고, 정법과 하나가 되는 생활을 실천해야 한다. 이것이 바로 법을 보고 법에 머무는 수행자의 삶이다.

5-5. 네 가지 진리에 대한 관찰

■ 뜻대로 안 되는 괴로움

다음으로 또한 비구들이여, 비구는 법, 곧 사성제四聖諦에 대하여 법을 관찰하여 머문다. 그리하여 비구들이여, 비구는 어떻게 법, 곧 사성제에 대하여 법을 관찰하여 머물 것인가?

이에 비구들이여, 비구는 '이것은 고苦이다.'라고 여실히 알고, '이것은 고의 원인이다.'라고 여실히 알고, '이것은 고가 없어진 것이다.'라고 여실히 알고, '이것은 고를 없애는 길이다.'라고 여실히 안다.

그리하여 비구들이여, 고성제苦聖諦란 무엇인가? 태어남과 늙음, 병듦과 죽음은 고이다. 근심, 슬픔, 괴로움, 걱정, 답답함도 고이다. 구하는 것을 얻지 못함도 고이니, 줄여서 말하면 다섯 가지 요소가 고이다.

다음에 비구들이여, 태어남이란 무엇인가? 모든 생류의 중생들은 생기고, 나오고, 자라고, 다시 태어나고, 모든 요소가 나타나고, 안팎의 모든 경계를 받아들인다. 비구들이여, 이를 태어남이라고 말한다.

다음으로 비구들이여, 늙음이란 무엇인가? 모든 생류의 중생들은 나이를 먹고, 늙고, 이가 빠지고, 머리카락이 하얗게 되고, 피부에 주름이 생기며, 목숨이 짧아지고, 모든 기능이 무너진다. 비구들이여, 이를 늙음이라고 말한다.

다음으로 비구들이여, 죽음이란 무엇인가? 모든 생류의 중생들은 사라지고, 흩어지고, 무너지고, 없어지고, 죽고, 목숨이 끝나고, 모든 요소들이 무너지고, 시체를 버린다. 비구들이여, 이를 죽음이라고 말한다.

다음으로 비구들이여, 근심이란 무엇인가? 비구들이여, 많은 불행을 당하여 괴로움으로 애쓰고, 걱정하고, 탄식하고, 슬퍼하고, 답답하고, 마음이 아픈 것, 비구들이여, 이를 근심이라고 말한다.

다음으로 비구들이여, 많은 불행을 당하여 많은 괴로움에 시달리고, 한탄하고, 슬퍼하고, 탄식하고, 애타고, 눈물 짓고, 아픈 것, 비구들이여, 이를 슬픔이라고 말한다.

다음으로 비구들이여, 괴로움이란 무엇인가? 실로 비구들이여, 몸으로 인한 고통과 불쾌감, 몸으로부터 생기는 아픔과 불쾌감, 비구들이여, 이를 괴로움이라고 말한다.

다음으로 비구들이여, 걱정이란 무엇인가? 비구들이여, 실로 마음으로 인한 고통, 마음으로 인한 불쾌감, 마음으로부터 생기는 고통과 불쾌감, 비구들이여, 이를 걱정이라고 말한다.

다음으로 비구들이여, 답답함이란 무엇인가? 많은 불행으로 괴로워하고, 실망하고, 낙담하고, 단념하고, 슬픔에 빠지는 것, 비구들이여, 이를 답답함이라고 말한다.

그리하여 비구들이여, 구해서 얻지 못한다 함은 무엇인가? 비구들이여, 생하는 법 속에 있는 중생이 '실로 우리는 생하는 법에 있지 않으니, 우리에게 생함이 오지 않았으면.' 하고 바란다. 그러나 이는 욕구에 의해서 달성될 수 없다. 이것이 구해서 얻지 못하는 괴로움이다.

비구들이여, 늙는 법 속에 있는 중생이 '실로 우리는 늙는 법 안에 있지 않으니, 우리에게 늙음이 오지 않았으면.' 하고 바란다. 그러나 이는 욕구에 의해서 달성될 수 없다. 이것이 구해서 얻지 못하는 고통이다.

비구들이여, 병드는 법 속에 있는 중생이 '실로 우리는 병드는 법 안에 있지 않으니, 우리에게 병이 생기지 않았으면' 하고 바란다. 그러나 이는 욕구에 의해서 달성될 수 없다. 이것이 구해서 얻지 못하는 고통이다.

비구들이여 죽는 법 속에 있는 중생이 '실로 우리는 죽는 법 안에 있지 않으니, 우리에게 죽음이 오지 않았으면.' 하고 바란다. 그러나 이는 욕구에 의해서 달성될 수 없다. 이것이 구해서 얻지 못하는 고통이다.

비구들이여, 근심, 슬픔, 괴로움, 걱정, 답답한 법 속에 있는 중생이 '실로 우리는 근심, 슬픔, 괴로움, 걱정, 답답한 법 안에 있지 않으니, 우리에게 근심, 슬픔, 괴로움, 걱정, 답답함 등이 오지 않았으면.' 하고 바란다. 그러나 이는 욕구에 의해서 달성될 수 없다. 이것이 구해서 얻지 못하는 고통이다.

그리하여 비구들이여, 요약하면 오취온五取蘊이 고라 함은 무엇을 말함인가? 비구들이여, 요약해서 말하면 다음과 같은 색취온色取蘊 · 수취온受取蘊 · 상취온想取蘊 · 행취온行取蘊 · 식취온識取蘊 등이 오취온의 고이다. 이를 고성제라고 한다.

해설 틀림없는 네 가지 진리를 사성제라고 한다. 성聖이란 속俗에 상대되는 말이니, 틀림없는 것, 절대적인 것이요, 속은 변하는 것, 상대적인 것이다. 제諦는 진리, 있는 그대로의 도리이니, 사성제는 '틀림없는 네 가지 진리'라는 뜻이 된다. 따라서 이 네 가지는 깨달은 사람만이 알 수 있기 때문에 '네 가지 거룩한 진리'라는 뜻도 되고, '성자만이 아는 네 가지 진리'라는 뜻도 된다.

사성제는 붓다가 깨달음을 얻은 뒤 처음으로 다섯 비구에게 설법한 것이다. 즉 고와, 그 원인인 집集과, 그 원인이 없어진 상태인 멸과, 그 상태로 가는 길인 도이다. 이들 네 가지 진리는 법이다. 법을 관찰하여 알면 인생이 고라는 사실을 확실히 알게 된다. 또한 없던 것이 생기고 있던 것은 사라진다. 따라서 고의 원인도 없앨 수가 있으니, 없어지는 법을 여실히 보면 고가 없어진 상태를 얻게 된다. 또한 그릇된 원인으로 인해 고가 생긴 것이므로 그릇되지 않은 올바른 법을 실천하면 된다.

고란 무엇인가? 괴로움이라는 뜻이 있으나 본래는 뜻대로 되지 않는 다는 뜻이다. 뜻대로 되지 않는 것을 뜻대로 하려는 데에서 괴로움이 생긴다. 인생이 뜻대로 되지 않는다는 사실을 있는 그대로 여실히 아는 것이 법을 아는 길이다. 또한 고는 반드시 그 원인이 있으므로 그것을 확실히 알아야 한다. 그 원인을 아는 것도 법을 아는 것이요, 원인을 알고 그것을 없애는 것도 법에 따르는 것이다.

그러면 뜻대로 안 되는 괴로움에는 어떤 것이 있는가? 생리적인 것과 정신적인 것 등 여러 가지가 있다. 태어나고 늙고 병들고 죽는 것은 나의 뜻대로 되지 않는다. 근심과 걱정, 슬픔 역시 우리가 원하는 대로 되지 않는 정신적인 괴로움이다. 이 모든 괴로움은 결국 우리의 몸이 다섯 가지로 이루어져 있기 때문이니, 이 다섯 가지 요소야말로 고를 받는 것이다.

이처럼 불교에서 인생을 고라고 한 것은 인생의 진실을 있는 그대로 갈파한 것이다. 생로병사가 있기 때문에 괴롭다. 그러나 만일 생로병사가 없다면 인간의 삶은 존재할 수 없다. 인간이기에 이와 같이 뜻대로 안 되는 고통이 있는 것이다. 따라서 그로부터 해탈하여 고가 없는 절대적 즐거움의 세계를 실현할 수도 있다. 생로병사 속에서 생로병사를 떠나는 것이다.

■ 고의 원인인 애욕의 진실

그리하여 비구들이여, 고의 원인이 되는 틀림없는 진리는 무엇인가? 사랑은 다시 태어남으로 인도하고, 기쁨과 탐욕을 가져 오며, 도처에서 만족을 구하는 것으로서 곧 사랑을 바라는 것과 사랑하는 것이나 사랑하지 않는 것 등이다.

다음으로 비구들이여, 애욕은 어디에서 생기고, 어디에 그쳐서 머무는가? 애욕은 세상에서 사랑스러운 것, 기쁜 것에서 생겨나고 이곳에 머문다.

어떤 것이 세상에서 사랑스럽고 기쁜 것인가? 눈의 기능은 세상에서 사랑스러운 것, 기쁜 것이다. 이것을 사랑하면 이곳에서 생겨나고 이곳에서 머문다. 귀의 기능은 세상에서 사랑스러운 것, 기쁜 것이다. 이것을 사랑하면 이곳에서 생겨나고 이곳에서 머문다.

코의 기능은 세상에서 사랑스러운 것, 기쁜 것이다. 이것을 사랑하면 이곳에서 생겨나고 이곳에서 머문다. 혀의 기능은 세상에서 사랑스러운 것, 기쁜 것이다. 이것을 사랑하면 이곳에서 생겨나고 이곳에서 머문다. 뜻의 기능은 세상에서 사랑스러운 것, 기쁜 것이다. 이것을 사랑하면 이곳에서 생겨나고 이곳에서 머문다.

물질은 세상에서 사랑스러운 것, 기쁜 것이다. 이것을 사랑하면 이곳에서 생겨나고 이곳에서 머문다. 소리는 세상에서 사랑스러운 것, 기쁜 것이다. 이것을 사랑하면 이곳에서 생겨나고 이곳에서 머문다. 향기는 세상에서 사랑스러운 것, 기쁜 것이다. 이것을 사랑하면 이곳에서 생겨나고 이곳에서 머문다. 맛은 세상에서 사랑스러운 것, 기쁜 것이다. 이것을 사랑하면 이곳에서 생겨나고 이곳에서 머문다. 감촉은 세상에서 사랑스러운 것, 기쁜 것이다. 이것을 사랑하면 이곳에서 생겨나고 이곳에서 머문다. 법은 세상에서 사랑스러운 것, 기쁜 것이다. 이것을 사랑하면 이곳에서 생겨나고 이곳에서 머문다.

눈의 시각은 세상에서 사랑스러운 것, 기쁜 것이다. 이것을 사랑하면 이곳에서 생겨나고 이곳에서 머문다. 귀의 청각은 세상에서 사랑스러운 것, 기쁜 것이다. 이것을 사랑하면 이곳에서 생겨나고 이곳에서 머문다. 코의 후각은 세상에서 사랑스러운 것, 기쁜 것이다. 이것을 사랑하면 이곳에서 생겨나고 이곳에서 머문다. 혀의 미각은 세상에서 사랑스러운 것, 기쁜 것이다. 이것을 사랑하면 이곳에서 생겨나고 이곳에서 머문다. 몸의 촉각은 세상에서 사랑스러운 것, 기쁜 것이다. 이것을 사랑하면 이곳에서 생겨나고 이곳에서 머문다. 마음의 인식작용은 세상에서 사랑스러운 것, 기쁜 것이다. 이것을 사랑하면 이곳에서 생겨나고 이곳에서 머문다.

눈의 촉감력은 세상에서 사랑스러운 것, 기쁜 것이다. 이것을 사랑하면 이곳에서 생겨나고 이곳에서 머문다. 뜻의 감지력은 세상에서 사랑스러운 것, 기쁜 것이다. 이것을 사랑하면 이곳에서 생겨나고, 이곳에서 머문다.

눈의 시각으로 생겨나는 감수작용은 세상에서 사랑스러운 것, 기쁜 것이다. 이것을 사랑하면 이곳에서 생겨나고 이곳에서 머문다. 귀의 청각으로 생겨나는 감수작용은 세상에서 사랑스러운 것, 기쁜 것이다. 이것을 사랑하면 이곳에서 생겨나고 이곳에서 머문다. 마음의 감지력으로 생겨나는 감수작용은 세상에서 사랑스러운 것, 기쁜 것이다. 이것을 사랑하면 이곳에서 생겨나고 이곳에서 머문다.

물질의 상념은 세상에서 사랑스러운 것, 기쁜 것이다. 이것을 사랑하면 이곳에서 생겨나고 이곳에서 머문다. 소리의 상념은 세상에서 사랑스러운 것, 기쁜 것이다. 이것을 사랑하면 이곳에서 생겨나고 이곳에서 머문다. 향기의 상념은 세상에서 사랑스러운 것, 기쁜 것이다. 이것을 사랑하면 이곳에서 생겨나고 이곳에서 머문다. 맛의 상념은 세상에서 사랑스러운 것, 기쁜 것이다. 이것을 사랑하면 이곳에서 생겨나고 이곳에서 머문다. 감촉의 상념은 세상에서 사랑스러운 것, 기쁜 것이다. 이것을 사랑하면 이곳에서 생겨나고 이곳에서 머문다. 법의 상념은 세상에서 사랑스러운 것, 기뻐할 만한 것이다. 이것을 사랑하면 이곳에서 생겨나고, 이곳에서 머문다.

물질의 생각은 사랑스러운 것, 기쁜 것이다. 이것을 사랑하면 이곳에서 생겨나고 이곳에서 머문다. 소리의 생각은 사랑스러운 것, 기쁜 것이다. 이것을 사랑하면 이곳에서 생겨나고 이곳에서 머문다. 향기의 생각은 세상에서 사랑스러운 것, 기쁜 것이다. 이것을 사랑하면 이곳에서 생겨나고 이곳에서 머문다. 맛의 생각은 세상에서 사랑스러운 것, 기쁜 것이다. 이것을 사랑하면 이곳에서 생겨나고 이곳에서 머문다. 감촉의 생각은 세상에서 사랑스러운 것, 기쁜 것이다. 이것을 사랑하면 이곳에서 생겨나고 이곳에서 머문다. 법의 생각은 세상에서 사랑스러운 것, 기쁜 것이다. 이것을 사랑하면 이곳에서 생겨나고 이곳에서 머문다.

 물질의 사랑은 세상에서 사랑스러운 것, 기쁜 것이다. 이것을 사랑하면 이곳에서 생겨나고 이곳에서 머문다. 소리의 사랑은 세상에서 사랑스러운 것, 기쁜 것이다. 이것을 사랑하면 이곳에서 생겨나고 이곳에서 머문다. 향기의 사랑은 세상에서 사랑스러운 것, 기쁜 것이다. 이것을 사랑하면 이곳에서 생겨나고 이곳에서 머문다. 맛의 사랑은 세상에서 사랑스러운 것, 기쁜 것이다. 이것을 사랑하면 이곳에서 생겨나고 이곳에서 머문다. 감촉의 사랑은 세상에서 사랑스러운 것, 기쁜 것이다. 이것을 사랑하면 이곳에서 생겨나고 이곳에서 머문다. 법의 사랑은 세상에서 사랑스러운 것, 기쁜 것이다. 이것을 사랑하면 이곳에서 생겨나고 이곳에서 머문다.

 물질의 심구尋求는 세상에서 사랑스러운 것, 기쁜 것이다. 이것을 사랑하면 이곳에서 생겨나고 이곳에서 머문다. 소리의 심구는 세상에서 사랑스러운 것, 기쁜 것이다. 이것을 사랑하면 이곳에서 생겨나고 이곳에서 머문다. 향기의 심구는 세상에서 사랑스러운 것, 기쁜 것이다. 이것을 사랑하면 이곳에서 생겨나고 이곳에서 머문다. 맛의 심구는 세상에서 사랑스러운 것, 기쁜 것이다. 이것을 사랑하면 이곳에서 생겨나고 이곳에서 머문다. 감촉의 심구는 세상에서 사랑스러운 것, 기쁜 것이다. 이것을 사랑하면 이곳에서 생겨나고 이곳에서 머문다. 법의 심구는 세상에서 사랑스러운 것, 기쁜 것이다. 이것을 사랑하면 이곳에서 생겨나고 이곳에서 머문다.

　물질의 사찰伺察은 세상에서 사랑스러운 것, 기쁜 것이다. 이것을 사랑하면 이곳에서 생겨나고 이곳에서 머문다. 소리의 사찰은 사랑스러운 것, 기쁜 것이다. 이것을 사랑하면 이곳에서 생겨나고 이곳에서 머문다. 향기의 사찰은 사랑스러운 것, 기쁜 것이다. 이것을 사랑하면 이곳에서 생겨나고 이곳에서 머문다. 맛의 사찰은 세상에서 사랑스러운 것, 기쁜 것이다. 이것을 사랑하면 이곳에서 생겨나고 이곳에서 머문다. 감촉의 사찰은 사랑스러운 것, 기쁜 것이다. 이것을 사랑하면 이곳에서 생겨나고 이곳에서 머문다. 법의 사찰은 사랑스러운 것, 기쁜 것이다. 이것을 사랑하면 이곳에서 생겨나고 이곳에서 머문다.

해설　고성제 다음에 고집제苦集諦가 설명되고 있다. 붓다는 여기서 고의 원인을 사랑이라고 했다. 흔히 사랑은 좋고 이상적인 정서의 표현으로 여겨지고 있다. 특히 기독교에서는 사랑을 하나님의 마음이라고 하여 널리 권유해야 할 덕목으로 간주한다. 그러나 사랑에도 여러 가지 종류가 있다. 나와 남을 괴롭히는 사랑이 있는가 하면, 나와 남을 즐겁게 하는 사랑도 있다. 또한 나를 위한 사랑이 있는가 하면, 남을 위한 사랑도 있다. 그리고 나를 위한 사랑보다는 남을 위한 사랑이 좋은 것이라고 말한다.

　그런데 불교에서는 사랑 대신 자비를 부처님의 마음이라고 하여 권장하고 있다. 불교에서 말하는 고의 원인으로서의 사랑은 갈애渴愛를 의미한다. 쇼펜하우어는 갈애를 '살기 위한 의지'라고 정의하고 있다. 살기 위한 의지는 부정될 수 없으나 불교에서는 이 갈애를 부정해야 할 대상으로 간주한다. 사제론四諦論에 의하면 갈애는 '중생들이 항상 세속적인 것만을 보고, 필요한 물질만을 추구하여 만족할 줄 모르는 것〔諸衆生恒觀. 有爲法功德. 依用資糧心. 無厭足. 故名渴愛〕'이라고 정의된다. 마치 목마른 자가 애타게 물을 찾는 것과 같다.

  모든 것에는 원인이 있다. 고苦는 하늘이 준 것도, 우연히 이루어진 것도 아니며 내가 만든 것도 아니다. 나와 남, 이것과 저것의 인연 관계에 의해서 생긴 것이므로, 결과로 원인을 추구한 것이다. 이것이 곧 법에 따르는 일이다. 법을 관찰하면 결과를 통해 원인을 알 수 있다. 원인을 없애야 결과를 없앨 수 있는 것 또한 법이다. 그러면 무엇이 원인인가? 바로 갈애, 즉 유한한 물질에 대한 인간의 무한한 욕망이다. 그렇다면 이런 욕망의 원인은 무엇인가? 사물의 진실에 대한 무지, 즉 무명 때문이다. 그러므로 무명으로부터 인간의 행위〔行〕가 생기고, 다시 이로부터 대상을 의식하는 작용〔識〕 등 현상 세계의 고뇌가 있게 된다. 즉 십이연기설十二緣起說로 인간의 현실 세계가 형성되는 과정의 열두 단계인 십이지十二支로 연기의 도리를 설명하는 것이다. 곧 무명無明, 행行, 식識, 명색名色, 육입六入, 촉觸, 수受, 애愛, 취取, 생生, 노사老死이다.

  왜 고의 인연을 갈애라고 하는가? 경에서는 갈애가 윤회로 인도하고, 기쁨과 탐심을 동반한다고 했다. 또한 채워진 것에 대한 애착 혹은 부족한 것에 대한 애착으로 사람을 애타게 한다고 했다. 이런 갈애는 눈, 귀, 코, 혀, 몸, 마음에 사랑과 기쁨을 줌으로써 생겨나고, 또한 그 감각기능에 머문다.

  갈애는 우리의 감각기능이 대상을 만나서 그에 의한 애착과 즐거움을 가지는 데서 생기고, 그러한 애착과 즐거움에 머물기 때문에 생긴다. 요컨대 고의 원인인 갈애는 본래부터 있는 것이 아니고, 주관의 세계인 육근六根과 객관 세계인 육경六境이 서로 만나서 이루어지는 애착이나 탐욕으로 나타나서 그에 머문다. 결국 이것과 저것과의 관계 속에서 이루어진 것이니, 연기의 도리로 인해서 생겨났고, 연기의 도리에 의해서 머물며 또한 사라진다.

■ 고가 사라진 상태

다음으로 또한 비구들이여, 고가 멸하는 틀림없는 진리〔苦滅聖諦〕란 어떤 것인가?
 애욕을 남김 없이 떠나고, 남김 없이 없애고, 남김 없이 가게 하고, 남김 없이 버리고, 남김 없이 벗어나면, 이것이 물들지 않음이다.
 다음으로 비구들이여, 애욕은 어디에서 버려지고, 어디에서 없어지는가? 세상에 사랑스럽고 기쁜 것이 있으면 이런 애욕은 이곳에서 버려지고 이곳에서 없어진다.
 세상에서 어떤 것이 사랑스럽고 기쁜 것인가? 눈은 세상에서 사랑스럽고 기뻐할 만한 것이다. 이런 애욕은 이곳에서 버려지고 이곳에서 없어진다. 귀는 세상에서 사랑스럽고 기뻐할 만한 것이다. 이런 애욕은 이곳에서 버려지고 이곳에서 없어진다. 코는 세상에서 사랑스럽고 기뻐할 만한 것이다. 이런 애욕은 이곳에서 버려지고 이곳에서 없어진다. 혀는 세상에서 사랑스럽고 기뻐할 만한 것이다. 이런 애욕은 이곳에서 버려지고 이곳에서 없어진다. 몸은 세상에서 사랑스럽고 기뻐할 만한 것이다. 이런 애욕은 이곳에서 버려지고 이곳에서 없어진다. 마음은 세상에서 사랑스럽고 기뻐할 만한 것이다. 이런 애욕은 이곳에서 버려지고 이곳에서 없어진다.

 물질〔色〕은 세상에서 사랑스럽고 기뻐할 만한 것이다. 이런 애욕은 이곳에서 버려지고 이곳에서 없어진다. 소리〔聲〕는 세상에서 사랑스럽고 기뻐할 만한 것이다. 이런 애욕은 이곳에서 버려지고 이곳에서 없어진다. 향기〔香〕는 세상에서 사랑스럽고 기뻐할 만한 것이다. 이런 애욕은 이곳에서 버려지고 이곳에서 없어진다. 맛〔味〕은 세상에서 사랑스럽고 기뻐할 만한 것이다. 이런 애욕은 이곳에서 버려지고 이곳에서 없어진다. 감촉〔觸〕은 세상에서 사랑스럽고 기뻐할 만한 것이다. 이런 애욕은 이곳에서 버려지고 이곳에서 없어진다. 법法은 세상에서 사랑스럽고 기뻐할 만한 것이다. 이런 애욕은 이곳에서 버려지고 이곳에서 없어진다.

 눈의 시각〔眼識〕은 세상에서 사랑스럽고 기뻐할 만한 것이다. 이런 애욕은 이곳에서 버려지고 이곳에서 없어진다. 귀의 청각〔耳識〕은 세상에서 사랑스럽고 기뻐할 만한 것이다. 이런 애욕은 이곳에서 버려지고 이곳에서 없어진다. 코의 후각〔鼻識〕은 세상에서 사랑스럽고 기뻐할 만한 것이다. 이런 애욕은 이곳에서 버려지고 이곳에서 없어진다. 혀의 미각〔舌識〕은 세상에서 사랑스럽고 기뻐할 만한 것이다. 이런 애욕은 이곳에서 버려지고 이곳에서 없어진다. 몸의 촉각〔身識〕은 세상에서 사랑스럽고 기뻐할 만한 것이다. 이런 애욕은 이곳에서 버려지고 이곳에서 없어진다. 마음의 인식작용〔意識〕은 세상에서 사랑스럽고 기뻐할 만한 것이다. 이런 애욕은 이곳에서 버려지고 이곳에서 없어진다.

 눈의 촉감력〔眼觸〕은 세상에서 사랑스럽고 기뻐할 만한 것이다. 이런 애욕은 이곳에서 버려지고 이곳에서 없어진다. 귀의 촉감력〔耳觸〕은 세상에서 사랑스럽고 기뻐할 만한 것이다. 이런 애욕은 이곳에서 버려지고 이곳에서 없어진다. 코의 촉감력〔鼻觸〕은 세상에서 사랑스럽고 기뻐할 만한 것이다. 이런 애욕은 이곳에서 버려지고 이곳에서 없어진다. 혀의 촉감력〔舌觸〕은 세상에서 사랑스럽고 기뻐할 만한 것이다. 이런 애욕은 이곳에서 버려지고 이곳에서 없어진다. 몸의 촉감력〔身觸〕은 세상에서 사랑스럽고 기뻐할 만한 것이다. 이런 애욕은 이곳에서 버려지고 이곳에서 없어진다. 마음의 감지력〔意觸〕은 세상에서 사랑스럽고 기뻐할 만한 것이다. 이런 애욕은 이곳에서 버려지고 이곳에서 없어진다.

  눈의 촉감력으로 생겨난 감수작용〔眼觸所生受〕은 세상에서 사랑스럽고 기뻐할 만한 것이다. 이런 애욕은 이곳에서 버려지고 이곳에서 없어진다. 귀의 촉감력으로 생겨난 감수작용〔耳觸所生受〕은 세상에서 사랑스럽고 기뻐할 만한 것이다. 이런 애욕은 이곳에서 버려지고 이곳에서 없어진다. 코의 촉감력으로 생겨난 감수작용〔鼻觸所生受〕은 세상에서 사랑스럽고 기뻐할 만한 것이다. 이런 애욕은 이곳에서 버려지고 이곳에서 없어진다. 혀의 촉감력으로 생겨난 감수작용〔舌觸所生受〕은 세상에서 사랑스럽고 기뻐할 만한 것이다. 이런 애욕은 이곳에서 버려지고 이곳에서 없어진다. 몸의 촉감력으로 생겨난 감수작용〔身觸所生受〕은 세상에서 사랑스럽고 기뻐할 만한 것이다. 이런 애욕은 이곳에서 버려지고 이곳에서 없어진다. 마음의 감지력으로 생겨난 감수작용〔意觸所生受〕은 세상에서 사랑스럽고 기뻐할 만한 것이다. 이런 애욕은 이곳에서 버려지고 이곳에서 없어진다.

  물질의 상념〔色想〕은 세상에서 사랑스럽고 기뻐할 만한 것이다. 이런 애욕은 이곳에서 버려지고 이곳에서 없어진다. 소리의 상념〔聲想〕은 세상에서 사랑스럽고 기뻐할 만한 것이다. 이런 애욕은 이곳에서 버려지고 이곳에서 없어진다. 향기의 상념〔香想〕은 세상에서 사랑스럽고 기뻐할 만한 것이다. 이런 애욕은 이곳에서 버려지고 이곳에서 없어진다. 맛의 상념〔味想〕은 세상에서 사랑스럽고 기뻐할 만한 것이다. 이런 애욕은 이곳에서 버려지고 이곳에서 없어진다. 감촉의 상념〔觸想〕은 세상에서 사랑스럽고 기뻐할 만한 것이다. 이런 애욕은 이곳에서 버려지고 이곳에서 없어진다. 법의 상념〔法想〕은 세상에서 사랑스럽고 기뻐할 만한 것이다. 이런 애욕은 이곳에서 버려지고 이곳에서 없어진다.

물질의 생각〔色思〕은 세상에서 사랑스럽고 기뻐할 만한 것이다. 이런 애욕은 이곳에서 버려지고 이곳에서 없어진다. 소리의 생각〔聲思〕은 세상에서 사랑스럽고 기뻐할 만한 것이다. 이런 애욕은 이곳에서 버려지고 이곳에서 없어진다. 향기의 생각〔香思〕은 세상에서 사랑스럽고 기뻐할 만한 것이다. 이런 애욕은 이곳에서 버려지고 이곳에서 없어진다. 맛의 생각〔味思〕은 세상에서 사랑스럽고 기뻐할 만한 것이다. 이런 애욕은 이곳에서 버려지고 이곳에서 없어진다. 감촉의 생각〔觸思〕은 세상에서 사랑스럽고 기뻐할 만한 것이다. 이런 애욕은 이곳에서 버려지고 이곳에서 없어진다. 법의 생각〔法思〕은 세상에서 사랑스럽고 기뻐할 만한 것이다. 이런 애욕은 이곳에서 버려지고 이곳에서 없어진다.

물질의 애욕〔色愛〕은 세상에서 사랑스럽고 기뻐할 만한 것이다. 이런 애욕은 이곳에서 버려지고 이곳에서 없어진다. 소리의 애욕〔聲愛〕은 세상에서 사랑스럽고 기뻐할 만한 것이다. 이런 애욕은 이곳에서 버려지고 이곳에서 없어진다. 향기의 애욕〔香愛〕은 세상에서 사랑스럽고 기뻐할 만한 것이다. 이런 애욕은 이곳에서 버려지고 이곳에서 없어진다. 맛의 애욕〔味愛〕은 세상에서 사랑스럽고 기뻐할 만한 것이다. 이런 애욕은 이곳에서 버려지고 이곳에서 없어진다. 감촉의 애욕[觸愛]은 세상에서 사랑스럽고 기뻐할 만한 것이다. 이런 애욕은 이곳에서 버려지고 이곳에서 없어진다. 법의 애욕[法愛]은 세상에서 사랑스럽고 기뻐할 만한 것이다. 이런 애욕은 이곳에서 버려지고 이곳에서 없어진다.

물질의 바람[色尋]은 세상에서 사랑스럽고 기뻐할 만한 것이다. 이런 애욕은 이곳에서 버려지고 이곳에서 없어진다. 소리의 바람[聲尋]은 세상에서 사랑스럽고 기뻐할 만한 것이다. 이런 애욕은 이곳에서 버려지고 이곳에서 없어진다. 향기의 바람[香尋]은 세상에서 사랑스럽고 기뻐할 만한 것이다. 이런 애욕은 이곳에서 버려지고 이곳에서 없어진다. 맛의 바람[味尋]은 세상에서 사랑스럽고 기뻐할 만한 것이다. 이런 애욕은 이곳에서 버려지고 이곳에서 없어진다. 감촉의 바람[觸尋]은 세상에서 사랑스럽고 기뻐할 만한 것이다. 이런 애욕은 이곳에서 버려지고 이곳에서 없어진다. 법의 바람[法尋]은 세상에서 사랑스럽고 기뻐할 만한 것이다. 이런 애욕은 이곳에서 버려지고 이곳에서 없어진다.

물질을 찾아 살핌[色伺]은 세상에서 사랑스럽고 기뻐할 만한 것이다. 이런 애욕은 이곳에서 버려지고 이곳에서 없어진다. 소리를 찾아 살핌[聲伺]은 세상에서 사랑스럽고 기뻐할 만한 것이다. 이런 애욕은 이곳에서 버려지고 이곳에서 없어진다. 향기를 찾아 살핌[香伺]은 세상에서 사랑스럽고 기뻐할 만한 것이다. 이런 애욕은 이곳에서 버려지고 이곳에서 없어진다. 맛을 찾아 살핌[味伺]은 세상에서 사랑스럽고 기뻐할 만한 것이다. 이런 애욕은 이곳에서 버려지고 이곳에서 없어진다. 감촉의 찾아 살핌[觸伺]은 세상에서 사랑스럽고 기뻐할 만한 것이다. 이런 애욕은 이곳에서 버려지고 이곳에서 없어진다. 법을 찾아 살핌〔法伺〕은 세상에서 사랑스럽고 기뻐할 만한 것이다. 이런 애욕은 이곳에서 버려지고 이곳에서 없어진다.

비구들이여, 이것이야말로 고멸성제苦滅聖諦라고 불린다.

해설 고의 원인이 나의 마음(주관)과 대상(객관)으로 인해서 생기는 연기법의 표상이라면, 고는 인연이 있으면 생기고 인연이 없으면 사라진다. 이렇게 보면 번뇌가 주가 되어 고가 생기고 없어지는 것을 알 수 있으니, 모든 것의 되어진 모습을 보려면 그 원인을 먼저 살필 필요가 있음을 알아야 한다. 곧 인연생因緣生을 보면 고의 실체를 아는 것이고, 인연생멸因緣生滅을 알면 진리를 아는 것이다.

'연기를 보면 법을 보고 법을 보면 부처를 본다.'라고 한 대품大品의 말이 떠오른다. 그런데 여기에서는 고와 고의 원인을 지적하는 데에 그치지 않고, 이 고를 극복하는 깨달음의 세계를 보여주고 있다. 특히 네 가지 진실 중에서 이 점이 주목된다.

고가 없어진 상태는 곧 애욕을 모두 버린 해탈의 세계, 번뇌에 물들지 않은 세계이다. 객관 세계로부터 주어지는 것에서 떠나고, 주관 세계에 받아들여진 사랑스러움이나 기쁨 등으로부터도 멀리 떠나 온갖 상념으로부터 완전히 해방된 세계이다. 이 세계는 고의 초극, 절대 안온한 깨달음의 경지이다. 이러한 경지를 고집멸제苦集滅諦라고 한다.

고의 원인을 초극한다는 것은 갈애를 초극한다는 의미이다. 영원한 삶을 희구하는 것이 갈애이다. 그것은 개인적인 행복을 추구하는 것도 되고, 혹은 윤회로부터 벗어나고자 하는 갈망이기도 하다. 이러한 인간의 근본 욕구를 없애는 것은, 인간의 생존욕이나 삶의 기쁨 내지는 내세에 대한 완전한 지멸止滅이기도 하다. 과연 이런 일이 있을 수 있겠는가? 있게 된 법에 따라서 애욕이 생겼던 것이니, 없어지는 법에 따르면 없앨 수도 있다. 그렇다면 없어지는 법이란 무엇인가?

육근六根의 주관과 육경六境인 객관에 의해서 있게 된 것이면 주관과 객관에 의해 없어진다. 주관은 객관에 의해 존재하고, 객관은 주관에 의해 존재하며, 양자는 모두 그 실체가 없기 때문이다. 하물며 그와 같은 주관과 객관에 의해서 있게 된 애욕이 실체가 있을 리 만무하므로 법에 의해 없어지는 것이다.

없어지는 법이란 무엇인가? 이것에도, 저것에도 집착하지 않는 것이다. 연기의 도리에 의해 생긴 애욕이라는 사실을 알게 되면 그것에 집착하지 않는다. 집착하지 않으면 번뇌에 물들지 않고 올바른 삶을 살게 된다. 이것을 역으로 생각하여 올바른 삶을 살면 집착하지 않게 되고, 집착하지 않으면 법대로 살게 되고, 법대로 살면 고가 없어지고, 고가 없어지면 절대 안온한 깨달음의 세계에 이른다.

그렇다면 올바른 삶을 산다는 것은 무엇인가? 이것이 다음에 설명할 고멸도성제苦滅道聖諦이다. 곧 고를 멸하는 길의 확실한 진리이다. 이는 갈애를 지멸시키는 길이다.

붓다는 주관과 객관에 의해 물든 집착된 애욕에서 벗어나면 그런 길이 열린다고 가르치고 있다. 고의 초극은 고 자체인 현실과, 고를 떠난 어떤 세계와의 합일(《우파니샤드》의 범아일여梵我一如 사상)도 아니고, 어떤 제3의 신에 의한 은총도 아니다. 다시 말해서 고를 지닌 내가 고를 초극한 범梵과 합일한다는 것은, 범을 직관하는 종교 체험에 의한 것이다. 또한 신의 뜻을 어겨 고를 받았으니 회개하고 용서를 빌어야 한다는 것은, 어떤 보이지 않는 힘에 의한 것이므로 인간의 자각과 정진에 의해 고를 초극한다는 의미와는 다르다.

■ 여덟 가지 올바른 길

다음으로 비구들이여, 고가 없어지는 길의 확실한 진리는 무엇인가? 여덟 가지 확실한 길, 곧 올바른 견해〔正見〕, 올바른 생각〔正思〕, 올바른 말〔正語〕, 올바른 행위〔正業〕, 올바른 생활〔正命〕, 올바른 노력〔正精進〕, 올바른 기억〔正念〕, 올바른 정신집중〔正定〕이다.

그리하여 비구들이여, 올바른 견해란 무엇인가? 실로 비구들이여, 고에 관해서 보는 견해, 고의 원인에 관해서 보는 견해, 고를 없앤 것에 관한 견해, 고를 없애는 길에 관한 견해, 비구들이여, 이를 올바른 견해라고 한다.

다음으로 비구들이여, 올바른 생각이란 무엇인가? 욕심 없는 생각, 노여움 없는 생각, 거침 없는 생각, 비구들이여, 이를 올바른 생각이라고 한다.

다음으로 비구들이여, 올바른 말이란 무엇인가? 이간질하지 않고 욕하지 않는 말, 거짓이나 꾸미지 않은 말, 비구들이여, 이를 올바른 말이라고 한다.

다음으로 비구들이여, 올바른 행위란 무엇인가? 살생하지 않는 것, 주지 않는 것을 취하지 않는 것, 삿된 음행을 하지 않는 것, 비구들이여, 이를 올바른 행위라고 한다.

다음으로 비구들이여, 거룩한 제자는 그릇됨을 버리고 올바름에 의해서 생활한다. 비구들이여, 이를 올바른 생활이라고 한다.

다음으로 비구들이여, 올바른 노력이란 무엇인가? 여기에 비구들이여, 비구는 아직 생하지 않은 악, 옳지 않은 법을 생하지 않게 하려고 결심하여 노력하고, 애써 마음을 긴장시키려고 한다. 이

5. 법에 대한 관찰

미 생한 악이나 옳지 않은 법을 멀리 떠나게 하려고 결심하여 노력하고, 애써 마음을 긴장시키려고 한다. 아직 생하지 않은 선한 법을 생하게 하려고 결심하여 노력하고, 애써 마음을 긴장시키려고 한다. 이미 생한 선한 법을 머물게 하고 흩어지지 않게 하고 더욱 증진시키고 채우고 키우고 성취시키는 결심을 일으키려고 노력하고, 애써서 마음을 긴장시키려고 한다. 비구들이여, 이를 올바른 정진이라고 한다.

다음으로 비구들이여, 올바른 기억이란 무엇인가? 이에 비구들이여, 비구는 몸에 대하여 몸을 관찰하여 머물고, 부지런히 애쓰고, 올바른 지식과 올바른 기억으로 세상의 욕심과 괴로움을 버린다. 감수 현상에 대하여 감수 현상을 관찰하여 머물고, 부지런히 애쓰고, 올바른 지식과 기억으로 세상의 욕심과 괴로움을 버린다. 마음에 대하여 마음을 관찰하여 머물고, 부지런히 애쓰고, 올바른 지식과 기억으로 세상의 욕심과 괴로움을 버린다. 법에 대하여 법을 관찰하여 머물고, 부지런히 애쓰고, 올바른 지식과 기억으로 세상의 욕심과 괴로움을 버린다. 비구들이여, 이를 올바른 기억이라고 한다.

다음으로 비구들이여, 올바른 선정이란 무엇인가? 이에 비구들이여, 비구는 욕심을 떠나고, 옳지 않은 법을 떠나서 찾고 살펴 옳지 않은 법을 떠남으로써 생긴 기쁨과 즐거움이 있는 첫단계의 선〔初禪〕에 도달하여 머문다. 찾고 살피는 것을 없애고 마음이 고요하고 안온하며 한결같이 된다. 그래서 찾거나 살피는 것이 없고 정신집중으로부터 생긴 두번째 단계의 선〔二禪〕에 도달하여 머문다. 다시 기쁨을 떠나고 취함이 없이 모두 버리게 되어, 그에 머물러서 올바른 지식과 올바른 기억으로 즐거움을 감수하고, 오직 여러 성자가 '이것이 버린 것이요 올바른 기억에 즐겁게 머무는 것이다.'라고 설법한 세번째의 선(三禪)에 도달하여 머문다. 다음으로 즐거움을 버리고 괴로움을 떠나서, 앞에서 감수된 즐거움이나 근심 걱정이 모두 없어졌으므로 괴로움도 없고 즐거움도 없이, 생각이 버려진 청정함에 이른 네번째의 선(四禪)에 도달하여 머문다. 비구들이여, 이를 올바른 선정이라고 한다. 비구들이여, 이를 고가 없어지는 길의 확실한 진리라고 말한다.

이와 같이 안으로 법에 대하여 법을 관찰하여 머물고, 밖으로 법에 대하여 법을 관찰하여 머물고, 또한 안팎으로 모두 법에 대하여 법을 관찰하여 머문다.

혹은 법에 대하여 생하는 법을 관찰하여 머물고, 또한 법에 대하여 멸하는 법을 관찰하여 머물고, 또한 법에 대하여 생하고 멸하는 법을 관찰하여 머문다.

또한 지식으로 안 것과 잊지 않고 기억되는 것에 대해서도 마찬가지로 '법이 있다.'고 생각하여 나타내면 의지함이 없이 머물고 세상의 어떤 것에도 집착하지 않게 된다.

비구들이여, 이와 같이 비구는 법에 대하여 법을 관찰하여 머문다.

해설 고를 없애는 확실한 방법인 여덟 가지 올바른 길을 흔히 팔정도八正道, 또는 팔성도八聖道 aryo attangiko maggo라고 부른다.

붓다가 주목한 것은 인간의 삶에서 마음과 몸이 움직이는 원리였다. 그것이 바로 이들 여덟 가지이다. 곧 법이 기준이 되고, 행동의 원리가 된다. 그 기준과 규범을 올바름이라고 했다. 참과 거짓, 옳음과 그름, 선과 악의 기준을 세우고, 그 기준을 옳은 것sanna에 두었다. 이것은 궁극적인 목표인 해탈로 연결된다. 인도적인 합리주의, 그리고 인도적인 이지주의적 생각이다. 올바름이란 그 합리적인 실천인 것이다.

여기서 주목해야 할 것은 규범으로서의 모든 법에 대하여 그것이 '법으로서 있다.'고 자각하라는 말이다. 법으로 나타난 것을 보고, 법의 생멸을 보며, 그에 의지함이 없이 머물러 세상의 어떤 것에도 집착하지 않고 오직 법에만 의지하라고 가르친 것이다.

법은 연기의 도리이다. 지금 나타나서 존재하는 상태, 아직 나타나지 않았거나 이미 나타났다가 없어지는 도리가 모두 연기의 도리를 떠나지 않으니, 그러한 연기의 법을 보고 그대로 실천하는 것이다. 여덟 가지 올바른 길도 결국 연기의 도리를 그대로 보고 생각하고 말하고 행동하고 생활하고 노력하고 기억을 살리고 명상하는 것이다.

연기의 도리는 바로 중도로 나타나므로, 팔정도를 팔중도八中道라고도 한다. 또한 용수龍樹는 어디에도 집착하지 않는 연기의 도리인 중도라는 의미에서 그것을 팔부중도八不中道라고 갈파한 바 있다.

■ 두 가지 공덕

비구들이여, 실로 누구든지 이 네 가지 관찰을 7년 동안 이와 같이 닦은 자에게는 두 가지 얻음이 있을 것이다. 그 중에서 한 가지 얻음, 곧 법이 나타나면(現法) 구경究竟의 지혜가 기대되고, 혹은 나머지가 있으면 불환과不還果가 기대된다. 비구들이여, 7년 동안 오로지 생각을 세워라.

비구들이여, 실로 누구든지 이 네 가지 관찰을 6년 동안 이와 같이 닦은 자에게는 두 가지 얻음이 있을 것이다. 그 중에서 한 가지 얻음, 곧 법이 나타나면 구경의 지혜가 기대되고, 혹은 나머지가 있으면 불환과가 기대된다. 비구들이여, 6년 동안 오로지 생각을 세워라.

비구들이여, 실로 누구든지 이 네 가지 관찰을 5년 동안 이와 같이 닦은 자에게는 두 가지 얻음이 있을 것이다. 그 중에서 한 가지 얻음, 곧 법이 나타나면 구경의 지혜가 기대되고, 혹은 나머지가 있으면 불환과가 기대된다. 비구들이여, 5년 동안 오로지 생각을 세워라.

비구들이여, 실로 누구든지 이 네 가지 관찰을 4년 동안 이와 같이 닦은 자에게는 두 가지 얻음이 있을 것이다. 그 중에서 한 가지 얻음, 곧 법이 나타나면 구경의 지혜가 기대되고, 혹은 나머지가 있으면 불환과가 기대된다. 비구들이여, 4년 동안 오로지 생각을 세워라.

비구들이여, 실로 누구든지 이 네 가지 관찰을 3년 동안 이와 같이 닦은 자에게는 두 가지 얻음이 있을 것이다. 그 중에서 한 가지 얻음, 곧 법이 나타나면 구경의 지혜가 기대되고, 혹은 나머지가 있으면 불환과가 기대된다. 비구들이여, 3년 동안 오로지 생각을 세워라.

비구들이여, 실로 누구든지 이 네 가지 관찰을 2년 동안 이와 같이 닦은 자에게는 두 가지 얻음이 있을 것이다. 그 중에서 한 가지 얻음, 곧 법이 나타나면 구경의 지혜가 기대되고, 혹은 나머지가 있으면 불환과가 기대된다. 비구들이여, 2년 동안 오로지 생각을 세워라.

비구들이여, 실로 누구든지 이 네 가지 관찰을 1년 동안 이와 같이 닦은 자에게는 두 가지 얻음이 있을 것이다. 그 중에서 한 가지 얻음, 곧 법이 나타나면 구경의 지혜가 기대되고, 혹은 나머지가 있으면 불환과가 기대된다. 비구들이여, 1년 동안 오로지 생각을 세워라.

비구들이여, 실로 누구든지 이 네 가지 관찰을 일곱 달 동안 이와 같이 닦은 자에게는 두 가지 얻음이 있을 것이다. 그 중에서 한 가지 얻음, 곧 법이 나타나면 구경의 지혜가 기대되고, 혹은 나머지가 있으면 불환과가 기대된다. 비구들이여, 일곱 달 동안 오로지 생각을 세워라.

비구들이여, 실로 누구든지 이 네 가지 관찰을 여섯 달 동안 이와 같이 닦은 자에게는 두 가지 얻음이 있을 것이다. 그 중에서 한 가지 얻음, 곧 법이 나타나면 구경의 지혜가 기대되고, 혹은 나머지가 있으면 불환과가 기대된다. 비구들이여, 여섯 달 동안 오로지 생각을 세워라.

비구들이여, 실로 누구든지 이 네 가지 관찰을 다섯 달 동안 이와 같이 닦은 자에게는 두 가지 얻음이 있을 것이다. 그 중에서 한 가지 얻음, 곧 법이 나타나면 구경의 지혜가 기대되고, 혹은 나머지가 있으면 불환과가 기대된다. 비구들이여, 다섯 달 동안 오로지 생각을 세워라.

비구들이여, 실로 누구든지 이 네 가지 관찰을 넉 달 동안 이와 같이 닦은 자에게는 두 가지 얻음이 있을 것이다. 그 중에서 한 가지 얻음, 곧 법이 나타나면 구경의 지혜가 기대되고, 혹은 나머지가 있으면 불환과가 기대된다. 비구들이여, 넉 달 동안 오로지 생각을 세워라.

비구들이여, 실로 누구든지 이 네 가지 관찰을 석 달 동안 이와 같이 닦은 자에게는 두 가지 얻음이 있을 것이다. 그 중에서 한 가지 얻음, 곧 법이 나타나면 구경의 지혜가 기대되고, 혹은 나머지가 있으면 불환과가 기대된다. 비구들이여, 석 달 동안 오로지 생각을 세워라.

비구들이여, 실로 누구든지 이 네 가지 관찰을 두 달 동안 이와 같이 닦은 자에게는 두 가지 얻음이 있을 것이다. 그 중에서 한 가지 얻음, 곧 법이 나타나면 구경의 지혜가 기대되고, 혹은 나머지가 있으면 불환과가 기대된다. 비구들이여, 두 달 동안 오로지 생각을 세워라.

비구들이여, 실로 누구든지 이 네 가지 관찰을 한 달 동안 이와 같이 닦은 자에게는 두 가지 얻음이 있을 것이다. 그 중에서 한 가지 얻음, 곧 법이 나타나면 구경의 지혜가 기대되고, 혹은 나머지가 있으면 불환과가 기대된다. 비구들이여, 한 달 동안 오로지 생각을 세워라.

비구들이여, 실로 누구든지 이 네 가지 관찰을 보름 동안 이와 같이 닦은 자에게는 두 가지 얻음이 있을 것이다. 그 중에서 한 가지 얻음, 곧 법이 나타나면 구경의 지혜가 기대되고, 혹은 나머지가 있으면 불환과가 기대된다. 비구들이여, 보름 동안 오로지 생각을 세워라.

비구들이여, 실로 누구든지 이 네 가지 관찰을 7일 동안 이와 같이 닦은 자에게는 두 가지 얻음이 있을 것이다. 그 중에서 한 가지 얻음, 곧 법이 나타나면 구경의 지혜가 기대되고, 혹은 나머지가 있으면 불환과가 기대된다.

"비구들이여, 중생을 청정하게 하기 위해서, 근심 걱정이나 슬픔을 없애기 위해서, 고뇌를 없애기 위해서, 올바른 도리를 알게 하기 위해서, 열반을 얻게 하기 위해서 실천해야 할 유일한 길이 이 네 가지 관찰이니라."라고 말씀하시니, 이 경은 이를 위해서 설법되어진 것이다.

　세존께서는 이렇게 말씀하셨다. 따라서 저 여러 비구들은 세존의 말씀을 듣고 기뻐하였다.

해설　마지막으로 몸[身], 감수작용[受], 마음[心], 법法의 네 가지에 대하여 관찰하여 머물면 어떤 공덕이 생기는가.
　두 가지 공덕이 있다. 하나는 모든 존재가 있는 그대로 알려져서 법을 깨닫게 되는 경지인 구경지究竟智이다. 구경지는 이 세상과 저 세상의 모든 것을 있는 그대로 아는 지혜이다. 더 바랄 것 없는 절대지로서, 이런 지혜는 현실 생활에서 접하는 모든 정신적·물질적인 것들을 통해서 얻어진다. 이것을 네 가지 범주에 넣어 설명하고 있다.
　법의 나타남, 곧 현법에서 구경지를 얻으면 현법에서 즐겁게 머물게 된다. 현법에서 구경지를 얻으면 고를 없앨 수 있으니, 현법에 낙주樂住하는 것citta-dhamma-sukha-vihara이다. 현법은 모든 존재의 법이 연기의 법 그대로 알려지는 것을 말한다. 그리하여 현법에 이른 수행자는 무학인無學人이 된다.
　불환과는 애욕과 같은 욕계로는 다시 돌아오지 않으니, 영원히 고를 떠나고 윤회를 벗어나서 아라한阿羅漢이 된다. 그러니 이 설법을 들은 모든 비구가 어찌 기뻐하지 않을 수 있겠는가.
　우리는 현실을 무시할 수 없으므로 현실을 긍정하지도 부정하지도 못한다. 우리는 현실을 직시하고 현실과 대결하여 현실의 모순을 극복해야 한다. 이 경전은 바로 이러한 길을 설법한 것이다. 또한 모든 존재를 있는 그대로 보고, 그 존재의 궁극적인 진실을 발견하는 관법觀法, 곧 명상법을 가르치고 있다. 이는 현대인들에게 더없는 감로甘露가 될 것이다.

인용 경전

《佛說大安般守意經》卷上, 卷下(後漢 安息三藏 安世高 譯)
《雜阿含經》제29권 〈第十經〉
《雜阿含經》제26권 〈五法經〉
《雜阿含經》제26권 〈安那般那念經〉
《雜阿含經》제26권 〈斷覺想經〉
《雜阿毘曇心論》제8권, 제2 〈修多羅品〉
《解脫道論》제9권
《增一阿含經》제8권, 제2 〈安般品〉
《達摩多羅禪經》卷上, 제5 〈修行方便道升進分〉
《無畏秘密禪》
《*Mahāsatipaṭṭāna-suttanta*》(《大念處經》)
　─(《南傳大藏經》의 제7권, 長部 所收)

정신세계사의 책들

【겨레 밝히는 책들】

1—丹
민족의 역사와 미래, 정신수련법을 다룬 민족소설/권태훈 증언/김정빈 지음

2—다물
오도된 역사를 바로잡고 웅비하는 통일민족의 미래를 그린 소설/김태영 지음

3—한단고기
사대주의와 식민사학에 밀려 천여 년을 떠돌던 문제의 역사서/임승국 역주

4—맥이
한 농부 사학자의 줏대 있는 민족사 해석이 역사의식을 바로잡는다/박문기 지음

5—大東夷(1-6, 전6권)
소설로 엮은 최초의 한민족 태고사. 민족의 자각을 드높인다/박문기 지음

6—백두산족에게 고함
《丹》의 주인공이 직접 쓴 민족의 미래, 수행에 대한 증언들/권태훈 지음

7—삼가 적을 무찌른 일로 아뢰나이다
충무공의 기록을 토대로 새로이 밝혀낸 거북선과 임진해전의 진상/정광수 지음

8—天符經의 비밀과 백두산족 文化
우주의 원리가 숨쉬는 秘典《天符經》의 심오한 세계와 우리 문화/권태훈 지음

9—겨레얼 담긴 옛시조 감상
선조들의 생활, 겨레의 멋과 얼이 담긴 옛시조 345편과 그 해설/김종오 편저

10—우리말의 상상력 1
우리말 어휘들의 기원과 변천을 통해 밝히는 민족정서와 의식구조/정호완 지음

11—민족비전 정신수련법
우리 민족 고유의 정신수련법을 정리, 해설한 책/봉우 권태훈 옹 감수/정재승 편저

12—옛 詩情을 더듬어
한시 300여 수를 현대감각으로 풀어 옮기고, 자세한 평설을 수록했다/손종섭 지음

13—우리민족의 놀이문화
우리민족 고유의 스포츠, 놀이, 풍속의 기원과 역사를 밝힌다/조완묵 지음

14—우리말의 상상력 2
우리 땅이름의 유래와 변천을 통해 본 우리 문화의 원류와 신앙체계/정호완 지음

15—실증 한단고기
25사에 나타난 단군조선과 고구려·백제·신라의 대륙역사를 파헤친다/이일봉 지음

16—우리말의 고저장단
우리말의 고저와 장단의 유기적 시스템을 완벽하게 입증해낸 역작/손종섭 지음

17—숟가락
숟가락 문화를 통해 본 우리말, 우리 풍속의 역사/박문기 지음

18—바이칼, 한민족의 시원을 찾아서
태초의 호수 바이칼로 탐험가와 학자들이 한겨레의 뿌리를 찾아 떠난 여행/정재승 엮음

19—장보고의 나라
장보고호 한중일 횡단 뗏목탐험기. 해상왕 장보고가 빚다 만 미완성의 제국 '장보고의 나라'가 되살아난다!/윤명철 지음

20—아나타는 한국인
일본과 한국의 언어학자가 함께 찾아낸 일본어의 유전자/시미즈 기요시·박명미 공저

21—한자로 풀어보는 한국 고대신화
한자를 통해 새로 쓰는 한국 고대사! 한자 속에 담긴 오천 년 비밀의 역사/김용길 지음

【영혼의 스승들】

1—요가난다(상·하, 전2권)
20세기 최고의 수행자 요가난다의 감동적인 자서전/P. 요가난다 지음/김정우 옮김

4—히말라야의 성자들(상·하, 전2권)
히말라야 성자들의 신비로운 세계와 구도자의 길/스와미 라마 지음/박광수 외 옮김

【수행의 시대】

1—명상의 세계
명상의 개념과 역사, 명상가들의 일화를 소개

한 명상학 입문서/정태혁 지음
2— 박희선 박사의 생활참선
과학자가 터득한 참선의 비결과 효과. 심신강화의 탁월한 텍스트/박희선 지음
3— 초월명상 TM 입문
초월명상 TM의 원리와 배경, 의식세계의 비밀을 밝힌다/피터 러셀 지음/김용철 옮김
4— 마음의 창조학 마인드컨트롤
창안자들이 직접 쓴 정신응용학 마인드컨트롤 지침서/호세 실바 외 지음/봉준석 옮김
5— 붓다의 호흡과 명상(전2권)
불교 호흡 명상의 근본 교전《安般守意經》과《大念處經》번역 해설/정태혁 역해
6— 마음닦기
붓다의 수행법을 그대로 재현한 수행 지침서/무산본각 지음
7— 보면 사라진다
수행인들의 생생한 체험을 통해 만나는 붓다의 위빠싸나/김열권 지음
8— 나무마을 윤신부의 치유명상
성직자인 지은이가 명상을 치유의 수단으로 바라보며, 그 다양한 기술들을 소개하고 있다(명상CD 포함)/윤종모 지음
9— 게으른 사람을 위한 잠과 꿈의 명상
티베트의 영적 스승이 들려주는 잠과 꿈을 이용한 명상/텐진 왕걀 린포체 지음/홍성규 옮김
10— 요가 우파니샤드
국내 최초의 요가 수행자가 전하는 정통 요가의 모든 것/정태혁 역해
11— 누구나 쉽게 깨닫는다
나와 우주가 하나되는 지구점 명상. 누구나 할 수 있는 단순하고 쉬운 수련/김건이 지음
12— 달라이 라마의 자비명상법
나 스스로 관세음보살이 되는 가장 쉽고 빠른 길/라마 툽텐 예세 해설/박윤정 옮김

【믿는다는 것 총서】

성서 속의 붓다
세계적인 비교종교학자 로이 아모르가 명쾌하게 밝혀낸 불교와 기독교의 본질과 상호 영향 관계/로이 아모르 지음/류시화 옮김
성서 밖의 예수
1945년, 1천 6백 년 안에 이집트의 작은 마을 나그함마디에서 발견된 영지복음서의 비밀을 밝힌다/일레인 페이젤 지음/방건웅·박희순 옮김

【티벳 시리즈】

티벳 死者의 書
죽음의 순간에 단 한번 듣는 것만으로 해탈에 이른다/파드마삼바바 지음/류시화 옮김
티벳의 위대한 요기 밀라레파
단 한 번의 생애 동안에 부처가 된 위대한 성인 밀라레파의 전기/라마 카지 다와삼둡 영역/유기천 옮김
티벳 밀교 요가
위대한 길의 지혜가 담긴 티벳 밀교 수행법의 정수/라마 카지 다와삼둡 영역/유기천 옮김
티벳 해탈의 書
마음을 깨쳐 이 몸 이대로 해탈에 이르게 하는 티벳 최고의 경전/파드마삼바바 지음/유기천 옮김
사진이 있는 티벳 사자의 서
두려움 없는 죽음을 위하여 살아 있는 동안 반드시 명상해야 할 책/스티븐 호지·마틴 부드 편저/유기천 옮김
티베트 역사산책
티베트 창세기부터 달라이 라마에 이르기까지, 세계 최초의 티베트 역사 여행기/다정 김규현 지음
티베트 문화산책
우리 안의 티베트를 찾아 떠나는 다정 김규현의 티베트 문화 여행기/다정 김규현 지음

【비총서】

성자가 된 청소부
마음의 평화와 깨달음을 주는 감동의 영적 소설집/바바 하리 다스 지음/류시화 옮김
꼬마성자
사랑과 깨달음을 주제로 한 우화 열여덟 편/미국 수피즘협회 지음/우계숙 풀어옮김
자유를 위한 변명
구도의 춤꾼 홍신자의 자유롭고 파격적인 삶의 이야기/홍신자 지음

파라독스 이솝우화
인간에 대한 신선한 역설이 담긴 (전혀 다른) 이솝우화/로버트 짐러 지음/김정우 옮김

어린 방랑자
진리를 찾아 떠난 한 소년의 이야기. 한 편의 시와 같은 구도여행기/댄 카비키오 지음/김석희 옮김

내 안의 나
신이 들려준 영혼의 교과서/조셉 배너 받아적음/유영일 옮김

마음으로 한다
마음의 힘을 성공 에너지로 전환시키는 마인드파워 테크닉/존 키호 지음/신양숙 옮김

나를 점쳐 본다
동서고금의 모든 방법으로 알아보는 자신의 운명/다이어그램 그룹 지음/정현숙 옮김

새로운 나 만들기
강력한 나로 확 바꾸는 자율 훈련 교실/류한평 지음

한달 뒤에 보자
변화를 이끄는 자기 창조 20일 워크북/우에다 노리유키 지음/최성현 옮김

세일즈 파워
모든 세일즈맨의 꿈을 이루어 주는 마인드 컨트롤 기법/호세 실바 외 지음/홍승균 옮김

설기문 교수의 최면과 전생퇴행
상담심리학 교수가 강의하는 최면과 전생퇴행의 실전적 지침/설기문 지음

김영국 교수의 그림최면 시리즈 1, 2, 3
그림최면기법을 이용한 살빼기 책, 담배 끊는 책, 집중력을 높이는 책/김영국 지음

김영국 교수의 음악그림최면
음악을 들으면서 그림최면기법을 이용하면 저절로 살이 빠진다/김영국 지음

영혼의 마법사 다스칼로스
영혼의 치유사 다스칼로스의 영적인 가르침/키리아코스 C. 마르키데스 지음/이균형 옮김

사랑의 마법사 다스칼로스
다스칼로스와 함께한 생생한 체험 기록/키리아코스 C. 마르키데스 지음/이균형 옮김

나는 환생을 믿지 않았다
정서장애 여인의 치료과정에서 마주하게 된 놀라운 환생의 증거/브라이언 와이스 지음/김철호 옮김

나는 티벳의 라마승이었다(1-3, 전3권)
신비로운 영혼의 여로를 밝힌 티베트 고승의 자전적 소설/롭상 람파 지음/박영철 옮김

달마
라즈니쉬가 특유의 날카로운 시각으로 강의·해설한 달마어록/라즈니쉬 강의/류시화 옮김

식물의 정신세계
식물의 사고력, 감각과 정서, 초감각적 지각의 세계/피터 톰킨스 외 지음/황정민 외 옮김

장미의 부름
시를 쓰고, 우주와 교신하는 식물의 신비로운 세계/다그니 케르너 외 지음/송지연 옮김

동물은 무엇을 생각하는가
의식적이고 효율적으로 사고하는 동물의 정신세계/도널드 그리핀 지음/안신숙 옮김

코
낌새를 맡는 또 하나의 코, 야콥슨 기관/라이얼 왓슨 지음/이한기 옮김

한국인에게 무엇이 있는가
21세기 한국의 비전, 민족적 자아의 각성을 촉구하는 전 고려대 총장의 명강의를 엮은 책/홍일식 지음

本主(상·하, 전2권)
근대사의 격동기에 나타나 국운을 돌려놓고 사라진 신인(神人)의 실화를 담은 책/박문기 지음

해인의 비밀(전3권)
초능력, 우주의 비밀들에 대한 기적의 이야기들을 엮은 실화 소설/최현규 지음

윷경
민속놀이에서 찾아보는 고대 민족문화사의 보고/심원봉 편역

주역의 과학과 道
음양으로 풀어보는 우주와 인간의 비밀/이성환·김기현 공저

봉우일기 1, 2
소설 ≪단≫의 실존 주인공 봉우 권태훈 선생의 유고집/정재승 편저

세상 속으로 뛰어든 신선
명상과 변혁을 아우른 우리 시대의 초인 봉우 권태훈 이야기/정재승 엮음

쏟아지는 햇빛
수채화처럼 그려낸 한국 비구니 스님의 스리

랑카 명상 여행/아눌라 스님 지음

초대
자기를 치유하여 세상을 구원한 속 깊은 이야기/오리아 마운틴 드리머/우계숙 옮김

내가 만난 스승들 내가 찾은 자유
현대의 성자 14인과 만나는 영혼의 순례기/마두카르 톰슨 지음/손민규 옮김

우리는 명상으로 공부한다
민족사관고 수재들의 氣 살리고 성적 올리는 명상학습 비결/민정암 지음

알기쉬운 역의 원리
원리를 모르면 외우지도 말라! 주역, 음양오행, 사주명리의 길잡이/강진원 지음

알타이 이야기
알타이 사람들이 입담으로 전해주는 그들의 신화, 전설, 민담들/양민종 지음

샤먼 이야기
기발한 착상과 색다른 세계관이 가득한 샤먼 세상으로의 여행/양민종 지음

참사람부족의 메시지
고대로부터 전해진 호주원주민의 지혜로 현대인의 영혼을 치유하는 소설/말로 모건 지음/도솔 옮김

그대, 여신이 되기를 꿈꾸는가
고대 그리스 여성의 일상 속으로 떠나는 고고학자의 시간여행!/우성주 지음

영혼의 거울
인간의 육체와 심령을 정밀하게 해부한 수십 폭의 그림 속으로 떠나는 환상여행!/알렉스 그레이 지음/유기천 옮김

동물도 말을 한다
동물은 무엇을 생각하고 어떻게 느끼는가? 텔레파시로 전해듣는 동물의 세계/소냐 피츠패트릭 지음/부희령 옮김

마법사 프라바토
실존했던 20세기 최고의 마법사, 프란츠 바르돈의 자전소설/프란츠 바르돈 지음/조하선 옮김

비르발 아니면 누가 그런 생각을 해
지혜로 가득한, 인도우화의 가장 빛나는 보석/이균형 엮음/정택영 그림

인도네시아 명상기행
인도네시아 섬 누스타리안, 그곳에서 일어나는 자연과 치유, 원시의 이야기/라이얼 왓슨 지음/이한기 옮김

하타요가와 명상
요가 아사나의 상징·비밀·은유의 세계/스와미 시바난다 라다 지음/최정음 옮김/정강주 감수

행복한 아이 성공하는 아이
상담전문가 윤종모 교수의 자녀교육 특강/윤종모 지음

여자, 혼자 떠나는 세계 여행
'나홀로 여성' 스물두 명의 지구촌 여행/탈리아 제파토스 외 지음/부희령 옮김

암이 내게 행복을 주었다
암으로부터 살아돌아온 사람들, 그 기적 같은 치유의 기록/가와다케 후미오 지음/최승희 옮김/기준성 감수

오리에게
순수에 바치는 아름다운 잠언/
마이클 루니그 지음/ 박윤정 옮김

내 운명 내가 바꾼다
김영국 교수의 그림최면! 가만히 보는 것만으로 운명을 바꿀 수 있다/김영국 지음

창조신화
인간과 우주의 기원에 관해 신화와 종교와 과학이 알고 있는 모든 것/필립 프런드 지음 /김문호 옮김

세계의 미스터리, 비밀을 벗다
세상의 모든 불가사의에 대한 도발적 질문과 충격적 해설!/실비아 브라운 지음
김석희 옮김

명당의 원리
잃어버린 우리의 정신문명, 그 명당의 원리가 처음 밝혀진다/덕원 지음

나는 왜 아버지를 잡아먹었나
자기들의 진화 문제를 놓고 고민한 '원시인들 이야기'/로이 루이스 지음/김석희 옮김

붓다의 러브레터
조건 없는 사랑을 체계적으로 길러내는 자애명상 실천서/샤론 살스버그 지음/김재성 옮김

사람을 살리는 사혈요법
피가 맑으면 모든 병이 물러난다. 사혈요법의 원리와 실제 치료의 모든 것!/양태유 지음